KB013516

중국어의 지식 【1】

구어

NOTITIA LINGUÆ SINICÆ

조제프 앙리 프레마르 원저

제임스 그레인저 브리지먼 편역

조경환 역주

세창출판사

중국어의 지식 【1】

구어

NOTITIA LINGUÆ SINICÆ

1판 1쇄 인쇄　2020년 6월 10일
1판 1쇄 발행　2020년 6월 18일

—

원저자 ｜ 조제프 앙리 프레마르
편역자 ｜ 제임스 그레인저 브리지먼
역주자 ｜ 조경환
발행인 ｜ 이방원
발행처 ｜ 세창출판사

　　　신고번호 · 제300-1990-63호
　　　주소 · 서울 서대문구 경기대로 88 냉천빌딩 4층
　　　전화 · 02-723-8660　팩스 · 02-720-4579
　　　http://www.sechangpub.co.kr ｜ e-mail: edit@sechangpub.co.kr

—

ISBN　978-89-8411-939-0　94720
　　　978-89-8411-938-3　(세트)

이 번역도서는 2017년 대한민국 교육부와 한국연구재단의 지원을 받아 수행된 연구임.
(NRF-2017S1A5A7019042)

—

이 책은 한국연구재단의 지원으로 세창출판사가 출판, 유통합니다.(세트)
잘못 만들어진 책은 구입하신 서점에서 바꾸어 드립니다.

이 도서의 국립중앙도서관 출판시도서목록(CIP)은 서지정보유통지원시스템 홈페이지(http://seoji. nl.go.kr)와
국가자료공동목록시스템(http://www.nl.go.kr/kolisnet)에서 이용하실 수 있습니다.
(CIP제어번호: CIP2020019603)

NOTITIA LINGUÆ SINICÆ

중국어의 지식[1] 【1】

구어

An Annotated Translation of English Version of
NOTITIA LINGUÆ SINICÆ

조제프 앙리 프레마르 원저

제임스 그레인저 브리지먼 편역

조 경 환 역주

---

1 **역주** 중국학계에서는 *Notitia Linguæ Sinicæ*를 '漢語札記'로 지칭해 왔다. 그러나 Premare 전문가인 Lundbæk(1991:64)은 이를 '중국어의 지식(A knowledge of the Chinese Language)' 으로 번역하였는데, 이는 'Notitia'의 중의성으로 인해 발생한 것이다. 즉 'Notitia'는 크게 두 가지 의미를 가지는데, 하나는 '문서', '기록'이라는 의미로, 중국학자들은 이에 근거하여 '札記' 라고 번역하였다. 다른 하나는 '지식', '개념'이라는 의미로 Lundbæk은 이를 따른 것이다. 비록 '漢語札記'라는 명칭이 통용되고 있는 상황이지만, 역주자는 후자가 좀 더 적절한 명칭이 라고 여기므로 본서에서는 Lundbæk의 견해를 따랐다. 본서는 주로 번체자로 표기되었지만 경우에 따라 이체자, 간체자로 표기된 경우도 있는데, 이는 원문을 따라 그대로 표기하였다. 다만 명백한 오탈자의 경우에는 이를 수정하고 각주에 언급하였다.

대중에게 이 책을 소개하기 전에 역자(J. G. Bridgman)[2]에 의해 원본에 약간의 변동사항이 있었음을 밝히는 편이 좀 더 적절하다. 원본은 완성되지 않은 채 발견되었는데, 결론 부분은 작자에 의해 계획대로 첨가되지 않았을 뿐만 아니라, 몇몇 경우에는 문장의 정확한 의미를 파악하기 힘들 정도로 오타가 많아 번역에 몇몇 괴리가 있을 수 있다.

서론의 상당 부분과 중국어의 여러 가지 소리에 대한 목록을 포함한 부록과 함께 실용 가치가 거의 없는 몇몇 문장은 삭제되었다. 본문에서 문자의 순서 역시 왼쪽에서 오른쪽으로 읽도록 바꾸었다. 번역 대부분은 저자의 의미를 되도록이면 깔끔하게 표현하고자 하였다. 어쨌든 몇몇 경우에는 중국어의 좀 더 정확한 의미에 부합되게 하기 위하여 원래 의미에서 벗어나기도 하였다.

필요성 또는 장점의 한계를 넘도록 확대된 것으로 보이는 원래 색인은 생략되었으며, 대신 좀 더 정확하고 똑같이 유용하다고 생각되는 색인으로 대체하였다. 이 작품의 모든 변동사항은 그것의 실용적인 편리함과 효용을 고려하였다. 소리를 표시하는 방식은 윌리엄스의 방법과

---

2 역주 James Granger Bridgman(1820~1850)은 미국인 선교사로 근대 시기의 가장 유명한 중국학 학술지인 *The Chinese Repository*의 주 편집자이기도 하다. 그는 라틴어로 쓰인 *Notitia Linguæ Sinicæ*(1728/1831)를 1847년에 영문으로 번역 출간하였으며, 이것이 유일한 번역본이라고 할 수 있다.

5

완전히 같은데, 서문에서 나오는 조화로운 문자(Symphonious Characters)의 전체 목록 역시 윌리엄스의 어휘목록에서 차용한 것이다. 일반적으로 사용되는 대부분의 문자가 포함된 이 목록에서 적절한 성조가 표시된다. '평平', '상上', '거去', '입入'은 두 가지 유형으로 나눌 수 있는데, 하나는 올라가는 것이고 다른 하나는 내려가는 것이다. 예를 들면 '邊', '貶', '變', '必', '時', '恃', '侍', '十'을 들 수 있다.

다른 나라의 인쇄 설비 부족으로 인한 몇몇 오타가 발견될 것인데, 이는 불가피한 것이다. 어쨌든 그것은 이 책의 일반적인 모습 또는 본질적인 가치를 크게 떨어뜨리기에는 소소하다고 생각된다. 여기에서 그것을 특별히 언급하지는 않겠다. 중국어를 공부하는 학생들, 특히 중국어 학습을 시작하는 이들에게 있어 이 책의 장점은 스스로의 중요성을 보여 주기에 충분하다. 나는 이 위대한 제국의 경계를 되새기는 너그러운 대중의 관용에 이 책을 맡기는 바이다. 만약 이 외딴 사람들의 가정과 마음에 길을 열어 주는 데 도움이 될 수 있다면 그리고 중국의 외국과의 교류를 용이하게 하고 어둠 속에 오랫동안 앉아 있던 사람들에게 문명화와 기독교의 빛을 가져오는 데 도움을 줄 수 있다면, 이는 역자의 기도가 응답한 것이고 그의 노력은 충분히 보상받게 된 것이다.

1847년 4월 13일, 광동
제임스 그레인저 브리지먼

중국어의 지식 【1】
구어

● 편역자 서문 _5

● 해제 _57

3 　역주　 원문의 목차는 장, 절, 단락 구분 없이 섞여 있어 이를 본문에 맞게 수정하였다.

중국어의 지식 【2】
서면어

서문

파트
1

서 문

이 서문에서 추구하는 목적은 중국어 문헌과 서면상의 문자들을 설명하는 것이다.

중국어 문헌

    이 장은 세 부분으로 구성된다. 1. 한자에 대한 전반적인 지식을 한 눈에 파악하기 위해 중국어 문헌을 먼저 몇몇 부류로 축소할 것이다. 2. 이를 통해 문헌을 읽을 때 가장 좋은 방법을 제시하는 것이 작자가 추구하는 바이다. 3. 다음으로 사전에 관하여 몇 가지 서술이 추가될 것이다.

1.1 중국어 문헌의 일반적인 설명

    중국어 문헌은 시기, 쓰인 문체, 그리고 그것의 신뢰도에 따라 몇몇 단계 또는 부류로 구분할 수 있다.

    1. 첫 번째 부류는 중국인들이 일반적으로 중국 문학에서 가장 중시 하는 '경經'이라고 불리는 고문古文으로, 《역경易經》, 《시경詩經》, 《서경 書經》— 세 가지로 구성된다.

2. 두 번째 부류에는 중국학자들이 고전으로 중시하는 《사서四書》로 《중용中庸》, 《대학大學》, 《논어論語》, 《맹자孟子》 등이 포함된다. 이 외에도 《춘추春秋》, 《예기禮記》가 있다.

3. 이러한 부류로 《도덕경道德經》, 《남화경南華經》, 《의례儀禮》, 《주례周禮》, 《산해경山海經》 등이 있다.

4. 이러한 부류로 《초사楚辭》, 《관윤자關尹子》, 《열자列子》, 《순자荀子》, 《양자揚子》가 있으며, 근대 시기의 중국 사람들에 의해 극찬받으며 공자孔子와 동등한 위치를 차지하는 《맹자孟子》가 포함되어야만 한다.[4]

5. 이 부류에서 《춘추春秋》는 《좌씨左氏》, 《공양公羊》, 《곡량穀梁》—세 경전(三傳)으로 구성된다.[5] 좌구명左丘明은 이 외에도 또 다른 저서인 《국어國語》를 남겼다. 그 밖에도 제자백가와 밀접하게 관련된 여불위呂不韋의 《여씨춘추呂氏春秋》, 《회남자淮南子》, 사마천司馬遷의 《사기史記》와 허신許愼의 《설문해자說文解字》 등이 추가된다.[6]

6. 이 부류에는 한유韓愈, 소씨蘇氏 삼부자(소순蘇洵, 소식蘇軾, 소철蘇轍), 왕안석王安石, 증남풍曾南豊, 구양수歐陽修 그리고 다른 작가들과 고전에 대한 주석자들이 위치할 것이다.

7. 이 부류에서 우리는 주석자들도 고려할 것이다. 이런 부류의 고

4　역주　《孟子》는 두 번째 부류에서 이미 언급하였는데 네 번째 부류에도 다시 포함되었다.

5　역주　《春秋》는 魯나라의 역사서인데, 이 《春秋》에 대한 주석서가 《公羊傳》·《穀梁傳》·《左氏傳》이다.

6　역주　원문에는 呂不韋와 司馬遷의 이름만 언급되었지만, 편의상 그들의 저서인 《呂氏春秋》, 《史記》를 추가하였다.

대 작가로는 두 명의 공孔,[7] 왕숙王肅, 모장毛萇, 정현鄭玄, 왕필王弼 등
이 있다. 송대宋代 최고의 권위자인 주희朱熹 이후 많은 작자도 염두에
둘 것이다. 좀 더 후대의 것으로 우선 황제에 대한 영광스러운 기록인
주석서《일강日講》과 통치 기간 말에 출간된 저서인《주역절중周易折
中》을 고려해야만 한다.

8. 이 부류에는 근대 학자들이 속하는데, 이들의 학설理學은《성리대
전性理大全》이라고 불리는 편찬서로 편집되었다. 이들 중 첫손으로는
주렴계周濂溪를 꼽으며, 그다음으로는 정자程子, 장재張載, 주희朱熹, 소
강절邵康節 등을 들 수 있다.

9. 이 부류에서 우리는 역사학자들을 다룰 것인데, 이는 그들이 좋
은 작자가 아니기 때문이 아니라 그들과 관련된 사실을 아는 것이 그
리 중요하지 않기 때문이다. 내가 생각하기에 좀 더 중요하다고 여겨
지는 다른 것들이 있다.

구어와 몇몇 설명으로 구성된 책에 관한 것은 이 작업의 첫 번째
부분에 주어질 것이다. 그리고 두 번째 부분에서 우리는 여러 가지
문체를 선보일 것인데,《경經》뿐만 아니라 위의 부류에서 언급된 작
자들이 수준 높은 세련됨과 호소력으로 쓴 여러 가지 문체를 선보일
것이다.

---

7 역주 '두 명의 孔'이 누구를 지칭하는지 원문에서 불분명하지만,《孔子家語》와 관련된 '孔安
國'과 '孔猛'일 가능성이 크다.

1.2 책을 읽는 순서

작자 스스로 가장 큰 장점이 있다고 여기고 추구하는 방법은 다음과 같다. 중국어 공부를 시작할 때 나는 붓으로 쓰기에 적절한 화선지보다는 유럽인들의 펜에 좀 더 적당한 고급 종이에 정확하게 쓰인《맹자孟子》,《논어論語》,《대학大學》,《중용中庸》의 원문을 입수하였다. 준비된 텍스트는 다른 페이지들과 충분히 구분되는 줄들에 쓰여 있다. 완성된 종이들은 한 권으로 함께 묶어 책으로 제공되며, 나는 주석자들과 의논하여 이 텍스트를 주의 깊게 조사하기 시작하였다.

나는 세 가지 목적을 항상 염두에 두면서 아직은 비어 있는 다른 페이지에 주를 달았다.

1. 고상한 문체를 배양할 뿐만 아니라 텍스트의 의미를 명확하게 이해하기 위하여 뛰어난 구절을 한데 모을 필요가 있다.

2. 주석자들이 탁월함이 부족한 구절을 구분하는 방식으로 중국인의 모호한 관점 및 상호 간의 사소한 논쟁과 같은 우둔함을 동시에 주목할 필요가 있다.

3. 중국 지식인들과 나중에 그것을 논의하기 위하여 자체적으로 제안된 몇몇 수정사항도 유념해야만 한다. 특정 문자들에 관하여 나는 그들의 고유한 소리와 의미를 적어 놓았다. (그것에 의해) 너무도 쉽게 변할 수 있기에 성조와 대기음을 표시하지 않은 점을 나는 유감스럽게 생각한다.

내가 이 방법으로부터 유도하는 특별한 장점은 내가 추구하는 과정을 기꺼이 따르는 어느 누구라도 인지할 수 있다는 데에 있다. 많은 중국어 작품에 산재한 수많은 특징을 쉽게 참조할 수 있도록 책 각각에 알파벳 색인을 첨가했다.

나는 중국어를 배우기를 원하는 모든 이들이 백지 노트 여러 권을 미리 준비하기를 추천한다. 한 권에는 읽다가 마주치는 여러 은유를, 다른 곳에는 서로 대조되는 반대 의미의 다른 문자를 기재해라. 그리고 다른 노트에는 갖가지 다른 특색으로 유명한 고대 작자들의 이름을, 그리고 또 다른 노트에는 좀 더 주목할 만한 장소들, 나무들, 꽃들, 동물과 돌들의 이름을 적을 필요가 있는데, 왜냐하면 이것들은 세련된 작자들에 의해 기꺼이 수용될 수 있는 것들이기 때문이다.

그러나 새로 온 선교사들이 예상한 것보다 내가 좀 더 기대하는 성과가 하나 있는데, 이는 중국 아이들이 《사서四書》를 익히는 것과 정확히 같은 방식으로 기억하는 것으로 비록 나 자신은 적절한 충고가 없어서 소홀히 했지만, 다른 이들에게는 적극 권고하는 바이다. 만약 우리가 어떤 이점에 대한 기대감과 함께 이 사람들에게 예수 그리스도를 설교하고자 한다면, 젊음의 활기를 되찾아야만 한다. 그리고 그러한 희망이 이와 같은 노고를 좀 더 가볍게 만들지는 않을까 하고 반문할 수도 있다. 이에 나는 소중한 신자들의 열성을 자아낼 수도 있는 이 주제와 관련된 몇 가지 점을 적절하게 다룰 것이다.

1. 책을 암기하기 위해서는 각 단어를 정확하게 발음할 필요가 있다. 각각의 단어에 대해 학생들은 중국어 선생님의 발음을 듣게 될 것인데, 이에 학생들은 소리 또는 성조에 대해 귀를 통해 직접 전해지는 것 외에는 어떠한 인상도 받지 않을 것이다.

2. 단어들을 기억할 뿐만 아니라 문자의 의미와 형식에도 주의할 필요가 있는데, 예를 들면 문자 '信[xin]'을 발음했을 때, 이 '믿음'이라는 생각 자체가 마음속에 떠오를 뿐만 아니라, 문자 자체와 이로부터 의미를 유도하는 두 부분 즉, '人'(사람)과 '言'(말), 그리고 고유한 성조를 가진 단음절어는 마치 거울의 매끄러운 표면과 같이 상상 속에서 고려될 것이다.

3. 당신이 최근에 배웠던 구절의 문자를 기억하면서 쓰는 연습은 장점이 그리 크지 않을 수도 있으므로, 다음 날 책을 펴기 전에 어떠한 오류가 있는지부터 면밀하게 검토해야만 한다.

4. 이러한 방식으로 중국어 문자들은 마음속에 굳건히 새겨지는데, 대부분의 선교사가 배우기를 원하는 천 개 이상보다는 이러한 방식으로 백 개를 공부하는 편이 더 낫다.

5. 3~4년 후에 만약 중국어로 어떠한 것을 쓰기를 원한다면, 당신은 이 쓰디쓴 뿌리로부터 나온 가장 달콤한 과일을 발견하게 될 것이다. 작문을 할 때 당신의 마음속에서 문자들이 동시에 발생하며, 그것들을 애쓰지 않고 적절한 순서로 배열할 것이다.

그럼에도 불구하고 나는 유럽인들이 부당하지만, 그들에게 무미건조하고 헛수고로 보이는 그러한 과정을 쓸데없이 밟도록 설득되리라고는 보지 않는다. 그러나 절대적으로 필요하다고 주장되는 두 가지 점들이 있다.

첫째, 특별히 뛰어나다고 여겨지는 몇몇 구절은 철저히 기억해야만 한다. 이러한 과정을 통해 비록 완전하지는 않지만 무시할 수 없는 장점이 확실히 생길 것이다. 그 구절은 외국인들이 그의 기억에서 그들

많은 부분을 유지함으로써, 그들의 선생보다 그것들을 잘 설명하면서 그 장점 덕에 그들 자신의 책에 대한 칭찬을 듣는 중국인들에 의해 유지되는 평가를 배우게 될 것이다.

둘째, 그들은 흔히 사용되는 연필 또는 적어도 펜으로 한자를 쓰는 법을 배워야만 한다. 처음에 이 문자들은 서로 크기가 다르거나 잘 써지지는 않지만, 손은 점차적으로 이러한 연습에 익숙해질 것이다. 그것들이 중국어로 어떻게 써지는지에 관심을 가진다면 더 많은 장점이 있을 것이다. 예를 들면 '學학'은 다음과 같이 써진다. 먼저 '爻'를 쓰고, 다음으로 'ﻉ', 다음으로 'ヨ', 네 번째로는 '冖', 다음으로 '了', 마지막으로 '一'을 쓰면 된다. 이런 연습으로부터 상당히 중요한 장점 하나가 생기는데, 즉 자신의 노트에 스스로 쓸 수 있으며, 또한 그 구절에서 발췌한 것들이 그를 즐겁게 만든다는 것이다. 대필자의 도움이 항상 필요하다는 사실은 스스로를 너무 성가시게 만들 뿐만 아니라 소중한 시간을 너무나도 많이 낭비하게 만든다.

공부할 책의 순서는 다음과 같다. 처음으로 읽어야 할 저서는 바로 《맹자孟子》이다. 왜냐하면, 이 책의 문체는 다른 책과 같이 그렇게 간결하지 않기 때문이다. 다음으로 학생들은 《논어論語》로 진도를 나가야 할 것이다. 세 번째는 《대학大學》이라고 불리는 짧은 작품을, 마지막으로 《중용中庸》을 공부하도록 해야 한다. 이후 점점 높은 수준의 고전인 《서경書經》, 《예경禮經》으로 올라갈 것인데, 반드시 이와 같은 순서로 읽어야만 한다.

선택한 주석서에 관한 문의가 이루어질 것이다. 전대前代에 장거정張居正은 어린 왕자들을 가르치는 데 사용하기 위하여 《사서四書》, 《서

경서經》,《예경禮經》을 설명했다. 같은 책들이 어린 강희황제를 가르쳤던 황실 교육기관의 선생들에 의해 행해졌다. 장거정張居正은 《정해正解》를 구어체로 썼으며, 《일강日講》은 좀 더 고상한 언어로 썼다. 《정해正解》와 《일강日講》을 함께 갖는 것과 동시에 다른 문체로 쓰인 이 두 권(또는 반대 순서로)을 읽는 것이 유용하다.

만약 고서에 대한 좀 더 정확한 지식을 획득하기를 원한다면 먼저 《십삼경十三經》 및 이에 관한 한대漢代와 당대唐代의 주석서를 구해야만 한다. 다음으로 《신간경해新刊經解》를 읽어야만 한다. 여기에는 특히 송·원대宋·元代에 좀 더 풍부했던 거의 모든 주석서들이 수집된다.

1.3 여러 종류의 사전

중국에 막 도착한 선교사들이 중국어를 배우는 데에 사전을 지니는 것보다 더 바람직한 다른 방법은 없어 보인다. 따라서 그들이 접한 여러 가지 어휘를 주의 깊게 베끼면서 시간을 보내는 것은 사서四書를 읽고 기억하는 데 좀 더 유리하게 작용할 것이다. 한편 《중국어의 지식 *Notitia Linguæ Sinicæ*》의 지식을 습득하는 데 있어 사전의 도움을 받을 필요가 없는데, 이는 내가 선교사들에게서 사전에 몰두할 자유를 빼앗아 버린 셈이다.[8] 어쨌든 사전에는 주목할 만한 많은 설명이 있으

8 　역주　즉 *Notitia Linguæ Sinicæ*를 학습하는 데 있어 사전을 일일이 찾을 필요가 없다는 것을 반어적으로 표현하였다.

므로, 여기에서 좀 더 중요한 몇몇을 살펴보고자 한다.

1.《정자통正字通》. 이 사전을 항상 신뢰할 필요는 없으며, 특히 한자의 분석을 다룰 때 그러하다.

2.《강희자전康熙字典》. 이 사전은《정자통正字通》을 황제의 명에 따라 개정하고 수정한 것이지만, 불확실한 부분도 있기에 어느 정도의 지식이 있다면 그다지 큰 쓸모는 없다.

3.《품자전品字箋》. 이 책에서 문자는 소리에 근거한 새로운 방식으로 배열되었으며, 쉽게 읽을 수 있고 몇몇 훌륭한 특징을 지녔다. 다만 일부 예에 대한 설명을 확인하는 데 좀 더 공을 들였더라면 좋았을 것이다.

4.《설문說文》. 이 작품은 문자의 정확한 분석을 획득하기를 희망하는 이들에 의해 오랫동안 그리고 주의 깊게 연구되어야만 한다. 그러나 소수만이 이를 제대로 이해할 수 있다.

어떻게 문자를 중국어 사전에서 찾을 수 있을까? 한자가 소리에 따라 배열되었을 때 중국어는 주요 또는 주된 문자로서 107개를 갖는데, 이것들은 알파벳 문자와 같이 기억해야만 한다. 그것들은 5개의 성조로 구분되는데, 첫 15개는 1성(-)에 속한다. 다음 15개는 2성(ʌ)에 속한다. 30개는 3성(ˇ)에 속하며, 다른 30개는 4성(ˊ)에 속하고, 마지막으로 17개는 5성(v)에 속한다. 그러나 유럽인들에게는 중국어 성조가 다소 익숙하지 않으므로 이러한 유형의 사전을 이용하는 것이 어렵다는 것을 발견하게 된다.

《정자통正字通》과 다른 사전들은 나머지를 이끌어 내는 214개의 문자를 가정한다. 이것들은 소위 부수라고 불리는 것들인데, 중국어로는

'部부'라고 불린다. 나머지는 이들 뿌리(根)로부터 자라나는 가지이다. 처음에는 항상 좀 더 단순하지만, 그들이 구성되는 획수(중국어로 劃획)에 따라 둘 다 똑같이 배열된다. 그러나 우리가 가지를 접했을 때 우리는 부수 요소를 세는 것을 멈춰야 한다는 점을 유념할 필요가 있다. 한자 '仁인'은 4획으로 구성되는데, 부수가 제거된다면 2획만 남게 된다. 유념해야 할 또 다른 사실은 부수는 그 아래 배열되는 것들의 의미를 발견하는 데에는 어떠한 혜택도 주지 않는다는 점이다. 따라서 사람과 관련된 어떤 것을 의미하는 부사에 대한 '人인'을 가지며, '마음'을 지시하는 '心심'에 관한 것을 가지며 나머지도 같은 방식이다.

이 방법은 여기에서 조사하면 중요하지 않은 몇몇 결함을 가진다. 만약 한자의 배열이 소리에 따른다면 다른 결핍이 즉각 나타날 것이다. 그러나 문자를 어떻게 배열하든 얼마나 많은 필획이 각각 문자를 구성하는지를 아는 것이 필요하다. 따라서 그것들을 정확하게 수를 세기 위해서는 우리는 먼저 주의를 기울일 필요가 있다. 학생들에게 한자를 쓰는 데에 있어 중국인의 손에 쥐어진 연필의 움직임을 관찰하도록 하면 이것은 곧 쉽게 될 것이다.

한자

중국 문자(한자)는 이중으로 고려해야 하는데, 성조 또는 소리에 관한 고려 없이 그들 자체로서 또는 발음되는 것으로서 여러 가지 소리를 나타낸다.

2.1 쓰인 것으로서의 한자

한자는 우리에게 익숙한 모든 문자와는 다른데, 먼저 글자 각각은 어떠한 명확한 의미를 가지므로 문자만큼이나 많은 단어가 존재한다. 둘째, 한자는 스스로 소리나 성조를 나타내지 못하는 단순한 이미지와 부호이므로, 귀가 아닌 마음에 말한다. 한자 '人인'은 그리스어로는 'ἄνθρωπος'로 그리고 라틴어로 'homo'로 읽으며, 중국어는 [jin(rén)]이라고 읽는다. 그리고 숫자 1, 2, 3, 4 등은 여러 언어의 소리를 받는 반면, 형식은 그대로이므로, 한자는 세계 모든 언어의 여러 가지 표현에 적용될 수 있다.

중국어 교사들은 이런 종류의 문자 또는 상형 문자에 관하여 가치 있는 많은 것들을 설명한다. 그러나 다른 고려사항도 있어, 좀 더 간략히 하기 위하여 나는 이에 관해서는 언급하지 않고 그냥 넘어가려 한다. 교사들에 의해 제시되는 기초 또는 단순 문자는 6개이다. 'ヽ', '一', 'ㅣ', 'ㅣ', 'ノ', '乙'. 합성 문자는 두 가지 부류로 구분된다. 첫 번째로 일정 수의 요소 또는 획으로 구성되며 형식의 통일체를 보여 주는 것들인데, 예를 들면 2획의 '人인', 3획의 '口구', 4획의 '心심', 5획의 '目목', 6획의 '血혈', 7획의 '見견', 8획의 '門문', 9획의 '首수', 10획의 '書서'가 있다. 두 번째 부류로는 개별 부분으로 분리되는 것으로서 스스로 드러내는 것들인데 예를 들면 2개의 '木목'이 있다.[9] '明'(명; 밝음)은 '日'(일; 태양), '月'(월; 달)로 구성된다.

비록 초기에 한자는 본질적으로 항상 동일했지만, 그들을 구성하는 요소가 다양하게 쓰임에 따라, 여러 경우에 문자들이 매우 다른 형식으로 나타난다. 여전히 많이 쓰이는 표기법은 '隷'[예서]이지만, 《설문說文》에 담겨 있는 것은 '篆'[전서]이다. 둘 중 어느 것이 더 오래되었는지에 관해서는 확실치 않다. 한자 '科斗'[과두서]는 어떠한 확실한 설명도 주어지지 않았다. 한대漢代이래 초서草書가 출현하였는데, 이 시기 지식인들에 의해 필기장, 서언, 비문碑文에서 사용되었다. 사실 이런 종류의 필기는 널리 퍼지지는 않았는데, 한자가 너무 축약되거나 자주 결합되어 그 구성 요소가 더 이상 분명하지 않아 이로부터 고유한 의

---

9 역주 즉 이 한자는 '林'(수풀)을 의미한다.

미를 정확하게 추측하도록 분석될 수 없기 때문이다.

'隸'[예서] 표기법 자체는 여전히 성행하는데, 같은 문자가 여러 가지 방식으로 쓰이는 것을 발견할 수 있다. 1. '고자古字'가 있는데, 예를 들면 '灋법'은 보통 '法'으로 쓴다. '忎인'은 일반적으로 '仁'자로 쓴다. 2. '본자本字'가 있는데, 예를 들면 '扗재'는 '在'로 쓴다. '厺거'는 보통 '去'로 쓰인다. '从종'은 '從'으로 쓰이며, '処처'보다는 '處'를 선호한다. '气기'는 '氣'로 일반적으로 쓰며 '与여'는 '與'로 쓴다. 3. '정자正字'가 있는데, 적지 않은 글자가 여러 가지 형식으로 쓰인다. 4. '속자俗字'가 있다. 학자들은 《설문說文》에 수록되지 않은 모든 문자가 이런 유형이라는 견해이지만, 이 작품은 9,313개 이상을 수록하였다. 5. '생자省字'가 있는데, 예를 들면 '观'은 '觀관'자, '变'은 '變변'자, '礼'는 '禮예', '圣'은 '聖성'에 대한 생자省字이다. 6. '위자僞字'가 있는데, '思사'는 '恖'로 쓴다.

이 6개의 사항으로부터 이 문자의 수는 무한하게 증가한다. 중국어 책을 읽고 중국어로 어려움 없이 쓰는 데에는 한자 4~5천 개를 아는 것이 필요하다고 말할 수 있다. 그러나 어느 선교사가 자신이 한자 5~6천 개를 배우는 재능 또는 충분한 기억력을 갖지 않았다는 것을 인정하겠는가?

2.2 발음되는 것으로서의 한자

한자의 고유한 발음을 가르치기 위하여 중국인들은 다른 둘을 결합하는 데 익숙한데, 결합함에 의해 세 번째 문자의 소리가 발생한다. 만약 우리가 문자 '天천'이 어떻게 발음되는지를 알기 위해서는 우리는 '他타'와 '年년'을 결합해야만 한다. 첫 번째로부터 't'를 얻고 두 번째로부터 'ien[ian]'을 얻어서 우리는 '天'의 소리 [tien]을 얻게 된다.[10] 다른 것들도 이런 방식으로 진행한다. 그러나 우리에게는 상당히 쉬운 이것은 우리의 문자를 전혀 알지 못하는 중국학자들을 상당히 당혹스럽게 만드는 원인이다.

기억을 좀 더 잘하도록 도와주는 것은 아무것도 없으므로 우리는 이제 우리 문자가 우리에게 가져다주는 장점을 이용하도록 하자. 우리가 한자의 소리를 유럽 문자로 한자 바로 옆에 표시했을 때, 만약 이후 기억하지 못하더라도, 그것은 여전히 종이에 남으므로 우리는 그것을 원하는 만큼 자주 조사할 수 있게 된다. 그러나 한자 없이 이런 방식으로 전체 페이지를 쓴다면 그것은 아무 쓸모가 없게 된다. 며칠 후에 우리가 한 문장의 의미를 추측할 수 있는지에 관해서도 의문이 든다. 스페인어로 'chi', 이탈리아어로 'ci', 불어로 'tchi'로 쓰며, 아무것도 이를 확실히 금지하지 않는다. 그러나 같은 소리와 같은 성조 아래 이 소리를 가진 많은 문자가 존재하는데, 만약 '知'가 더해진다면 그것은 '알다'(to know)를 의미하게 된다. 만약 '支'가 더해진다면 '가지'(branch), '之'가 더해진다면 '속격'(genitive), '蜘'가 더해진다면 '거미'(a spider)를 의미하게 된다. 이들 네 글자는 보시다시피 서로 매우 다르다. 'tchi' 또는 'ci', 'chi'가 그 옆에 놓이든 그것은 항상 하나의 같은 소리이며, 그 자체로

---

10 역주 이러한 표음 방식은 소위 '反切'이라는 것인데, 예를 들면 '東'의 독음을 얻기 위해서는 '德'에서 성모(反切上字)를 취하고, '紅'에서 운모(反切下字)를 취하여 결합하면 된다.

는 아무런 의미를 갖지 않는다.

그러나 무엇을 말하든 간에 한자는, 입으로 발음한 것처럼 소리와 성조 둘 다 나타낸다는 것은 분명하다. 이 소리는 말하자면 실체(substance)이며 성조는 어떤 의미에서는 형식이다. 따라서 정확한 발음이 요구되며 둘 다 똑같은 주의가 필요하다.

1. 문자는 그들의 재료(material) 또는 실체로서 학습되어야만 하는데, 다시 말해 그들의 본래 소리(true sound)에 대한 지식을 획득해야만 하며, 다음으로 그들의 형식을 알아야만 하는데, 즉 정확한 성조가 적용되어야만 한다. 이들 각각에 대해 우리는 처음부터 성조와 함께 별도로 다룰 것이다. 이에 우리는 부록에서 좀 더 적절하게 다룰 것이다.

2.2.1 중국어 성조

말하자면 소리는 문자의 몸통이며, 성조는 정신이라고 할 수 있다. 예를 들면 문자 '看간'이 있다. 소리는 [kán]인데 이것에 대기음과 성조를 더해 우리는 [kán']을 얻게 된다. 소리, 대기음과 성조— 이들 세 가지는 정확한 발음에 모두 필요한 것이다. 그러나 같은 방식으로 발음되는 의미가 분명히 다른 또 다른 문자들이 존재하는데 비록 그것이 정확하게 [kán']으로 발음되더라도 환경, 즉 담화의 일반적인 주제로부터 단어가 발생하는 연결로부터 중국인들은 보통 발음되는 어휘가 단어 '看간'이라고 인지하는 데 어려움이 없다는 것은 자명하다. 그러나 만약 소리가 단순하게 발음되고 성조 또는 호흡이 고려되지 않는다면, 그것의 의미를 결정하는 것은 불가능하다. 사실 유럽인들은 중국어를 습득하는 데 장시간의 노력이 필요하며, 이 언어를 이해하는 것을 자주 실패하도록 만드는 주제들에 관심을 기울일 필요가 있다. 그들은 학식 있고, 재능이 있으며 근면하지만, 평생 더듬거리며 말을 할수 있을 뿐인 반면, 동시에 어떤 우둔한 캐프라리아 사람[11]이라고 할지라도 매우 짧은 기간에 중국어를 말하는 것을 배울 수 있다. 배에서 내리자마자 몇몇 역으로 이동하고 펜의 모든 사용을 박탈당한 채 모국어를 이용하는 것을 요구받는 선교사들에게 다행히도 그들은 중국어외에는 어떠한 언어도 사용할 수 없다.

중국어 성조는 '평平'과 '측仄'으로 구분되며, '평平'은 '청清'과 '탁濁'으로 다시 구분된다. '측仄'은 '상上'과 '거去', '입入'으로 구분된다. 이 세소리는 직선에서 변해간다. '상上'은 올라가며 '거去'는 하강하며, '입入'은 말하자면, 갑자기 짧게 자르고 안쪽으로 끌어당긴다. 비록 우리가 언어에서의 변이를 묘사할 수는 없지만, 중국어 자체는 주의 깊게 들어야만 하며 이에 다섯 성조를 배우고 구분할 수 있어야만 한다. 다른 용법으로 다른 성조를 가지며 발음이 구별하는 적지 않은 글자들이 있다. 중국어를 아이들에게 가르칠 때 글자의 네 구석 중 하나에 작은 원을 두어 구분하는 데 익숙해지도록 하자. '爲'는 평성平聲으로 읽으면 '하다'(to do)를 의미한다. 또한 '爲'는 거성去聲으로는 [wei]라고 읽는데 '~에 의하여'(on account of)를 의미한다. '惡'은 입성入聲으로는 '악'을 의미하며, 거성去聲으로는 '싫어하다'를 의미하고, 평성平聲으로는 의

11 　역주　여기에서 'Caffararian'은 'Kaffrarian'을 가리키는 것으로 보이며 남아프리카 공화국 남부 지역에 사는 사람을 의미한다.

문 불변화사('어찌')를 의미한다. 또한 '與[yu]'는 불변화사이기도 하며, [yü]는 '주다'를 의미하는데, [yü]는 '나타낸다'(to be present)를 의미하기도 한다.

2.2.2 중국어 소리

그들을 정확하게 발음하기 위하여 알파벳으로 중국어 소리를 표시하는 데 있어 학생들은 소리가 표시되는 첫 번째, 중간, 마지막 글자에 특별한 주의를 기울여야 한다. 방언에서 발생하는 것처럼 다양한 소리가 문자와 조화를 이루는 아래 목록에서 주어질 것이다.[12]

비록 이를 중국어 책으로 숙지하는 것이 최선이겠지만, 적어도 명칭에 의해 그리고 중국인들이 발음하는 것처럼 문자를 발음하는 것이 얼마나 필수적인지를 알아야만 한다. 서문에서 두 가지가 고려될 필요가 있는데, 설령 중국어의 천재라고 할지라도 제대로 이해하지 않는 한, 정확하게 말하거나 고상하게 쓰는 것은 불가능하다. 그러나 중국어의 정확한 지식을 얻기 위해서는 다음의 작은 작업이 약간의 도움이 되길 희망한다.

2.2.3 조화를 이루는 문자[13]

---

12 【원주】작가에 의해 추구되는 계획에 관한 삽화, 근대 학생들과 관련이 없거나 적게 사용하는 한자 소리의 표상, 소리의 색인을 동반하는 서구 알파벳 문자, 그것은 이 번역과정에서 편의상 생략된 것으로 생각된다.

13 역주 '조화로운 문자의 목록'을 원문(p.14~p.35) 그대로 인용하였다. 이 조화로운 문자는 [a]에서 시작되어 [yung(yong)]에서 끝난다.

ch'i 始痴屁遲池墀馳恥齒

chih 直汁隻執職質陟只炙織櫛植姪櫛值

ch'ih 尺赤

佔 *ch'en* 塵纏詔 *chi* 知蜘之支枝牧脂紙旨指止趾智至致志制製痣治釋

赭蔗鷓這 *cheh* 車奢扯 折浙摺轍輒哲謫 *ch'eh* 撤徹 *chen* 占鉆沾贍蟬蟾展輾戰

臭 *cháu* 召招昭朝嘲爪抓笊找罩焯照兆桃趙 *chau* 抄超潮巢吵炒鈔 *ché* 省遮

廠 唱暢 *chau* 舟洲周蜩週州肘綢咒謅書帚胄 *ch'au* 紬抽籌酬讐仇綢儔丑醜

章嫜彰幛橦 張常裳賞掌障帳漲脹癢丈伏杖 *ch'áng* 長昌娼菖倡場腸償

債齋齋 *chái* 柴釵倩豸差儕豺 *chán* 斬潺屏盞撰饌棧賺站縱聽 *ch'án* 產讒剗懺

á 亞 *án* 安 *áu* 澳 *chá* 詐渣乍咋榨 *ch'á* 查差叉茶槎楂詫吒 *cháh* 閘扎札剳剎 *ch'áh* 察插

粉憤奮糞

fán
凡番翻旛繙帆蕃蕃攀煩繁反返販泛汎飯犯範

fǎng
方芳坊妨

粧莊裝椿懃狀撞

ch'wáng
床牀窓創闖

fáh
法發髮乏伐罰筏

fán
分紛奔芬焚墳

chung
中忠盅鍾終舂鍾腫種眾仲重

ch'ung
充冲衝衝屯寵塚銃

chwá
摑摑

ch'wái
曬

chwáng
壯

出

chui
追錐垂甀喙綴墜贅睡

ch'ui
椎吹炊鎚槌揣

chun
諄惇肫准準

ch'un
春椿蠢

chuen
專磚喘轉篆

chu'en
川穿傳船舛釧串

chuh
竹竺築觸粥爛嚼黜濁逐

ch'uh
畜蓄

主宅珠侏誅猪諸樞殊除廚煮住註鑄注駐

ch'ú
處貯佇杵柱

chueh
拙掇歠

誠整政症証盛

ch'ing
成稱呈程城丞澄逞拯

chóh
棹酌琢捉着勺灼啄攉

ch'óh
卓

叱斥勅

chin
真珍尌籤鍼針臣枕鎮振賑震朕陣

ch'in
沉塵診趁

ching
正征貞徵

瞎 *hiái* 械 咳 骸 諧 鞋 蟹 枴

向 *hiáng* 鄉 香 餉 享 嚮 饗 降 項 巷 *hiáu* 孝 酵 楊 囂 爻 淆 嶢

唏 *hia* 奚 兮 奝 係 繫 歲 餼 謑

hiá 下 蝦 霞 瑕 嚇 罅 暇 夏 廈 *hiáh* 狹 哈 匣 呷 峽 陝 洽 轄

后 *hâu* 迠 詬 鱟 *heh* 好 豪 壕 濠 蠔 犟 皜 耗 號 浩 赫 嚇 黑 核 *hi* 希 稀 嬉 嬀 熙 羲

嗡 罕 悍 扞 汗 憾 頷 翰 漢 *hang* 衡 亨 恒 桁 莖 杏 *háng* 杭 航 行 *hau* 後 吼 候 喉 猴 候 厚

逢 縫 棒 俸 諷 奉 鳳 *hái* 害 孩 咳 海 亥 *han* 恨 痕 垠 狼 艮 *hán* 旱 酣 泗 含 鹹 喊 寒 銜 函

附 傅 頁 *fuh* 弗 佛 腹 覆 褔 蝠 咈 彿 幅 拂 服 復 伏 袱 *fung* 風 丰 峯 蜂 封 楓 瘋 豐 鋒

吠 *fóh* 縛 倔 *fú* 父 夫 孚 敷 膚 扶 符 斧 俯 府 腑 甫 黼 脯 撫 婦 富 副 賦 訃 赴 付 腐

防 房 倣 紡 魴 訪 仿 放 *fu* 否 缶 浮 阜 垺 覆 *fi or fei* 非 飛 妃 肥 匪 篚 斐 翡 菲 肺 費 廢

闗韋惛魂'棍混'渾譚涸'喚'歡讙九'紉援桓圜寰環還鼇壞堯'斡換宦患

hwán

霙烘釁虹洪弘鴻哄 _hwá_ 化花嘩華話畫 _hwáh_ 滑猾畫劃 _hwái_ 壞淮懷槐 _hwan_ 昏昬婚

狐胡瑚糊蝴葫衚醐鬍乎壺虎琥屛扈戶互護 _hú_ 吁迂虛墟紆呴許煦 _hung_ 紅

可河伏夥貨賀禍 _hóh_ 合曷喝貉鵠壑涸盒盍鶴斛檻瞰闞 _hiú_ 湖呼怙孤弧觚

旭勗 _hiún_ 熏勲薰燻醺訓 _hiung_ 凶兇匈胸兄雄熊迴洞 _hó_ 火听㖞訶禾和何荷

形型脛幸倖 _hióh_ 學謔 _hiú_ 休儵嘼朽 _hiueh_ 穴靴血洫 _hiuen_ 玄喧諠術萱垣眩懸 _hiuh_ 項

顯險憪現憲獻倪檻限縣 _hih_ 橄吸覡噷闟迄肸 _hin_ 忻欣舋衅 _hing_ 興馨行刑

穀驍曉効效傚 _hieh_ 協挾脅俠挾叶歇頁 _hien_ 陷謙軒嗛開閑燦鹹賢弦絃睍

奸杆忓甘柑痁堪衦廄刊赶嵌敢闞坎砍感幹勘砧 *k'án* 看龕 *kang* 更庚耕

jun 潤閏 *jung* 戎絨尢茸 *kái* 該改垓羞 *k'ái* 開凱剴鎧 丐概嘅慨 *kan* 跟根墾艮 *kán* 干

jóh 若弱箬 *jù* 如濡儒孺汝乳茹 *jwen* 軟懦辱褥肉入 *jui* 蕤蛻桵蜹痿銳睿

jen 然燃冉腎妠染 *jih* 日廿馹 *jin* 人仁壬妊忍稔飪崔認刃任賃衽紉仍

jáng 裔肄義讟異毅 讓懷囊嚷 *jau* 柔揉肉 *jáu* 饒橈遶繞擾 *jé* 惹偌 *jeh* 熱

眙迤夷姨恞誼睨蛻疑移儀褻匜倪倚椅己以芐矣擬議詬憾意薏黟懿 *jing* 矜

hwui 囲灰揮暉輝徽徊賄毀潰諱晦誨曦惠會慧 衣佅伊醫噫怡詒

幻 *hwang* 橫蟲 *hwáng* 黃慌荒詤皇凰蝗遑惶簧況 *hwóh* 活豁或惑獲蠖穫鑊 *hwuh* 忽笏惚

轎 k'iâu

交狡 炙胶 皎鮫 傲嬌 驕澆 滕敲 微鼻 狡絞 繳矯 攬峧 校較 鋏窾 教呌 酵

俠 kiái
皆偕 楷喈 街佳 解介 价芥 戒誡 界屆 解懈 kiáng 江豇 疆韁 講港 降 k'iáng 強襁

祈耆 衵覬 啟企 氣契 藥器 kii 加家 嘉枷 袈迦 假架 駕嫁 稼價 kiáh 甲恰 夾挾

肌几 已幾 記寄 覬既 繼李 曁忌 伐妓 技偈 k'i 其欺 稽溪 岐旗 期棋 奇騎 麒

鈎勾 溝苟 狗垢 妒訏 媾搆 賄彀 構覯 k'au 口扣 叩寇 蔲 káu 高篙 羔膏 餻皋 槁

稿告 詰犒 k'áu 考拷 靠革 格膈 隔 k'eh 客克 刻 ki 紀譏 飢基 箕綦 機姬 雞羈

鈎勾溝

夔鏗 亙哽 耿 k'ang 肯坑 揹 káng 缸杠 肛扛 罡剛 綱穅 綱匠 k'áng 杭慷 炕亢 伉优

恪 攔 鴿 蛤 渴 割 葛 殼

kú 姑 沽 鴣 辜 孤 箍 占 佔 罟 詁 鼓 瞽 瞽 股 蠱 故 固 僱 顧

kiun 均 鈞 君 軍 囷 *kʻiun* 羣 裙 *kiung* 窮 筇 蛩 瓊

kó 戈 鍋 柯 哥 歌 科 蝌 果 顆 裹 個 課 *kóh* 各

kiuen 捐 鵑 圈 犬 甽 卷 捲 券 勸 蠲 絹 睊 倦 *kʻiuen* 拳 權 *kiuh* 菊 屈 曲 橘 掬 鞠 局

厥 橛 *kiú* 鳩 蚯 邱 閭 九 久 糾 韭 白 舅 柩 救 廐 舊 *kʻiú* 求 毬 球 裘 决 缺 訣

驚 荊 景 竟 境 徼 謦 鏡 徑 競 *kʻing* 輕 傾 矜 卿 擎 頃 慶 *kióh* 角 脚 覺 桷 矍 *kʻióh* 却 碻

劇 喫 吃 *kin* 巾 斤 今 欽 金 筋 謹 僅 錦 緊 覲 禁 近 *kʻin* 芹 襟 衿 琴 勤 禽 擒 妗 *king* 京 經

kʻien 欠 鈴 鉗 黔 虔 撿 檢 *kih* 及 級 訖 亟 吉 拮 桔 隙 給 急 擊 激 棘 泣 極 *kʻih* 乞 笈 汲 展

堅 慳 肩 奸 姦 覲 牽 纖 愆 譴 蹇 簡 遣 繾 柬 揀 減 繭 蹇 見 建 鑒 諫 劍 歉 件 儉 健

lang '冷稜掕
láng 狼廊哴琅朗
lau 樓髏蔞僂陋漏
láu 勞撈牢勝老潦
leh 勒肋肆

刺拉邋辣蠟臘
lái 來賴睞賚癩
lán 闌闗攔嵐藍籃檻婪闞欖覽懶纜爛

軌晷賈櫃
kwʻei 葵虧揆睽眭
kwó 果蜾過
kuóh 國椁漍蛞郭廓活
kwuh 圣佸
lá 拉
láh 喇,

罐慣
kwang 肱觥
kwʻáng 光胱廣
匡筐誆狂悁眶壙曠
kwei 圭瑰瑰閨魁歸龜詼詭鬼

膾
kwan 昆滾
kwʻan 困坤崑崐緄閫菌棍
kwán 官棺冠觀寬關鰥管館盥欵館貫灌

貢共
kung 空恐孔控
kwá 瓜蝸寡卦掛褂
kwʻá 誇跨
kwáh 刮
kwái 乖拐柺怪
kwʻái 快噲塊儈

駒驅劬衢渠拒去
kuh 谷鵠骨窟穀觳梏
kʻuh 哭酷
kung 工功攻弓躬宮公供恭拱

庫痼
kʻú 苦枯骷褲
kü 居車矩距舉鋸巨句倨據據履遽具颶懼
kʻü 拘俱區摳

²誄　掄淪綸輪倫²論　*lun*
²論　龍隆嚨瓏礱籠聲竉²攏²弄　*lung*
²卵²變鸞²亂　*lwán*
馬麻蟆　*má*

²略　旅閭盧呂廬濾慮　*lü*
陸磟²六祿鹿²數錄　*luh*
雷靁療纅²揮壨²絫²類淚²未　*lui*

律²律綷　羅鑼螺囉蘿邏騾裸　*liuh* / *ló*
落浴²絡²酪²樂²盧爐蘆魯櫓鹵擴²路²露　*lóh* / *lú*

零靈凌陵²傾嶺²另　*lióh*
略²掠　流琉留榴劉旒柳²絡²溜　*liú*
劣²坿²捋　*liueh*
²戀²攣²鸞　*liuen*

澪²哥曆²靂立²栗厤²慄　*lieh*
列²烈裂²獵²躐　*lieh*
連蓮廉奩聯帘²簾²歛²殮臉²輦²煉練²鍊　*lien*
林痳淋鄰鱗²麟²廩²凜²客²闌　*lin*
令²伶綾玲翎²苓²鈴　*ling*

戾泬²厲麗²蠣²荔²隸　
良凉糧梁²梁兩²兩²倆²輛²諒亮²量　*ling*
²了聊²僚寮²蓼²撩²遼　*liáu*
²力²笠²粒²礫　*lik*

li　離厘璃犂梨²狸²俚²漓²籬²里²娌²理²悝²鯉²李²禮²履²礪²勵²吏利²俐²痢²莉²例²泣

瞞鏝漫
ní
拿拏詉姆那
náh
納枘捼
nái
乃奶耐奈
nán
南楠難男喃報
nang
能擰

墓暮慕募
muh
木沐目睦
歿牧穆没
mun
門捫們懣悶
mung
蒙檬濛矇懵家夢
mwán
滿

溟茗酩瞑皿命
miú
謬繆
mó
摩麼磨魔
末抹邈莫幕膜茉漠
mú
模謨母募

緬勉娩面麵
mih
密覓蜜
min
民泯緡閩旻敏憫黽
ming
名冥盟螟鳴銘箕詺明

mi
米迷糜彌麋靡謎
miáu
苗描藐秒杳眇妙廟
mieh
滅威茂篾蠛
mien
眠棉綿免

meh
麥陌貃脉默黑嘿
mei
梅眉枚媒煤霉楣湄美袂浼每妹昧寐媚瑁

mau
謀矛眸裹某牡畝貿茂
máu
毛茅貓錨旄卯冒帽耄貌帽眊
mé
乜

芒莽蟒
mau
謀
máh
眛抹
mái
埋買賣邁
mán
曼蠻慢謾蔓
mang
萌氓氓孟蜢
máh
忙茫盲

媽瑪媽罵
máh
帙抹
mái

援骺 ó 疴狗阿 ók 惡遏闊頠，巴吧爸把玭霸罷 pá 吧鈀杷芭怕帕 p'á 八，pah

娜儒糯 nók 諾 ná 奴孥駑努怒 nü 女 nuh 訥惡 nui 內餒 nun 嫩燠 nung 農儂濃憹 nwán 暖

撚念 nih 匿鶂逆搦溺 nin 紉 ning 寧嚀濘伖 nióh 虐瘧 ntú 牛扭鈕紐 nó 挪儺偻

讓倪伱膩 niáng 娘釀 niáu 鳥裊嬈嫋尿 nièh 摶業嶭涅聶蘗捻掉臬 ni 尼呢泥霓 nien 年拈粘

軏杭 ngó 訛囮娥譌蛾俄莪鵝我餓臥 ngióh 鄂惡哈咢愕諤讍黿

嘔樞歐嶇謳洶毆嘔鵝偶 ngáu 傲翱鼇驁懊拗臭澳墺熬鶩沃 ng'eh 額扼阨，

碍 ngan 恩薏 ngán 案俺庵腌巷鵪嚴諳闇崥按晏暗岸 ngang 硬哽 ngáng 卬昂仰 ngau 耦

裒懷襄 nau 犫懦 náu 鬩橈鐃譊腦惱撓奴璐 ngái 哀埃呆毃欸傻愛譪愛艾

癖疋，
pin
賓彬檳濱凜牝殯鬢
p'in
品貧頻
ping
兵冰餅秉柄病並倂憑
p'ing
平娉萍

蝙貶砭變卞弁便辮辨
p'ien
片篇騙
pih
必篳偪璧逼畢筆碧壁弼
p'ih
匹辟髀髈

婢璧屁譬
piáu
表票剽摽鏢褾
p'iáu
漂飄摽縹
pieh
別鱉鼈瞥
p'ieh
撇
pien
邊鞭邊編

pi
卑碑箆比姊彼俾蔽秘閉臂避備鼻斂譬陛
p'i
皮比披枇琵疲脾部被

peh
白百伯廹栢北萹蔔
p'eh
拍珀魄
pei
悲悖背輩貝狽焙
p'ei
倍培陪賠佩沛

蚌胖棒謗
pou
裒
p'au
剖包飽褒保寶飽襃抱報爆暴
p'áu
袍脬刨庖麭跑炮咆

辨
p'án
扳攀盼瓣
pang
崩
p'ang
朋烹棚蟛鵬硼
páng
邦幇梆塝鄉
p'áng
旁徬傍膀螃滂

捌拔撥
pái
拜罷敗
p'ái
非牌非派憊
pan
本奔迸笨
p'an
盆噴
pán
班斑頒般板版扮

捎韶哨紹 sheh 舌涉攝韘設 shen 善閃贍禪蟾嬋陝鱔扇煽磚搧騸擅饍繕 shí 尸

珊姍疝杉 sháng 上傷商殤觴賞尚 shau 手收守首獸受壽售授綬 sháu 少燒梢筲

虱瑟嗇塞濇穡 shá 沙紗砂魦灑洒嗄 sháh 殺歃霎箑煞翣 shái 晒篩曬 shán 山刪衫

笙牲傖甥省 sáng 桑喪顙 sau 叟搜擻溲藪瘦嗽漱 sáu 掃搔騷臊稍嫂埽噪 seh 色

'rh 而兒輀耳爾邇二貳 sáh 撒颯薩𧝅鈒 sái 偲帥賽 san 森參滲 sán 三散傘 sang 生

puh 卜不勃僕瀑 pung 夆逢縫 p'ung 篷蓬髼 pwán 半搬伴鈑畔絆拌 p'wan 盤番磐判泮

爆雹鉑 p'óh 撲樸璞 pú 布晡補圃捕怖步部捕簿暴 p'ú 鋪鯆匍葡菩蒲普譜

屏凴聘 piú 彪髟颮 pó 波玻菠播剫 p'ó 破婆頗皴 póh 泊膊博鉢駁剝鈸跋薄撥

先仙纖躚涎跣銑霰辮線羨 *sien*
sih 息析蜥熄昔錫悉膝汐惜媳熄蕭夕習

小銷蕭宵消硝鞘霄蕭蕭笑肖嘯 *siáu*
sié 些斜邪寫卸瀉謝
sieh 屑泄燮泄褻紲

說 *shwoh*
shwui 水誰稅睡
si 西廝厓桌徙洗蕙璽紲婿
shing 相襄鑲廂箱伴詳想象像

淑菽蜀蠋屬孰塾熟贖 *shóh*
shun 順純淳唇瞬吮舜
shwá 耍
shwáh 刷
shwái 衰摔
shwáng 爽霜孀雙

橥勺杓鑠 *shú*
書舒殊輸樞薯鼠黍暑署戍恕庶樹豎澍
shuh 尤倏束叔術述

深申伸呻紳辰娠宸晨審嬬曬剔腎蜃甚慎 *shié*
shing 升昇陞聲乘繩聖勝剩盛

侍是 *shih*
余賒蛇捨社赦舍射麝十失式石飭識釋濕室捨實食
shin 神身忱

屍詩施匙柿弛始史屎使駛豕市恃勢試弒世誓筮噬視豉諡示氏舐

拍苔臺怠迨泰態汏

丹坍單擔膽旦誕誕談蚩憚 *t'án* 談貪覃潭壇瘃

他 *táh* 答搭獺躂達踏沓 *t'áh* 塔塌榻 *tái* 歹獃帶戴待代逮袋貸 *t'ái* 太台胎

嘶廝司思師斯絲私獅使死似兇 四畔伺飼仕已祀事卹俟寺耔 *tá* 大打

彗穗 *sun* 損孫榫遜巽飧 *sung* 宋松崇嵩鬆慫悚竦送訟誦頌 *swán* 算酸痠蒜 *sz* 士

夙帥 *suh* 蟀速宿縮萊蕭俗綏 *sui* 雖胥嶲娑隨髓悴許歲碎粹遂瑞毯

瑣鎖 *sóh* 索朔擻 *sú* 素梳魁蘇疏疎酥訴數塑疏懷 *sú* 序須鬚徐絮緒敘

袖繡秀銹 *siueh* 雪 *siuen* 宣旋璇璇 *siuh* 戌恤 *siun* 旬詢殉恂洵循巡筍浚 *só* 所唆娑薆

席霰 *sin* 心新辛莘尋鱘汛訊迅信 *sing* 性腥猩醒星省姓 *sióh* 削 *siu* 修羞髓

糴潎覿甾 _t'ih_ 剔惕踢 _ting_ 丁仃町汀釘剄酊頂 訂定 錠 _t'ing_ 亭廳廷停婷庭蜓

腆店玷佃蜎殿墊電靛㬟 _t'ien_ 天添田晡塡鈿恬忝砂 _tih_ 的滴鏑嫡狄廸敵

窕跌爹 _tieh_ 眹餮攙堞耊蝶裰碟疊迭軼 _t'ieh_ 鐵帖怗貼 _tien_ 店顚癲點典

蹄堤蔕體涕替剃嚏 _tiáu_ 刁凋貂雕耆弔釣名 _t'iáu_ 條挑桃迢誂調糶眺跳

島會 _teh_ 得忒特德 _ti_ 地低羝底抵邸帝遞弟娣悌第 _t'i_ 題稊梯提媞啼

偷投透 _táu_ 刀到道盜蹈導稻 _t'áu_ 桃叨滔怊韜萄濤毿饕淘陶逃討燾擣

盪堂湯唐螳糖棠塘倘帑搪尉 _tau_ 斗兜抖陡骰關寶脰豆痘逗荳 _t'au_ 頭

彈檀欄灘癱坦炭操嘆 _tang_ 等登燈凳戲蹬 _t'ang_ 疼藤謄騰 _táng_ 當璫搪黨宕蕩

勦剿醮 *ts'iáu* 俏瞧樵誚悄 *tsié* 姐借嗟嘈 *ts'ié* 且接楫卩節櫛裌浹㨭捷截

t'si 妻悽淒齊臍砌切 *tsiang* 將漿祥槳獎匠 *ts'iáng* 牆艙斯墻搶 *tsiáu* 焦蕉噍鷦椒

昃仄側窄責柵讁澤宅摘擇賊 *ts'eh* 拆策冊測惻 *tsi* 祭賞劑擠濟霽

綢轈 *ts'au* 早糟遭蚤寵皂造 *ts'áu* 草澡操曹嘈槽漕艚藻燥糙 *tseh* 則嘖

崢睜怎 *ts'ang* 撐橙層 *tsáng* 葬臟賊 *ts'áng* 倉蒼艙瑲鶬滄藏 *tsau* 走愁奏皺

采彩採睬綵菜 *tsán* 簪臢拶趲贊讚蘸昝 *ts'án* 殘舂鑱浽慘燦 *tsang* 曾增爭憎繒

搾 *t'óh* 託脫囊 *tsáh* 襟咱卡刹雜嚏 *tsái* 再哉災栽宰仔載 *t'sái* 才財裁繞材

梃艇聽听 *tiú* 丟 *tó* 多朵垛躲惰墮 *t'ó* 拖駝跎佗舵駞鼉砣妥唾 *tóh* 奪度鐸

醉莘'

催嗺翠脆' *tsun*

拏遵鐏壿 *ts'un*

寸'忖村存 *tsung*

宗崇樱踪踪'總'粽縱 *ts'ung*

從叢

措' *tsü*

聚蛆趄咀'沮 *ts'ü*

取'諏趨娶'趣 *tsuh*

足'卒猝嗺捽桮族 促麆' *tsui*

罪摧毳嘴'最

作怍咋鑿酢 *tsó*

撮錯鵲 *tsú*

祖租'俎組詛'阻'助胙祚 *ts'ú*

初芻粗麤雛鋤楚齟

牷佺鑴 *ts'iuen*

全泉 *tsiun*

俊逡峻峻駿 *tsó*

左'佐坐座做 *ts'ó*

錯瑳嵯搓瘥蹉剉挫銼

請' *tsióh*

雀鵲爵嚼 *tsiú*

酒'揪啾泅就鷲 *ts'iú*

秋愀鍫鞦鰍囚愁酋遒

緝' *ts'in*

盡' *tsin*

侵親秦鱘尋'㝱槻襯 井晶旌精'睛靚阱靖淨 *ts'ing*

青清菁'情情睛

戢'績積刺'稷'鰂跡卿瘠疾脊寂集籍藉 *ts'ih*

七'漆緝輯戚' 進津臻'盡燼'贐晉浸 *tsin*

妾切 *tsieh*

尖'箋煎'剪戩箭游薦'餞漸倩賤 *ts'ien*

千'簽遷韆'籤前潛'錢淺'僭 *tsih*

即,

絶' *tsiueh*

痊銓詮 *tsiuen*

腀校豪悃間

萬灣丸元頑完
wán
絻輓碗浣皖
椀蜿腕挽
晚玩緩
wáng
王汪亡忘

罋
wá
尨蛙娃鼃摵窊
窊挖機
wái
外歪

wan
文溫瘟紋呡蚊開媼媼薀穩緼刎
uh
兀屋握踵渥齷沃杌
ung
翁蓊

桐筒衕銅桶統痛
twán
叚端短煅鍛斷緞
tw'án
團
t'ung
同通蓪童憧瞳僮峒侗峒

頑邅鈍腯
t'un
吞朏盾裩
lung
冬鼕東懂凍棟楝動洞
t'ung
屯敦墩墪燉沌
tun

瀆凸蠹僢髑
t'uh
禿魗
tui
兌堆碓對隊蛻
t'ui
退傀憒穨頹腿
tun

都堵睹賭度蠹杜渡鍍
t'ú
土塗涂徒圖荼酴屠肚吐兔
tuh
督篤牘讀毒突

仔滓梓紫姊秭宇自嗣
ts'z'
此羡疵眥嘴髭祠詞慈磁辭茲次刺賜廁
tü
妒

聰忽愡蔥叢
tswán
攢蠺篡鑽纘
tsw'án
竄攛爨
tsz'
子孜茲錙咨姿恣資孳滋鶿緇輜

蜫睍掩偃演衍嚴眼蚺嚅嬲厭壓蠊宴諺炎硯雁臉艷汐 yih 一盆憶揖

爺冶野夜 yeh 葉咽謁噎 yen 言淹罨閣嫣饜朒煙焉簽延閻研延顏嚴盐簪妍

天腰邀妖鼉么凹腰搖愮遙飆鷂猺瑤謠堯妖窈咬坳坳燿 yé 也椰耶

崖提涯厓矮 yáng 仰央殃決軮鴦佯羊揚陽徉洋楊颺暘攘養樣恙漾快 yáu 要

寤悟誤霧務晤 wuh 物勿脆 yá 了鴉牙呀芽衝啞瘂雅 yán 押鴨壓軋隘埃挨

wóh 嘆幹擺 wú 五污烏吾梧吳齬廡誣無帳母捂塢舞姆伍午武侮忤鵡惡

葦穢畏慰喂餵尉彙猬偽衛腊謂位 wèi 魏 wi 未帷微帷維薇唯尾味 wó 我窩媒

枉往罔惘網魍望妄旺 wei 為威椳幃圍緯達危巍遺闈壝委透倭矮護童

園轅蝯團宛苑遠怨院願　玉郁馘浴欲育爵役慾慝　云氳暈紜緼

yuch日月刖越悅閱粵鉞　yuh　

yuen元鴛娟宛捐淵原源員沿援慮緣蠶莞垣圓鉛媛

曳愉渝愈覦輿宇語羽雨與禹圉飲嫗遇喻逾諭礜馭額芋寓愈御裕

蒡幼右侑囿佑祐　于扴於余餘舒圉漁隔諛腴圩盂迂餘予魚愚虞

藥嶽獄躍鑰瘧侖　又憂優穰幽由油柚尤猶攸游遊郵鼬友有酉誘

ying應嚶濙纓鸚英罌鴦鸎鷹盈楹螢營蠅贏迎凝影映穎孕胤　yóh約虐樂

決　yin因氤茵絪禋裀婣姻欣音殷陰嶄貧婬吟銀寅淫隱飲引蚓尹印蔭

抑億邑唈挹鎰淦乙弋域亦易液嗌翼驛逸疫殍佚奕被腋翌射繹驛份

'永'勇'泳'咏'詠

'甬'俑'湧'壅'擁

'鏞'熒'燴'傭'墉

'融'庸'榕'溶'容

'饔'顒'甕'容'榮

'韻'運 *yung* '用'雍

'醒'尹'允'殞'隕

'雲'勻'昀'耘'芸

NOTITIA LINGUÆ SINICÆ

비록 중국인들은 심사숙고해서 쓴 작문의 글자들을 일상 대화에서 똑같이 사용하지만, 통어(通語; common dialect)[14]는 고서에서 전해져 내려온 것과는 크게 다르다. 그러므로 중국어에 대한 완전한 지식을 획득하기 위하여 우리는 먼저 일반적으로 사용하는 언어, 즉 구어를 다루어야 할 것이며, 다음으로 서면어에 관한 정확한 설명이 제시되어야 할 것이다. 이 두 가지 목적을 달성하는 것이 바로 본서의 두 파트에 대한 기본 계획이라고 할 수 있다.

두 번째 파트는 여러 가지 면에서 선교사들에게 도움이 될 것이다. 그들이 하는 말이 다른 사람들에게 좀 더 잘 이해될 것이며, 그들 또한 다른 사람들이 말한 것을 좀 더 쉽게 이해할 수 있을 것이다. 선교사들은 또한 구어체로 구성된 책을 좀 더 즐겁게 읽을 수 있게 됨으로써 매우 유창하게 말하는 법을 배우게 될 것이다. 필요한 경우에는 그들 스스로 이런 종류의 글을 쓰게 할 수도 있다.

세 번째 파트 또한 고서들의 의미를 밝히고, 그것들을 정확하게 다

14 　역주　通語(common dialect)는 광대한 지역에 걸쳐서 공통적으로 사용되는 말을 가리키는 것으로서 어느 특정 지역의 말이 아님을 뜻한다. 이 용어는 揚雄의《方言·1》에서 처음 등장하는데, "秦晉之間, 凡好而輕者謂之娥。自關而東, 河济之間謂之媌, 或謂之姣。趙魏燕代之間曰姝, 或曰妦。自關而西, 秦晉之故都曰妍。好, 其通語也"라고 하였다.

른 언어로 번역하여 선교사들이 품격 있는 작문을 쓰는 데에 많은 도
움을 제공할 것이다. 비록 변변치는 못하지만 나는 이제 본서를 대중
의 솔직한 배려와 관용에 맡기고자 한다.

구어와
구어체

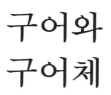

파트
2

구어와 구어체

중국어는 고서에서 전해져 내려온 것이든 일상생활에서 사용한 것이든 모두 적절하고 고유한 미美를 지니는데, 대부분의 선교사는 이것에 충분히 주의를 기울이지 않아, 오직 소수의 선교사만이 작문뿐만 아니라 그 언어를 제대로 말할 수 있었다. 이에 필자는 중국어의 고유한 특성과 내포된 아름다움을 밝히는 일에 착수하게 되었으며, 두 번째 파트는 지위와 학식이 있는 사람들에 의해 말해지는 관화(官話; court dialect)로 그 범위를 제한하였다. 나는 내가 말하고자 하는 바를 발췌한 몇몇 작품을 먼저 밝히는 편이 낫다고 생각하는데, 이는 좀 더 중요한 것을 언급할 때에만 필요할 것이다. 모든 것은 잡극雜劇과 소설小說로 요약되는데, 첫 번째로는 《원인백종元人百種》이 있다. 이 모음집은 100개의 잡극雜劇을 포함하며 원대元代에 출간되었다.[15] 두 번째로 《수호전水滸傳》이 있다. 이 작품의 고유한 우수성을 알기 위해서는 김성탄金聖嘆이 출간한 주해가 달린 판본을 보는 것이 바람직한데, 그는 이 책에서 작가의 놀랄 만한 책략을 분명히 밝힌 바 있다. 이 일화집은 15권 정도로 길게 확장되기도 하며, 어떤 것은 훨씬 짧게 축소되기도 하는데, 이와 같은 것으로는 《서화록書畫綠》, 《성풍류醒風流》, 《호구전好求傳》, 《옥교리玉橋梨》 등이 있다. 또 각각의 소설小說은 16~20회回를

---

15 역주 《元曲選》이라고 불리며, 원문의 설명과는 달리 明代(1616)에 臧懋循에 의해 편찬되었다.

포함하는 4, 5개의 권으로 구성된다.

　본서의 두 번째 파트는 세 부분으로 구성되었는데, 3장에서는 관화官話의 문법 원칙과 구조를 설명할 것이다. 4.1절과 4.2절에서는 중국어의 고유한 특성을 설명할 것인데, 그것은 불변화사와 수사적인 표현에서 나타난다. 4.3절에서는 지금까지 언급했던 것들의 실제 적용을 보여 줄 것이다. 이를 위해 다양한 방식의 예의 바른 말하기가 차례로 제시된 다음, 몇몇 격언들 또는 구어체로 쓰인 경구警句들이 뒤따를 것이다.

제3장

구어의 문법과 통사

    중국어는 구어와 서면어에 상관없이 모두 '품사'(Parts of Speech)라고 불리는 몇몇 부분으로 구성된다. 각각의 문장 또는 구가 완전해지기 위해서는 동사가 필요한데, 왜냐하면 그들은 동사 없이는 아무런 의미도 지니지 않기 때문이다. 한편 명사는 행위자가 누구이며 무엇이 행해졌는지를 나타낸다. 전치사, 부사와 많은 다른 불변화사는 의미에 절대적으로 필요하다기보다는 명료성과 윤색을 위해 사용된다.

    중국어 문법학자들은 중국어를 구성하는 문자를 두 부류 ―'허자'(虛字; vacant 또는 empty character)와 '실자'(實字; solid character)― 로 구분하였다. 비록 어떠한 글자라도 필수적으로 어떤 의미를 지니므로 엄격한 의미에서 이와 같이 부를 수는 없지만, 작문에서 필수적이지 않은 것들을 '허자虛字'라고 부른다. 이에 문자가 단순히 불변화사로 사용되고 '허자虛字'라고 불린다면 그것은 '가차假借' 또는 은유로서 이해되어야만 하는데, 즉 그것들은 원래의 의미에서 다른 의미로 변했다고 할 수 있다. '실자實字'는 언어에 필수적인 문자이며, '활자活字'와 '사자

$死字$', 즉 동사와 명사로 구분할 수 있다.[16]

　우리는 먼저 모든 구에서 동사가 표현되었는지 또는 종종 발생하듯이 그것이 이해되었는지를 결정해야만 한다. 그런 다음 우리는 동사의 주격을 찾아야 하고, 마지막으로 동사의 목적어를 구해야만 한다. 의미를 만들기 위해 요구되는 이 세 가지 요소가 결정된다면 우리는 남아 있는 문자가 필수적이지 않다는 것을 쉽게 추론할 수 있다. 이 문제는 담화와 작문에 똑같이 적용되기 때문에 세심하고 이른 주의를 기울일 필요가 있다.

3.1 문법

이 주제는 네 단락 ─1. 명사, 2. 대명사, 3. 동사, 4. 남아 있는 품사들─으로 나뉠 것이다.

3.1.1 명사

　중국어에서 명사는 격(case) 또는 수(number)를 결정하는 굴절(inflection)을 갖지 않는데, 이들의 구분은 몇몇 불변화사에 의해 분명히 표시된다.

　1. 명사 뒤의 '的'은 속격(genitive case)과 소유격(possessive case)을 나

---

16 역주 원문에서는 '虛子', '實子', '活子'로 표기되었으므로, 이를 '虛字', '實字', '活字'로 수정하였다.

타낸다.

> ### 天主的恩
> 신의 은혜
> God's beneficence

그런데 우리가 언급한 바와 같이 불변화사로 사용되는 모든 문자는 은유적인 응용을 가지며 구어에서 이런 유형의 문자는 의미보다 소리에 좀 더 주의를 기울일 필요가 있으며, 우리는 종종 '的' 대신에 '底' 또는 '地'를 보게 된다. 불변화사 '的'은 의미를 쉽게 파악할 수 있는 두 개의 명사가 사용되었을 때에만 생략되는데, 예를 들면 '中的國'이 아니라 '中國'(중국; the Middle Kingdom)이라고 해야 한다. 만약 또 다른 명사가 그 뒤에 온다면 '的'은 마지막 명사 바로 앞에 놓이는데, 예를 들면 '中國的人'(중국인; Chinese), '中國的話'(중국어; The Chinese language)가 그러하다. 그러나 '的'은 이러한 경우에서조차도 자주 생략된다.

2. 여격(dative)은 불변화사 '於'(于)에 의해 표시되는데, 이 불변화사는 여격을 표현하는 유일한 수단이 아니므로 신중하게 사용해야만 한다. 그것은 경험에서 알 수 있듯이 때때로 생략되기도 하거나 다른 불변화사의 임시 용법에 의해 추구되는 변이이기도 하다. 이후 출현하는 다른 것들 역시 같은 것으로 간주되어야만 한다. 그들은 여격 표지로서 불변화사 '與', '和', '對', '替'를 똑같이 사용한다.

> ### 與他厮見。
> 그와 대면해라.
> To make evident to him.

> ### 和他說。
> 그와 말해라.
> Say to him.

對他說。	替他說了。
그에게 말해라.	그에게 말했다.
Say to him.	I said to him.

동사 '說'로 인해 이들 구에서는 이러한 불변화사가 필요하다. 왜냐하면 '說他'는 '그에게 말하다'(to speak to him)를 나타내지 않고, '그를 말하다'(to speak of him) 또는 '그를 논박하다'(to refuse him)를 의미하며, '他說'은 '그가 말하다'(he says)를 의미하기 때문이다.

3. 대격(accusative)은 특정 표지를 갖지 않으며 일반적으로 동사 뒤에 놓인다.

我打你。	你打我。
내가 너를 때렸다.	네가 나를 때렸다.
I strike you.	You strike me.

다른 곳에서도 볼 수 있듯이 대격은 자주 동사를 선행하기도 한다.

4. 호격(vocative)은 때때로 불변화사 '阿'에 의해 구별되는데, 그것은 명사 뒤에 놓이거나 불린 사람의 속성 옆에 놓이는데, 예를 들면 '郎君阿!'(낭군님; O my spouse!)가 있다. 이름이 반복되는 경우 이것은 호격 표지인데, 특히 '你'가 뒤따를 때가 그러하다.

淡仙淡仙我和你好無緣也。
담선아, 담선아, 너와 나는 정말 인연이 없구나!
Tan Sien, you and I are very unhappy!

嫦娥嫦娥你。
항아여! 항아여,[17] 당신은…….
O Luna! Luna! you, &c.

우리 시인들이 아폴로Apollo와 디아나Diana라고 부르는 것처럼 그('後羿')는 달을 '항아嫦娥'라고 부르고 같은 방식으로 태양을 '의화羲和'라고 부른다.

5. 탈격(ablative)에 관해서는 피동 동사와 연관지어 살펴보도록 하자. 어떤 것을 만드는 재료는 라틴어에서 탈격으로 표시되며, 중국어에서는 '的'에 의해 표시되는데, 예를 들면 '鐵的'(철로 만든; of iron)이 그러하다. 어떤 특정 물품이 언급되었을 때에는 '的'이 생략되기도 하는데, 예를 들면 '鐵鍋'(가마솥; iron caldron), '銅鑼'(징; a cooper gong), '銀盃'(은잔; a silver goblet) 등이 있다. 이것들은 형용사로도 여겨질 수도 있는데, 예를 들면 '鐵的'구는 형용사로 사용되는 '鐵'과 동일하다. 우리는 개념을 분석하기 위해 이러한 방식을 배울 때마다 우리에게 강요되고 학자들에게도 매력적이라기보다 거부감을 일으키는 많은 규칙이 실용 가치가 전혀 없음을 발견하게 된다.[18]

6. 복수는 수를 나타내는 인접 문자에 의해 표시되는데, '數人'(여러 사람; many men), '幾句'(몇 마디; some words)가 그러하다. '都'는 명사 뒤에 위치하는데, 예를 들면 "聖人都在天"(성인은 모두 하늘에 있다; all holy men are in heaven)이 있다. 그런데 "都聖人"은 부적절하며, 이를 좀 더 정확하게 말한다면 "都來了"(모두 왔다; all came), "都要"(to desire them all), "都不要"(to wish for nothing)일 것이다. 이들 구에서 '都'는 언급된

---

17 역주 '상아'라고도 부른다.

18 역주 이 진술이 바로 *Notitia Linguæ Sinicæ*에서 Premare의 기본 입장을 반영한다. 즉 Premare는 중국어를 배우는 데 있어 복잡한 규칙보다는 예문 위주의 학습을 더 선호하였으며, 이것이 더 효율적이라고 보았다.

사람 또는 사물로 쉽게 이해된다. '皆' 또한 명사 뒤에 놓이는데, "人皆有病"(모든 사람이 병이 있다; all men are subject to disease)의 예가 있다.

'眾'은 '眾人'(여러 사람; all men), '眾說'(여러 사람의 의견; all saying)와 같이 명사에 선행한다. '諸' 또한 명사에 선행하는데, '諸般'(각종; in every manner)이 그러하다. '們'과 '等' 역시 복수를 나타내는데, 예를 들면 '他們'(그들; they), '爺們'(남자들; my lords), '你等'(너희들; you) 등이 있다.

우리는 또한 '我每'(우리; we)에서처럼 '每'를 발견하게 된다. 또한 '日日'(매일; every day 또는 all days), '家家'(집집마다; all houses 또는 families)와 같이 명사가 반복되었을 때 그것은 복수를 나타낼 수 있다. 이 모든 경우에 '都'가 자주 첨가되는데, 예를 들면 "人人都來了"(모든 사람이 왔다; the men all came)가 그러하다. 불확정적으로 사용된 숫자들 역시 자주 복수를 나타내는데, '萬物'(만물; ten thousand thing 또는 all things), '百般'(온갖; in every manner)이 있다.

7. 명사가 홀로 쓰이거나, 하나의 구(phrase)를 끝맺을 때는 그 뒤에 명사를 지탱하는 어떤 것을 요구하는데,[19] 예를 들면 '房子'(집; a house), '石頭'(돌; a stone), '盒兒'(상자; a chest), '女孩兒'(여자아이; a little daughter), '小孩子'(어린아이; a little son) 등이 있다. 열거할 때에는 모든 주어 또는 사물들은 그것의 적절한 표지(또는 양사)를 갖는데, 예를 들면 '三位老爺'(나리 세 분; three gentlemen), '一頂轎子'(가마 한 채; one

---

19 역주 이 말은 실제 어휘 의미는 없지만, 명사 뒤에서 단어를 구성하는 '子', '兒'와 같은 접사가 온다는 것을 의미한다.

sedan), '一張桌子'(탁자 하나; one table), '一尾魚'(물고기 한 마리; one fish), '一口猪'(돼지 한 마리; one swine), '兩只牛'(소 두 마리; two oxen) 등이 있다. 이 실례들로 충분하다. 나머지들은 연습에 의해 습득되어야만 한다.[20]

기술 또는 직업을 지시하는 명사는 뒤에 불변화사 '的'을 요구하는데, '讀書的'(학생 또는 학자; a student 또는 scholar), '剃頭的'(이발사; a barber), '打鐵的'(대장장이; an iron smith) 등이 있다. 그러나 이것들은 분사로서 여겨질 수 있는데, 첫 번째 문자는 동사가 되며, 두 번째 문자는 그것의 목적어가 되며, 다른 경우에서 소유격인 '的'은 분사 표지로여겨질 수 있다.

8. 형용사 뒤에 자주 '的'이 오는데, 예를 들면 '好的'(좋은 것; good), '歹的'(나쁜 것; bad), '白的'(하얀 것; white), '黑的'(검은 것; black)이 있다. 그러나 의미가 명백할 때에는 '的'이 생략되기도 하는데, '聖人'(성인; a holy man), '大邦'(대국; a great kingdom), '明言'(명언; illustrious words) 등이 그러하다. 만약 '大大的房子'(큰 집; a very large house)에서처럼 형용사가 반복된다면, '的'이 추가되어야만 한다. 만약 비슷하거나 동의어가 사용된다면 '的'은 '富貴人' 또는 '富貴的人'(부귀한 사람; a rich and honorable man)에서처럼 사용되거나 생략된다.

---

20 【원주】작자는 이 주제를 다소 성급하게 마쳤는데, 초보자들은 수, 양사의 용법과 중요성에 관한 매우 혼란스러운 생각을 가질 수 있다. 양사에 관한 좀 더 완전한 목록은 *Easy Lessons in Chinese*, 7장, 173쪽을 참고하기를 바란다.

　　역주 *Easy Lessons in Chinese*는 미국인 선교사인 Samuel Williams(1812～1884)가 1842년에 편찬한 중국어 교재이다. 그는 이 책 7장에서 28개의 양사를 소개하였다.

동사적 명사(verbal nouns)는 그것들이 불리는 것처럼 '可'에 의해 지시되는데, 예를 들면 '可敬'(존경할 만한 또는 존경받는; honorable 또는 to be honored), '可惡'(가증스러운 또는 미움받는; detestable 또는 to be hated) 등이 있다. 이러한 경우의 '的'은 추가될 수는 있지만, '可愛的花'(사랑스러운 꽃; a delectable flower), '可惡的賤人'(가증스러운 상놈; a vile man, worthy of detestation)에서처럼 오직 어떤 사람 또는 사물이 뒤따를 때에만 그러하다.

3.1.2 대명사

1. 대명사로는 '我'(나; I), '你'[매우 드물게 '您'(너; thou)], '他'(그; he) 등이 있다. 가장 친밀한 경우 또는 낮은 지위의 개인을 말하거나 윗사람이 아랫사람을 부를 경우를 제외하면, 중국인들은 '我' 또는 '你'라고 말하는 것을 무례한 행동으로 여긴다. 따라서 우리는 중국인들이 서로를 부르는 방식을 알아야만 한다. 그러나 공손하게 말하는 많은 예가 이후 또는 이 주제를 전문적으로 다룬 마지막 장에서 나오므로 여기에서는 간단히 설명하겠다. 예를 들면 '門生', '學生', '晚生'(자신, 학생; I, disciple), '小弟'(자신, 아우; I, your younger brother), '小的'(자신, 소인; I, your obedient servant), '罪人'(자신, 죄인; I, a sinner), '老爺'(나리; you master, teacher, governor), '老大人'(나리; master), '大老先生'(큰 어르신; my noble master), '相公'(상공; a scholar), '老人家'(어르신; thou aged), '老師'(선생님; master), '神斧'(신부; spiritual father) 등이 있다.

2. '我的'(나의 것; mine), '你的'(너의 것; yours). 우리 자신의 것을 말할 때는 다음과 같이 말하는데, '家父'(가부; my father), '家母'(가모; my mother), '寒家'(저희 집; my house), '舍親'(저의 친척; my kinsman), '小價' (저희 집 하인; my servant),[21] '賤恙'(저의 병; my disease), '敝處'(저의 고향; my residence) 등이 있다. 이러한 예에서 사물 또는 사람 앞에 놓인 몇 몇 단어는 지소 형용사이다.

한편 다른 사물 또는 사람들을 존경의 별칭(honorable epithets)으로 도 말할 수도 있는데, 예를 들면 '令尊'(영존; young father), '令堂'(영당; young mother), '太老爺'(춘부장; your father), '老太太'(자당; your mother) 등이 있다. 우리가 관리를 말할 때 그의 아내를 '太太'(마님)라고 부른 다. 이 외에도 '上姓'(존함; your illustrious family name), '芳名'[방명; your given (lit. fragrant) name], '尊嚴'(존엄; your countenance), '貴體'(옥체; your person)가 있다.

3. '己', '自己'(자기; myself 또는 himself), '自家'(자기), '親手'(손수; with my own hand), '親口'(자기 입으로; with my own mouth), '親筆'(친필; with my own pencil).

4. '那'(그, 그녀, 그것; he, she, it, that), '那時候'(그때; at that time), '那一日'(그날; on that day), '那樣的事'(그런 일; things of that sort), '那一本書' (그 책; that book).

'這'(이; he, she, it, this), '這人'(이 사람; this man), '這事'(이 일; this business), '這三日'(요 삼 일; these three days).

때때로 '此'가 사용되는데, 예를 들면 "豈有此理"(어찌 이럴 수가 있단 말인가; is there any such right, or reason)가 있다. 이 말은 종종 '豈敢'[어

---

21 [역주] 원문에는 '小价'로 기재되어 있다.

찌 감히 ~하겠는가?; how could I dare 또는 how presume (to receive this honor which you would confer on me?)]과 같이 예의 바른 방식으로 말해지기도 한다.

5. '個' 또는 '箇', '个': 사람을 말할 때는 '個'를 사용한다. 사물을 말할 때는 '箇'를 쓴다. '个'는 그다지 중요하지는 않지만, 이는 축약이 많이 쓰인 일반적인 책을 제외하고는 드물게 사용된다.[22]

'個'의 예는 다음과 같다.

好一個人兒。
훌륭한 인재군요.
That is a distinguished person.

這個又不中意, 那個又不中意。
이것도 마음에 들지 않고, 저것도 마음에 들지 않는다.
This does not please you, nor does that please you.

他是個有心的人。
그는 생각이 깊은 사람이다.
He is a man possessing a mind.

未必是個好人。
반드시 좋은 사람일 필요는 없다.
It is not certain that he is a good man.

不要說一個, 一百個也有。
오직 하나만을 말하지 말라, 백 개도 있으니.
Say not only one, but rather a hundred or more.

---

22 역주 실제로 원문에서는 '个', '個', '箇'가 혼용되어 사용되었다. 본서에서는 원문을 따라 그 대로 표기하였다.

'箇'의 예는 다음과 같다.

不曾有箇笑容。

일찍이 얼굴에 웃음을 띤 적이 없었다.

He has never yet been in a pleasing mood.

怎麽說箇不是?

어떻게 아니라고 말할 수 있니?

How can you say it is not thus?

自有箇出頭的日子。

볕들 날이 있을 거야.

He will one day lift up his head or get his just awards.

是箇非常的怪物。

정말로 예사롭지 않은 괴물이도다.

Never was there a monster of this sort.

不過是箇虛文。

형식적인 예절일 뿐이다.

It is nothing but an empty ceremony.

若說這箇是那箇又不是了。

만약 이것이 맞다면, 저것은 또 아니게 된다.

If we call this true, that must of course be false.

忍箇不是。

그것이 아니라는 것을 인정했다.

To confess that it is not thus.

'个'의 예는 다음과 같다.

笑个不了。 또는 笑个不住了。

웃음을 참을 수 없다.

He cannot refrain from smiling.

獨自一个

홀로

alone, without a companion

爲何天不再生一个纔人, 做个對手?

왜 하늘은 재주 있는 이를 나의 상대로 다시 보내지 않았단 말인가?

Why did not heaven create another man of talents that I might have a compeer?

나는 여기에서 이 책을 통해 학생들이 공부할 때 유념하면 좋을 몇 가지 점을 제시하고자 한다. 나는 예문으로 중국어를 가르치는 것보다 더 좋은 방법을 발견하는 것을 불가능하다고 생각한다. 따라서 본서에서 이렇게 많은 예문이 제시되었다는 사실에 놀라지 말길 바란다. 규칙으로 인해 길고 지루했던 그 경로(the route)²³가 예문을 제시함으로써 단축된다. 또 더 많은 노력과 어려움을 수반하는 말로 상세하게 설명된 어떤 규칙 또는 원칙을 예시하는 문구도 거의 없다. 세 번째 주목할 점은 이 (거의 모든) 중국어 구(phrases)를 문자 그대로 번역하는 것은 불가능하다는 사실이다. 그것들은 아마도 어떤 것은 하나의 언어로 말 그대로 번역될 수 있고, 어떤 것은 다른 언어로 번역될 수 있지만, 학생 스스로 또는 중국어 선생의 도움과 함께 어떠한 실례로부터 주어진 해석이 그러한 문자들의 연어로부터 어떻게 만들어졌는지를 쉽게 정할 수 있게 된다.

6. 대명사 '其'는 구어나 서면어에서 모두 자주 발생한다.

---

23 [역주] 여기에서 말하는 '경로'는 중국어를 배우는 과정을 의미한다.

我不解其故。

나는 그 원인을 설명할 수 없다.

I cannot explain the cause of it.

尚未知其故。

아직 그 원인을 알지 못한다.

Not yet do i know the cause of it.

若論其理

만약 그 이치를 논한다면

if you speak according to the rights of the case

其中委曲老夫[24]其實不知。

이 늙은이는 그 내막을 잘 알지 못한다.

I am not fully initiated into the secret of this business.

3.1.3 동사

우리는 알파벳 자모로 구성된 서구 언어에서 동사를 세 부류 —능동·피동·중립— 로 구분하는 것에 익숙한데, 각각의 동사는 여러 가지 시제, 양식,[25] 인칭을 갖는다. 만약 여러 가지를 말한다면 복수가 사용되며, 하나에 관하여 말한다면 단수가 사용된다. 따라서 각각의 시제와 양식 안에 여러 가지 굴절이 존재한다. 중국어에는 이런 장치가 부족한데, 곧 살펴보겠지만 이와 같은 결핍은 성분이 부족해서 생긴 것이 아니다.

---

24 역주 '老夫'는 노인이 자기를 낮추어 일컫는 말이다.

25 역주 여기에서 양식(mode)은 기원법, 가정법과 같은 서법(mood)의 의미로 사용되었다.

1. 중국어에는 실질 동사를 통해 표현되는 실질 단어(substantive words)가 있는데 다음과 같다.

① '是':

> **是小兒。**
> 나의 아들이다.
> He is my son.
>
> **是個好人。**
> 좋은 사람이다.
> He is a good man.

② '爲':

> **爲人老實。**
> 사람됨이 성실하다.
> He is a true and honest man.
>
> **我爲兄 他爲弟。**
> 나는 형이고 그는 동생이다.
> I am the elder brother, he is the younger.

③ '在': 이것은 장소를 말할 때 사용된다.

> **不在家。**
> 집에 없다.
> He is not at home.

④ '有': '有'는 조동사이다.

> **沒有人。**
> 사람이 없다.

There is no man.

沒有說。
말하지 않았다.
I have not said.

2. 이 능동형 동사는 의미에 의해 구분되는데, 예를 들면 "天主愛人"(신은 사람들을 사랑하신다; God loves men), "人敬天主"(사람들은 신을 흠모한다; men worship God) 등이 있다. 그러나 동사의 주격(nominative)이 목적어와 함께 항상 이런 식으로 표현되는 것은 아니다. 그것은 종종 전후 맥락으로부터 추론된다. 대부분의 예에서 1인칭·2인칭·3인칭은 그 인칭이 명확히 언급되지 않는 한 매우 자주 구분 없이 사용된다. 그러나 문맥은 일반적으로 그 인칭을 분명하게 나타낸다. 말하고 있는 사람 또는 말해졌던 사람을 표시하는 데 있어 이러한 불확정성(indefiniteness)은 초보자나 정확한 모국어에 익숙한 사람 모두를 자주 난처하게 만든다.

3. 만약 피동 동사가 중국어에서 정말로 존재한다고 여긴다면, 그것은 우선 불변화사 '被'에 의해 표시되는데,[26] 예를 들면 "被虎喫了"(그는 호랑이에게 먹혔다; he was devoured by a tiger),[27] "被你喜殺我也"(나는 너로 인해 즐거워졌다; you make me die with joy 또는 I am rejoiced

---

26 역주 원문에서는 '彼'자로 되어 있으나, 이는 마땅히 '被'자로 고쳐야만 한다. 원문 오른쪽 각주에서도 이것이 수기로 표기되어 있다.

27 역주 이 문장은 "李逵訴說取娘至沂岭, 被虎喫了, 因此殺了四虎"《水滸傳·44》의 예를 발췌한 것으로 보인다.

to death on your account) 등이 있다.[28] '喫'자 역시 자주 사용되었는데, "喫了大驚"(크게 놀랐다; he was greatly terrified), "喫打"(맞았다; to be whipped), "喫人笑話"(웃음거리가 되었다; to be ridiculed by men)가 있다. '見'자도 '見殺'(죽임을 당하다; to see death, i.e. to be killed)에서처럼 자주 쓰인다. 그러나 이와 비슷한 경우에서 우리는 중국어만의 특이한 숙어(idiom)를 관찰해야만 하는데, 예를 들면 "被我說你好"와 같은 구는 다소 난잡하고 교양이 없어 보인다. 따라서 중국어를 말할 때 생소한 숙어를 사용하는 것을 피할 수 있도록 주의해야만 한다. 차라리 중국어 숙어의 독특함으로 당신의 말이 수정되도록 놔두는 편이 낫다.

4. '了'는 과거 시간(past time)을 나타내는데, 예를 들면 "講了明白"(분명히 말했다; clearly spoken)가 그러하다. '過'도 더해질 수 있는데, 이 단어 역시 적절하게 과거 시간을 나타낸다. "說過了"(말한 적이 있다; I have already said), "來了"(왔다 또는 올 것이다; he came 또는 I came 또는 I will come). 그러나 여기와 다른 곳에서는 전후 맥락을 고려해야만 하는데, 예를 들면 "去了"(출발했다; he departed 또는 I departed)가 그러하다. '有' 또한 조동사 'have'처럼 과거 시제(preterite)를 나타내는 데 사용되는데, "沒有說"(나는 말하지 않았다; I have not said)가 그러하다. 마지막으로 '完'은 "寫完了"(다 썼다; I have written)와 같이 과거 시제로 사

---

28 역주 여기에서 언급된 被字句는 ∅被句라고 불리는 특수한 유형의 피동문으로 이러한 ∅被句는 크게 두 가지 유형으로 나눌 수 있는데, R1句[∅ + 被 + NP施 + Vt + NP受]와 R2句[∅ + 被 + NP施 + Vi]이다(Vt는 타동사, Vi는 자동사). Premare(1847:35)에서는 受事가 타동사 뒤로 이동한 R1句만을 언급하였다.

용된다.

5. 미래는 전후 맥락으로부터 이해되어야만 하는데, 예를 들면 "我明日去"(나는 내일 갈게; I go tomorrow 또는 I will go)가 그러하다. '要' 역시 자주 사용되는데, "我要去"[나는 갈 것이다; I will go("要我去"; 내가 가려한다; he wishes me to go)]가 있다. '將' 또한 '곧 발생할 일'(what is about to occur)을 표시하는데, 그 예로는 '將死'(곧 죽을 것이다; about to die)가 있다. '會' 역시 "善人會昇天"(착한 사람은 승천할 것이다; good men will go to heaven)에서처럼 미래를 나타낸다. 앞에서 언급했던 '了'는 많은 구에서 미래를 표시할 수 있는데,[29] 예를 들면 "明日都做成了"(내일 모두 달성할 것이다; tomorrow I shall have finished the whole)가 있다. 그러나 만약 '明日都要'처럼 '要'를 더한다면 이 문장의 의미는 '나는 내일 모두 달성하고자 한다'(I wish all done tomorrow)가 될 것이다. 이와 같은 표현은 맥락으로부터 쉽게 이해될 수 있는데, 또 다른 예는 "雖你來我不去"(비록 네가 왔지만 나는 가지 않을 것이다; although you come, I will not go)가 있다.

6. 명령문. 중국어의 공손함은 부하 또는 낮은 지위의 사람을 제외하고는 명령 형식을 금지하는데, 예를 들면 "你來"(네가 와라; come), "你來些"(당신이 좀 오세요; approach), "你去"(네가 가라; depart), "你去罷"(네가 가도 좋다; you may go), "你不要哄我"(날 속이지 마; do not deceive me)가 있다. 여기에서 우리는 '要'가 명령 표지로 쓰였음을 발견하게 된다. 사회적 지위가 있는 사람과 말할 때는, 친숙한 사람과

---

29 역주 이 진술은 '了'가 절대적인 과거 시제 표지가 아님을 의미한다.

말할 때처럼 자주 '你'가 사용되건 아니건, 명령보다는 간청을 표시하는 '請'을 동사 앞에 두어야만 한다. 예를 들면 "請坐"(앉아 주세요; please sit!), "請你看"(봐 주세요; pray look)이 있다. 그러나 이것들과 유사한 것이 이후 좀 더 분명하게 나타날 것이다. '休'와 '莫'은 금지를 나타내는데, "休去"(가지 마라; do not go), "莫說"(말하지 마; say not)의 예가 있다.

7. '巴不得' 또는 '恨不得'[30]은 갈망(desire)을 나타내는데, 영어의 'would that'에 해당하므로 기원법(optative)으로서 작용한다.

부정사는 우리의 것처럼 때때로 실사로 사용되는데, 예를 들면 "做官難"이 있다. 그러나 결국 이 사람들의 언어에 대하여 우리 같은 문법학자들이 사용하는 모든 용어를 채택한다는 것은 상당히 부적절하게 보인다. 문법에 대한 작위적인 생각과 의미 없는 전문성을 버리는 편이 훨씬 나을 것이며, 다양하게 선택된 예가 미숙한 학생들을 훨씬 빨리 그리고 덜 지루하게 중국어의 근본적인 원칙들과 이성적인 실천으로 이끌 것이다.

3.1.4 다른 품사

1. 부사의 예로는 '這裡'(여기; here 또는 hither), "在這裡"(여기에 있다; he is here), "這裡來"(여기로 와라; I have come hither), "到那裡去"(거기로 가라; to go thither)가 있다. 또는 의문문으로 "哪裡去?" 또는 "往哪裡去?"(어디로 가니?; whither you going?)가 있다.[31] 그것은 대답으로도 쓰

---

30 역주 Premare(1847:36)에서는 '狠不得'로 나와 있다.

이는데, 예를 들면 "不往那裡去"(나는 그곳으로 가지 않아; I am not going thither 또는 I don't know where I am going), "你是哪裡人?"[너는 어디 사람이니?; whence (또는 of what place) are you?], "在此"(여기에 있어; he is here), "到此"(여기에 도착했다; he has come hither)가 있다.

'這樣' 또는 '這般'(이렇게, 이와 같은; thus 또는 in this manner), '那樣'(그렇게; that manner of that sort); '快'(빨리; quickly): "快些來"(빨리 와라; make haste, come), '慢'(천천히; gently): '慢慢'(차츰; by and by), '再三'(재삼; repetition), '再來' 또는 '又來'(다시 왔다; he comes again), '再三再矣'(여러 번; again and again 또는 repeatedly), '如何' 또는 '何如'(어떻게; in what manner), '常'(항상; always), '纔' 또는 '方纔'(비로소; then), '還'(여전히; hitherto, as yet), '實'(사실; truly), '唯實'(확실히; certainly), '畧'(약간; somewhat), '寡'(조금, 다만; a little).

2. 전치사의 예로는 '家裡'(집에서; at home), '堂中'(홀에서; in the hall), '黑暗之中'(어둠 속에서; in darkness) 등이 있다. 책에서는 '之'가 대부분 사용되지만, 구어에서는 '的'이 때때로 선호된다. 다른 예로는 '同'(~와; and); '和'(~와; with, at the same time), '上'(위; above), '下'(아래; beneath)가 있다.

한편 다음과 같은 구가 있다. '天上'(천상; in heaven 또는 above heaven), '月下'(월하; beneath the moon 또는 in the evening air), '面前' 또는 '當面'(눈앞, 당면; openly, before the face), '我跟前'(내 앞에서; in my presence), '三天後' 또는 '過了三日'(3일 후에; after three days).

---

31 역주 원문에서 의문문의 '那裡'는 '哪裡'로 수정하였다. 근대 서양 선교사들의 문법서에서는 종종 '那裡'와 '哪裡'가 구분 없이 사용된다.

　　　　　　　　　　　　　　　　　　　파트 2. 구어와 구어체

의미를 좀 더 분명하게 만들기 위해 두 문자가 결합하는 것이 자주 발생하므로, 그것들이 순서가 뒤바뀌는 것을 허용하는지를 알 필요가 있다. 순서가 바뀐 뒤에도 같은 의미를 유지하거나 순서가 바뀐 뒤에 의미가 변하는 문자의 철저한 목록을 만드는 편이 낫다.

전자의 예는 다음과 같다.

歡喜。	또는	喜歡。
좋아하다. 또는 즐거워하다.		
To rejoice.		
打重。	또는	重打。
세게 때리다.		
To strike forcibly.		
往來。	또는	來往。
왕래하다.		
To go and return, i.e. to be on familiar terms.		
童生	또는	生童
동생(명 · 청 대 시험에 낙방한 사람을 일컫던 말)		
scholars who have not taken a degree		
主張	또는	張主
주장		
a free decision		
母鷄	또는	鷄母
암탉		
a hen		
府裡居處。	또는	居處府裡。
관청에 머물렀다.		
He remains in the service of the state.		

후자의 예는 다음과 같다.

家主	또는	主家。[32]
세대주		집에 있다.
a householder		To be at home.

天帝	또는	帝天。
신		하늘을 다스리다.
the lord of heaven		To rule heaven.

路上	또는	上路。
도중		궤도에 오르다.
up the way		To enter upon the way.

天上	또는	上天。
천상		하늘에 오르다.
above heaven		To ascend up to heaven.

半斤	또는	斤半
반 근		한 근 반
half a catty		a catty and a half

下馬。	또는	馬下
말에서 내리다.		말 아래
To alight from a horse.		under a horse

面前	또는	前面
면전		앞부분
openly, in the presence of		the front face or yonder before us

弟兄	또는	兄弟[33]
형제		동생

---

32 역주 '主家'는 '주인', '소유주'라는 의미도 있으므로 첫 번째 부류의 예로도 볼 수 있다.

파트 2. 구어와 구어체

brothers   younger brother

一酒杯   또는   一杯酒
하나의 술잔   한 잔의 술
a porcelain cup in which wine is drunk   a cup of wine

飮三杯。[34]
석 잔을 마시다.
To drink three cups.

3.2 통사[35]

1. 형용사는 일반적으로 명사에 선행한다. 만약 형용사가 명사 뒤에
온다면 의미는 달라진다.

惡人   人惡。
나쁜 사람   그 사람은 비도덕적이다.
a wicked man   The man is vile.

大房子   房子大。
큰 집   그 집은 넓다.
a large house   The house is spacious.

---

33 [역주] '兄弟'는 '아우'라는 의미 외에 '형제'라는 의미도 있으므로, 이 예는 첫 번째 부류의 예
로도 볼 수 있다.

34 [역주] 원문에서 대응되는 예는 없다.

35 [역주] Robert Morrison의 *A Grammar of the Chinese*(1815:268~272)에서는 9개의 통사 규
칙을 제시한 바 있는데, *Notitia Linguæ Sinicæ*의 필사본(1728)을 고려한다면 Premare의 이
문법서가 Morrison보다 약 90년 전에 먼저 통사 규칙을 제시하였음을 알 수 있다.

善性	性善。
착한 성격	그 성격이 도덕적이다.
a good disposition	The disposition is virtuous.

다른 것들도 마찬가지이다.

2. 비교급: 비교급을 표현하는 몇 가지 방식이 있는데, 각각은 주의
할 필요가 있다.

好是好但銀子更好。
좋긴 한데, 은화가 더 좋다.
This is good, but money is still better.

愈多愈好。
많을수록 더 좋다.
The more, the better.

一發好。
더 좋다.
Much better.

越發好。
훨씬 더 좋다.
Very much better.

"酒比水好得多", "酒好於水", "水比不得酒", "酒比水更好" 등의 네 구
(phrases) 모두 "술이 물보다 훨씬 낫다"(wine is much better than water)
라는 같은 의미를 나타낸다.[36]

---

36 **역주** 원문에서 말하는 句는 오늘날의 구문(construction) 또는 문장(sentence)에 해당한다.

寧可死不敢背理。

도리에 어긋날 바엔 차라리 죽는 편이 낫다.

I would rather die than do wrong.

這口氣積得有山一般高海一般深。

이 분노는 산만큼 높고 바다만큼 깊게 쌓여 갔다.

This anger has increased till it has become as high as the mountains, and as deep as the sea.

多三分。

삼분이 더 많다.

Three parts too much.

十年多 또는 十來年

10년 이상

more than ten years

高一尺。

한 자나 더 높다.

One foot higher.

一尺高。

한 자 남짓 높다.

One foot high.

  3. 최상급: '好得繁', '好不過', '上好', '絶好', '十分好'는 모두 '최상의', '가장 훌륭한'(the best; the most excellent; most excellently)의 의미를 나타낸다. 이러한 설명은 다른 예에서도 쉽게 적용되는데, '極妙'와 '妙絶'(지묘하다), '上等的', '上品的'(고급의), '好久' 또는 '長久'(매우 길고 오래다) 등이 그러하다.

4. 관계 대명사의 예는 다음과 같다.

① '所':

> ## 無所不能。
> 무소불능.
> There is nothing which cannot be done or there is nothing which he cannot do.
>
> ## 有所不知。[37]
> 모르는 것이 있다.
> There is something of which you are ignorant.
>
> ## 我所說。
> 내가 말한 것.
> That which I said.

② 관계사는 두 동사 사이에서는 표현되지 않는데, 만약 표현된다면 그것은 잉여적이라고 할 수 있다. 따라서 "是你所說"이라고 말하는 대신에 "是你說的"이라고 말해야 한다.

5. 질문과 대답

> ## 你說了麼?
> 당신이 말했습니까?
> Did you speak?
>
> ## 說了。   또는   没有說。[38]
> 말했다.   말하지 않았다.

---

37 **역주** 이 문장은 "有所不知, 盖未學也"(모르는 건 아마도 배우지 않았기 때문이리라)의 일부를 발췌한 것이다.

38 **역주** Premare(1847:40)에서는 '没'자와 '沒'자가 혼용되어 있으므로 이러한 경우에는 원문을 따라 표기하였다.

| I spoke. | I did not speak or I have not spoken. |

不曾說。

말한 적이 없다.

I have not spoken.

肯不肯？

동의하니? 안 하니?

Are you willing or not?

來不來？

올 거니? 안 올 거니?

Will you come or not?

好不好？

좋아? 안 좋아? 어때?

Is it good or not?

고유한 위치에서 나타나는 다른 방식의 의문문이 존재한다.

6. 동사: 앞에서 언급한 것처럼 주격은 동사를 선행한다. 때때로 목적어가 동사를 선행하기도 한다. 따라서 수도원장(주일 설교)에 의해 사용된 방식에서 우리는 "而不我許"(그리고 우리를 허락하지 않았다)를 발견하기도 한다. 이와 같은 방식으로 "水拿來"는 "拿水來" 대신에 쓰이기도 한다.

看水來。

물을 가져와라.

Bring water.

酒拿去。

물을 가져가라.

> Take away the wine.

구어 문법에 대한 설명은 이 정도로 충분하다고 할 수 있는데, 왜냐하면 같은 것들이 다음 장에서도 반복하여 언급되기 때문이다. 문법에 대한 설명은 규칙보다는 예문에 의해서 주로 주어질 것인데, 왜냐하면 그러한 규칙은 언어를 공부하는 대다수가 싫어하며 또한 중국어를 공부할 때 큰 쓸모도 없기 때문이다.

제4장

중국어의 특성

중국어의 풍부함·아름다움·박진감은 ① 몇몇 문자의 용법으로부터, ② 여러 가지 불변화사(particle)로부터, ③ 놀라울 정도로 우리의 감탄을 자아내는 수사적 표현(figures of speech)으로부터 발생한다. 우리는 많은 단락에서 이 세 가지 점을 충분히 그리고 정확하게 고려할 것이다.

4.1 몇몇 문자의 용법

학자들이 중국어를 배우는 것을 돕기 위하여 그리고 이 언어의 풍부함을 보여 주기 위하여 그리고 이것을 일이 아닌 오락처럼 즐기게 하기 위하여 나는 빈번하게 출현하며 여러 다양한 용법을 가지는 문자들을 간추렸다.

4.1.1 '得'의 용법

이 문자는 '획득하다, 가지다, 할 수 있다'(to obtain, to have, to be able)를 나타낸다. 그러나 '得'자 용법의 범위는 다음의 서술에 의해서 보다 분명해질 것이다.

1. '得'은 거의 모든 동사와 결합할 수 있다. 그것이 의미에 추가하는 것은 각각의 실례에서 주어진 번역과 단계적인 연습으로부터 배워야만 한다.

作得。
할 수 있다.
It can be done.

作不得。
할 수 없다.
It cannot be done.

來得。
올 것이다.
He will or may come.

來不得。
오지 않을 것이다.
He will not come.

不得來。
올 수 없다.
He cannot come.

說得。
말해도 된다.
It can be said.
(i.e. either the language is proper or the thing is right)

說不得。
말해서는 안 된다.
It cannot be said.

어쨌든 마지막 구인 '說不得'은 자주 "주사위는 던져졌고, 어떠한 도움도 남아 있지 않다, 더 이상 말하는 것은 소용없다"(the die is cast, no help remains, it is useless to say more)를 의미한다.

不得說。

말할 수 없다.

I cannot say.

莫有得說。

말할 권한이 없다.

It is not in my power to say.

沒有得說。

말할 것이 없다.

There is nothing to say.

說不得了。

말할 수 없다.

I cannot speak.

說不得他。

그를 고발할 수 없다. 또는 나는 그에게 말할 수 없다.

He cannot be impeached or I cannot speak to him.

行得不快。

빠르지 않게 걷다.

He walks slowly.

行不得快。

빨리 걸을 수 없다.

He cannot walk fast.

講得着。 또는 講得有理。 또는 說得是。

말하는 것이 이치에 맞다. 또는 말이 옳다.

This is said with reason or it is rightly said.

不通得。

이해되지 않았다.

He does not perceive or does not understand.

通不得。

이해할 수 없다.

He cannot be perceive.

得意。

마음에 들다. 또는 뜻을 이루다.

He is content or has succeeded.

得意了。

뜻을 이루었다.

He has obtained his desire.

定不得規矩。

규칙을 정할 수 없다.

No certain mode can be determined.

得閒。

한가하다.

He is free or at leisure.

不得閒。

한가하지 않다.

He is not at leisure.

不得已。

부득이하다. 마지못하다.

He cannot restrain himself, he has no power over himself.

不得了。[39]

---

39 역주 여기에서 '不得了'는 '정도가 심하다'를 의미하는 '不得了'와는 구분되어야만 한다.

끝날 수 없다. 끝이 없다.

It cannot be finished or there is no end.

看得見。

볼 수 있다(이것은 자주 '그다지 중요하지 않음'을 나타내기도 한다).

Visible: It is often signifies, too, that it matters little.

不能够。

충분치 않다.

It is not enough.

能够。

~할 수 있다.

To be able.

得够。

충분하다.

Enough or sufficient.

罵得響。

심하게 꾸짖었다.

He was rewarded with curses.

餓得眞是可憐。

정말 불쌍할 정도로 배고팠다.

He is pitiably pressed with hunger.

惹得滿臉如火。

얼굴 전체가 불이 될 정도로 화가 났다.

He was so incensed that his whole countenance seemed to burn.

喜得心花都開。

마치 꽃이 활짝 핀 것같이 대단히 기뻤다.

Like an opening flower his heart expands with joy.

嚇得魂不在身。

혼이 달아날 정도로 놀랐다.

He was unnerved with fear, he was frightened out of his wits.

嚇得面如土色。

얼굴이 흙빛이 될 정도로 놀랐다.

Through fear his visage became like the color of earth.

如何理論得他過?

우리가 어떻게 그를 반박할 것인가?

How shall we order our attack upon him? or how shall we refute him in discussion!

難得到此。

여기에 도달하기가 어렵다.

It is difficult to arrive hither or rarely do they arrive hither.

說不得話不得。

말해서는 안 된다.

We must not even whisper in his presence.

死不得活不得。

죽을 수도 살 수도 없다(이것이 좀 더 일반적으로 말해진다).

We can neither live nor die: It is more commonly said.

2. '得'은 '省'과 '免'과 결합하는데, 예를 들면 다음과 같다.

他也免得受氣, 我也省得勞心。

그도 모욕을 당하는 것을 면했고, 나 역시 걱정을 덜었다.

In this manner both he and I shall be free from trouble.

兩個都許他省得好了一個虧了一個。

한 사람은 행복해지고 다른 사람은 손해 보는 것을 막기 위하여 두 사람 모두 그를 허락하였다.

Let him have both, for thus one will be happy, and the other will not be miserable.

省得後來埋怨。

향후의 원망을 피하다.

(to arrange so as) To avoid subsequent hatred.

省得路上泥滑滑的不好走。

길이 질척하여 걷기 어려움을 피하다.

You will avoid the difficulties on a muddy and slipper road.

省了許多是非口舌。

많은 시빗거리를 피하다.

Many disputes have been avoided.

위의 예문에서 마지막 구는 과거 시제(preterite)처럼 사용되었으나, '得'과 결합하지는 않는다.

3. '巴' 또는 '恨' 뒤에 오는 '不得'은 '열망'(desire)을 표현하는데, 이는 영어의 'would that'에 해당한다고 할 수 있다.

我巴不得要來。

나는 돌아오기를 간절히 원한다.

I heartily desired to come.

巴不得買他快活。

그에게 기쁨을 주기를 갈망한다.

He desired nothing more than to give him joy.

恨不得身生兩翼。[40]

몸에 양 날개가 생기지 않음이 한스러울 뿐이다.

40　**역주** 이 예문은 《淸平山堂話本 · 22》에서 발췌된 예문이다.

> Would that I had wings.
>
> ## 我恨不得剜出他的心肝把與狗喫。
>
> 나는 그의 심장과 간을 꺼내 개에게 먹이고 싶다.
>
> Would I could tear out his liver, and give it to be devoured by dogs.

4. '得'은 또한 '妙得極'(매우 훌륭하다; wonderful in the highest degree, most excellent)와 같이 형용사와 결합하기도 하며, 또한 '少不得'(없어서는 안 된다; infallibly)와 같이 부사와 결합하기도 한다.

5. 우리는 또한 '得' 대신 정확하게 같은 의미로 사용되는 '的'이 쓰인 많은 예를 발견하게 된다.

> ## 雨大的緊
>
> 매우 큰비
>
> a very great rain
>
> ## 他斯文人吃不的。[41]
>
> 그는 공부하는 사람이라 많이 먹지 못해.
>
> He is an erudite man, and will not touch these viands.
>
> ## 說的是。
>
> 말이 옳다.
>
> You say the truth.
>
> ## 道的極是。
>
> 네 말이 극히 맞다.
>
> You speak the perfect truth.

---

41 역주 이 예문은 아마도《金瓶梅·67》의 "老先兒他斯文人, 喫不的"에서 발췌된 것으로 보인다. Premare(1847:43)에서는 '吃不的'로 표기되어 있다. 원문에서는 혼용되어 있으므로 원문을 따라 표기하겠다.

理會的。

이해했다.

I take your meaning, I understand.

學的一箇法兒。

한 가지 방법을 배웠다.

I have learned one method.

巴不的他出去了。

그가 갔기를 갈망했다.

Would that he had already gone.

說不的了。

더 이상 말해서는 안 된다. 더 이상 말할 것도 없다.

No more must be said of this, it is needless to say more.

當不的目光如火。

불같은 그의 시선을 당해 낼 수 없다.

He cannot endure the glances that flash from his eyes.

4.1.2 '把'의 용법

'把'는 일반적으로 '잡다' 또는 '손으로 움켜쥐다'(seize with the hand)의 의미를 나타낸다. 그러나 실제로 중국인들은 '把'를 사용하는 것이 좀 더 나은 여러 가지 방식으로 이를 사용한다.[42]

1. 다음 예에서 '把'는 '잡다'(to take)를 의미한다.

把手。

---

42 역주 이 말은 중국인들이 여러 가지 상황에서 다른 구문, 예를 들면 SVO句보다 把字句를 사용하는 것을 선호한다는 의미이다.

> 마치 타타르 사람들[43]이 손님을 맞이하거나 작별할 때처럼 손을 잡다.
> To take the hand.

'把手'는 또한 '拉手'(to seize or snatch with the hand)라고도 말한다.

> 把紙兒扯得粉碎。
> 종이를 쥔 다음 갈기갈기 찢어 버렸다.
> He took the paper, and tore it to pieces.

> 把難題目去難他。
> 그는 어려운 주제를 가지고 그를 곤란하게 만들었다.
> He selected a difficult subject in order to give him exercise, i.e. he proposed to him a grave difficulty.

> 把門上拽上矢。
> 문을 힘차게 닫았다.
> He closed the doors with a bolt.

> 把他拉到房內。
> 그를 잡은 다음 방으로 끌고 들어왔다.
> He seized him and drew him into the bed.

> 你們把床抬來這裡坐着。
> 너희들은 침상을 여기로 가져온 다음 앉아라.
> Do you take and bring the couch and recline here or bring it here.

> 把我百般咒罵。
> 나에게 온갖 악담을 퍼부었다.
> He received me with a thousand rebukes, he loaded me with execrations.

---

43 역주 타타르족(Tartars)은 18세기 러시아인과 함께 동쪽으로 이주하여 중앙아시아와 신장 등지로 들어왔으며 이슬람교를 신봉하는 터키계 민족으로 여기에서는 '힘과 기질이 센 사람' 이라는 의미를 나타낸다. 즉 '把手'는 '힘을 주고 손을 잡다'라는 의미를 나타내며, '把'의 원래 동사 의미를 강조하였다.

把索子縛綁了。[44]

동아줄을 쥔 다음 단단히 묶었다. 즉, 동아줄로 단단히 묶었다.

He took a rope and bound it fast.

把腦盖擗得粉碎。

머리를 박살 내 버렸다.

He broke his skull to atoms.

把這燈都吹殺了。

이 등을 불어서 꺼 버렸다.

Extinguish all those lamps.

把舌頭伸將出來。

혀를 내밀었다.

He put out his tongue(as he is wont, when anything unusual is seen or heard).

많은 구에서 볼 수 있는 것처럼 '把'는 반드시 영어로 표현될 필요는 없다.[45]

把這沒頭腦的事問他一聲。

갈피를 잡을 수 없는 이 일을 그에게 한번 물어봐라.

Question him a little in regard to this complicated affair.

把惡氣兒揣在懷裡將出好氣耳來看他。

불만을 가슴에 품고 평온한 마음으로 그를 대할 뿐이다.

Concealing his anger in his own bosom, he smiled upon him with a joyful countenance.

---

44 역주 이 문장에서 '把'는 도구를 표시하는 표지라고 볼 수 있다.

45 역주 이 말은 '把'가 '의미 탈색'(semantic bleaching)을 어느 정도 겪어 구체적인 의미인 'take'가 약해졌음을 암시한다. 실제로 아래의 예문에서 '把'는 대부분 'take'로 해석되지 않았다.

且把酒來燙寒。

일단 술을 가져와서 추위를 쫓아라.

Bring forward wine to expel the cold.

把天來的一番重任担在他一个肩頭。

하늘이 내린 이 중책을 그의 어깨에 짊어지게 했다.

He imposed a most heavy burden upon his shoulders.

2. 다음 구에서 '把'는 'to take'의 의미를 적절하게 나타내기보다는 뒤에 오는 동사(subsequent verb)의 행위를 지시한다.[46]

今日把一天工夫全費了。

오늘 하루 시간을 전부 써 버렸다.

Spent all this day at leisure or to no good purpose.

把秋波一轉。

추파를 던졌다.

He gently turned his eyes.

'秋波'는 '요염한 눈길'(beautiful eyes)이라고도 불린다.

把眼偷睃。

눈을 몰래 흘기다.

To steal a look.

於是把擇壻的念頭歇息了。

이리하여 사위를 고르는 생각을 멈추게 되었다.

Then his thoughts of choosing a son-in-law ceased.

---

46 역주 이 단락에서는 '把'가 확실히 'take'라는 구체적인 의미가 사라진 예를 제시하였는데, 이러한 유형의 把字句로 보어류가 많이 쓰인 소위 乙류(狹義處置式)가 많이 포함되었으며, 심지어 非處置(遭遇 · 致使) 把字句도 보인다.

把我們的生意弄得這般冷淡。

우리의 장사가 이렇게 부진하게 되었다.

He has caused our business to become dull or he is the occasion of our Intercourse becoming cold.

把好事翻成孽障。

좋은 일을 최악으로 뒤집어 버렸다.

The affair which was in the best condition, he has reduced to the worst.

翻: 갑자기 변하다, 달라지다(to change suddenly).

孽: 화, 재난, 파괴를 일으키다(to give to destruction).

障: 방해하다(to impede).

把眼揉得緋紅。

눈이 새빨개지도록 비볐다.

He made his eyes red by rubbing them.

把腰一伸。

허리를 한 번 폈다.

Extending his arms he stretched his whole body.

把眞心話都對他說了。

진심 어린 말을 그에게 알려 주었다.

He declared to him his whole mind.

把我這個老人家丟在腦背後了。

나와 같은 노인네는 전혀 염두에 두지 않았다.

Because I have grown old, he turns his back upon me, takes no further care of me.

我和你把兩件大事各任一樁分頭去做。

너와 내가 두 가지 큰일을 각자 분담하여 처리하자.

Let us divide these two weighty matter between us, one taking one, the other the other, and each be done separately.

把心腸改變了。

마음을 바꿨다.

He has changed his purpose or i have changed my mind.

把心摩一摩。

마음을 헤아리다.

Place the hand to the heart, i.e. examine your heart or reflect.

把眼色遞與他。

눈길을 그에게 주었다.

He cast his eyes upon him, he gave him a hint a hint by a wink.

把臉飛紅了。[47]

얼굴을 붉혔다.

His whole countenance blushed.

把他灌醉了。

그를 술에 취하게 만들었다.

He made him drunk against his will.

3. '把'는 종종 '여겨지다, 간주되다'(have for, to consider as)의 의미로 쓰이기도 하는데, 예를 들면 다음과 같다.[48]

把我們看得恁賤。

우리를 천하게 여겼다.

---

47 역주 이러한 유형의 把字句는 '處置'를 나타내는 일반적인 把字句와 다른 유형이라고 할 수 있다. 王力(1943/1944)은 이러한 유형의 把字句를 '繼事式' 또는 '處置式의 活用'이라고 불렀다. 실제로 이 예문은 "小紅不覺把臉一紅"《紅樓夢·26》과 유사하다.

48 역주 이런 유형의 把字句를 소위 '當做類 把字句'라고 부르는데, 甲類(廣義處置式)의 하위 유형이라고 할 수 있다.

You consider us as of no importance.

把富貴做浮雲可比。

부귀를 뜬구름과 같이 여겼다.

He considers riches and honors as a passing cloud.

把金銀視爲糞土。

금은을 똥과 같이 보았다.

He counts riches but dung.

他把我認做眞的，我把他當了假的。

그는 나를 진실하다고 여겼으며, 나는 그를 거짓되다고 여겼다.

He thinks me to be sincere, but I consider him as feigning.

把那賤子當作好人。

나는 그 천한 놈을 좋은 사람이라고 여겼다.

I took these thieves for good men.

把客當家，把家當客。

타향을 고향으로 여기고 고향을 타향처럼 여겼다.

They remain abroad(said of merchants) at home, and are at home as if they were abroad(said of merchants).

4. '把'는 부채나 열쇠와 같이 손으로 사용하거나 잡는 것의 양사로 사용된다.

一把鎖

자물쇠 하나

one padlock

把一把鎖鎖了。

자물쇠 하나를 쥔 다음 잠갔다.

Take a lock and lock it.

영어와 마찬가지로 중국어에서도 첫 번째 '鎖'는 명사이고 두 번째 '鎖'는 동사이다.

一把火
불, 횃불
a fire or a lighted torch

放起一把火，把這廟燒做白地。
불을 붙여서 이 절을 공터로 태워 버렸다.
He applied a torch and reduced that whole temple to ashes.

放起一把無情火必必剝剝燒得烈焰騰天。
무자비한 불을 붙이니 맹렬한 화염이 바지직 타오르며 하늘로 치솟았다.
He applied the remorseless fire and the flame rising higher and higher, at length reached the very skies.

這兩把骨殖
이 두 개의 유골들
these are the bones of your parents

椅子三把
의자 세 개
three chairs or seats

一把傘
하나의 우산
an umbrella

一把菜
한 줌의 채소
a bundle of herbs

一把扇
하나의 부채

one fan

一把刀
하나의 칼

one sword

5. 다음의 구 또한 이 단어의 용법을 고려하는 데에 주목을 끈다.

一個巴掌打在臉上。
따귀를 한 대 때렸다.

He gave him a blow with the palm of his hand.

該打幾箇巴掌。
따귀를 몇 대 맞아야만 한다.

He must be received with some blows.

'巴'는 '把'와 거의 같은 의미를 지니며, 둘은 서로를 대신해 자주 사용된다.

巴不得。 또는 把不得。
갈망하다. 원하다.

Would that.

得了把柄。
자루 또는 근거를 얻었다.

It has now a handle or foundation.

全無把鼻。
근거가 전무하다.

This thing is without foundation.

沒了把臂。
근거가 없다.

He had nothing on which he could rely.

做出把戲。 또는 做把戲。

속임수 또는 수작을 부리다.

To play tricks, to juggle.

住了年把。

1년 정도 머물다.

More than a year.

百把銀子

백 주먹 정도의 은화

more than a hundred pieces of silver

一百銀子 또는 一百金把

100 은화 또는 금

a hundred pieces of (current) money

眼巴巴的望着。

눈이 빠지게(간절히) 바라보다.

To look forward.

4.1.3 '打'의 용법

이 단어는 보통 '때리다, 치다'(to beat, to strike)를 의미하지만 실제로 그것의 의미는 좀 더 확대된다. 우리는 먼저 전자 의미의 몇몇 예를 제시한 다음 그것의 다른 용법을 고려해야만 한다.

1. 판사의 명령에 의해 가해지는 신체적인 처벌을 지시하는 예이다.

不打不招。

때리지 않으면 자백하지 않을 것이다.

Without blows the criminal will not confess his guilt.

打一百荊條。

백 번 때려라.

To inflict a hundred blows. lit. a hundred reeds.

各打二十毛板。

각각 20대를 때려라.

Let each one receive twenty strokes.

'板'은 두 부분으로 나뉘는 대나무 막대기이다.[49] 죄인들은 그들의 등에 형벌을 맞는다.

打三百黄桑棒。

노란색 뽕나무 몽둥이로 때려라.

Let three hundred blows be given him with square rod of yellow mulberry.

打得皮開肉綻。

피부가 찢기고 살이 터지도록 때렸다.

The strokes broke the skin, and liad bare the flesh.

我哪裡[50]受得這般拷打?

내가 이러한 고문을 어떻게 받겠는가?

How could I suffer so severe an infliction of blows?

다음 예는 죄인의 경우에 해당하지 않는다.

我打你，你打我。

내가 너를 때릴 테니 너도 나를 때려라.

---

49 역주 '毛板'은 '죽순대로 만든 곤장'을 의미한다.

50 역주 원문의 '那裡'는 '哪裡'로 수정하였다.

I strike you and you strike me.

不打不成相識。

싸움 끝에 정이 붙는다.

No friendship arises till blows have been given and received.

你重些打。

너 좀 더 세게 때려.

Strike with much more force.

怎麼打。

어떻게 때려.

Wherefore, or how shall I strike.

這般打。

이렇게 때려.

Strike in this manner.

他不打你去打狗不成。

그가 너를 때리지 않는다면 개를 때리는 수밖에 없어(즉, 그는 너를 때릴 수밖에 없다).

If he do not beat you, he will most likely go and beat some dog; i.e. he cannot but beat you, he must beat you.

與我打那厮出去。

저 녀석을 때려서 내 눈앞에서 쫓아내.

Drive out this rascal from my sight.

與我一步一棍打上廳來。

한 걸음에 한 대씩 때려서 나에게 데려와라.

Bring him to me at this office with many blows; i.e. beating him at every step.

一拳打倒地。

한 주먹에 때려서 땅에 넘어트리다.

To prostrate him with a single box.

搭着雙拳來打。

두 주먹으로 때리다.

With doubled fists to come to blow.

把竹篙[51]來打。

죽고로 때려라.

Seizing a spear he approacehd to strike.

打得一佛出世。[52]

모질게 때렸다.

He received a very deserved castigation.

打破你的鼻子。

너의 코를 부러트렸다.

I will break your nose.

只一拳正打在鼻子上打得鮮血迸流鼻子歪在半邊。

한 주먹으로 코를 때려 선혈이 솟고 코 한쪽이 돌아갔다.

With a well directed blow he struck his nose, the blood flowed profusely, and his nose was bent one side.

不是打便是罵。

때리는 것이 아니라 꾸짖는 것이다.

If he is not beating me, he is reviling me, i.e. he is continually beating or scold.

不曾打得噪脾。

일찍이 실컷 때려 본 적은 없다.

I have not yet chastised him sufficiently to the purpose.

---

51 역주 여기에서 '竹篙'는 도구이며 '把'는 '쥐다'라는 의미를 나타낸다.

52 역주 "衆人只得拿翻李逵, 打得一佛出世, 二佛涅盘"《水滸傳·53》의 일부로 보인다.

여기에서 '燥脾'는 '즐겁게, 마음껏'(joyful or satisfied with himself)을 의미한다.

連打幾箇耳光子。
따귀를 몇 대 때렸다.
In quick succession he inflicted many blows(with the hands upon his face).

무생無生 사물을 말할 때 이 단어를 사용한 예는 다음과 같다.

器不打不成。
그릇은 때리지 않으면 쓸모가 없다.
No vessel is finished without repeated blows.

打鐵的
대장장이
an iron smith

鐵打的
쇠로 만든 물건
made of iron; so of other metals

打石頭。
돌로 짓다. 돌을 들다.
To work out stones or to throw stones.

2. '打'는 자주 불어 동사 'faire'(하다; to do)에 대응되는데, 예를 들면 다음과 같다.

打禮。
(허리를 굽혀) 절하다.
To do reverence.

打夥兒去。

파트 2. 구어와 구어체

함께 일행이 되어 가다.

To start together upon the way.

打結。

매듭을 짓다.

To tie a knot.

打箇死結你越性急他越不開。

(그것은) 어려운 문제로 네가 성급해할수록 그가 점점 더 풀기 힘들 것이다.

It is a hard knot, the more you are in haste, the greater will be the difficulty of loosening it.

打動他的心。

그의 마음을 움직이다.

To agitate his mind.

都打在我身上。

모두 나에게 맡겨지다. 책임지다.

The whole business turned or devolved on me.

打夢。

꿈을 꾸다.

To dream.

남은 예는 '打'의 특정 의미에 대한 언급 없이 어지럽게 열거되었다. 이들 중에서 몇몇 예는 현재 시간 또는 행위를 표현하는 조동사로서의 용법을 지닌다.

打睡。

잠자다.

To sleep.

打瘧子。

열병을 앓다.
To be sick with a fever.

打擂臺。

연무대에서 무술 시합을 하다.
To wrestle, the exercise of the palestra.

打牌。

마작을 하다.
To play cards.

打鞦韆。

휘두르다.
To swing.

打呼。

코를 골다.
To snort.

鼻口內打鼾睡。

코를 골면서 잠을 자다.
To snore in sleep.

打鼓打鑼。

북과 징을 치다.
To beat the drum and going.

吹打。

입으로 불다. 허풍을 떨다.
To blow and strike.

따라서 이들은 나팔을 불고 북을 때리는 것으로 말할 수 있다.

大吹大打。[53]

피리를 불고 북을 치다.

To make noise with all kinds of instruments.

打扮。

화장하다. 꾸미다.

To ornament themselves.

打扮得如天仙一般。

선녀와 같이 치장하다.

She was ornamented like a goodness.

打聽。 또는 打探。

알아보다. 탐문하다.

To inquire, to investigate.

打話。

이야기하다.

To speak.

打誑語。

거짓말하다. 허풍 치다.

To speak nonsense.

打慌。

거짓말하다.

To lie.

打兩箇噴涕。

재채기를 두 번 하다.

To sneeze twice.

---

53 역주 "文武多官, 滿城百姓, 伏龙寺僧人, 大吹大打, 送四衆出城"《西遊記 · 64》의 예에서 발췌된 것이다.

打發。

파견하다. 내쫓다.

To dispatch or to dismiss.

打發他去了。

그를 해고하다. 내보내다.

To dismiss anyone, to let one go, to give one what he demands in order to get rid of him.

與我打箇照面。

나에게 얼굴을 보였다.

He turned his face towards me.

你打與我箇狀兒。[54]

나에게 소장을 보내라.

Give me some sign, some notion of it.

打磨兵器。

병기를 갈아서 광을 내다.

To polish armor.

打門前經過。

문 앞을 지나가다.

To pass before the gate or house.

打撈起來。

건져 내다.

To take out of the water.

打掃。

청소하다.

54 　역주 　'狀兒'는 "逼我寫了休妻的狀兒, 才把銀子與我"《水滸傳 · 12》에서 찾아볼 수 있다.

　　　　　　　　　　　　　　　　　　　　파트 2. 구어와 구어체

To sweep.

拍手打掌。

박수 치다.

To clap the hands in applause.

凍得牙齒相打。

이빨을 덜덜 떨 정도로 춥다.

The teeth chattering with cold.

打下你的驢首來。

너의 어리석은 머리를 쳐내겠다.

I will cut off thine asinine head.

打點。

준비하다. 뇌물을 주다.

To take care or to prepare.

要些賄賂打點他。

그에게 뇌물을 써야만 한다.

Some money must be offered to secure him.

打水。

물을 긷다.

To draw water.

打酒。

술을 사다. 술을 따르다.

To procure wine or to draw wine from a vessel.

打火。

불을 붙이다. (불을 붙여) 밥을 지어먹다.

To prepare food.

打了中火。

점심밥을 지어먹다.[55]

They prepared dinner or they took dinner.

打家劫舍。

백성의 집을 때려 부수고 재물을 마구 빼앗음.

To commit depredations, to usurp.

打捕野味。 또는 打圍射猎。

사냥하다.

To hunt.

不打緊。

급하지 않다. 문제없다.

The thing is easy or not very important.

却打甚麽緊?

무엇이 그리 중요한가(중요하지 않다)?

Pray what is the great difficulty?

4.1.4 '一'의 용법

'一'의 빈번하고 다양한 용법은 다음 예에서 볼 수 있는데, '一個'(하나; one; lit. one piece, one thing, specimen), '一個人'(한 사람; one man), '第一'(첫 번째; first), '第二'(두 번째; second), '一來'(첫째로는; in the first place), '二來'(둘째로는; secondly), '一定'(반드시; certainly) 등이 있다.

55　역주　"明日天早, 西門慶催促人馬, 扛箱快行, 一路看了些山明水秀, 午牌時, 打中火又行"《金瓶梅 · 55》에서도 찾을 수 있다. '打中火'는 영문 해석에서는 '저녁'으로 나오지만, 원래는 길손이 도중에 점심을 지어먹는 것을 의미한다.

一定是他無疑了。

틀림없이 그이다.

It is verily he, without doubt.

這狀子一定要的告了。

이 일을 반드시 알려야만 해.

It is fixed and determined to proceed in this controversy.

一定是他們的詭氣。

틀림없이 그들의 속임수이다.

Their fraud is certain.

'一些', '一毫', '一點' 등은 모두 '약간'(a very little)을 의미한다.

不見一些下落。

약간의 행방도 보이지 않는다.

He saw not the slightest trace of him or it.

並沒有一毫主意。

아무 생각이 없다. 생각을 정하지 못하다.

He cannot determine upon any fixed course, i.e. he is wholly undecided.

一毫假借是沒有的。

어떠한 구실도 없다. 어떠한 거짓도 없다.

There is no fiction in all this.

那有一點眞情實意。

진실한 감정이 있다.[56]

He has not a single particle of friendship or good will.

56 　역주　원문에서는 '有'이므로 긍정의미이지만, 영문 해석에서는 'has not'으로 부정의미로 나온다. 이는 원문에서 '沒'이 빠졌거나 영문 해석에서 'not'이 잘못 추가된 것으로 보인다.

一切

모두

all, altogether

一切文武官員都

모든 문무관이 모두

all the civil and military officers were

一切備得齊備。

모든 것이 준비되었다.

All things were prepared.

萬一

만일

the thousand to one is indeed affirmative, but implies some hesitation

萬一前言不應後語。

만약 앞에서 한 말이 뒤에서 한 말과 일치하지 않는다면.

Possibly, (i.e. it is one in ten thousand) the last words will not agree with the former.

各處去訪問, 他萬一訪得着。

그가 만약 방문할 수 있다면 여러 곳곳을 방문해라.

Explore in all directions, I desire nothing more than to discover the truth.

萬一弄得上手, 怎麽了得?

만약 착수했다면 어찌할 것인가?

If he once get it into his hands, what shall we do?

만약 의심이 전혀 남아 있지 않다면 '萬一'이라고 말하기보다는 '萬萬' 또는 이와 같은 것으로 말할 것인데, 예를 들면 '萬萬不能'(절대로 해서는 안 된다; it can in no manner be done)이 있다.

'一發'은 '점점, 더욱더'(yet more)의 의미로 예는 다음과 같다.

一發說得好笑。

말을 할수록 점점 더 우스워졌다.

That which you say is still more impertinent or much more to be ridiculed.

你一發胡說。

너는 점점 더 헛소리를 하는구나.

You are yet more delirious.

若是他肯做得一發好了。

만약 그가 기꺼이 한다면 점점 더 좋아질 것이다.

It will be far better for him to attend to the affair himself.

一發要恨我。

더욱더 나를 원망할 것이다.

He may hate me much more.

你一發不是人。

너는 점점 사람 같지 않아 보인다.

Begone, much less do you show yourself a man.

天子一發着驚道這一發奇了。

천자는 점점 화를 내며 소리 지르는데, 이는 더욱더 기이한 일이다.

The emperor yet more terrified, exclaimed, this is still more wonderful.

'一面', '一邊', '一頭'는 반복되는데 예를 들면 다음과 같다.

一面飲酒一面心裡想。

한편으로 술을 마시면서 한편으로 속으로 생각한다.

Drinking wine and at the same time pondering in his heart.

一面說一面只管低頭作揖不起。

한편으로 말을 하면서 한편으로 고개를 숙이고 인사를 하면서 들지 않는다.

Saying this, bowing down his head, he saluted him nor had he courage to rise.

一邊飲酒一邊問道。

술을 마시면서 도를 묻는다.

Drinking his wine and at the same time thinking with himself, he said.

四人一頭說一頭吃又吃了半日。

네 사람이 한편으로는 말하면서 한편으로는 한나절이나 먹고 또 먹었다.

The four men were engaged both in talking and drinking, and that for half of the day: Or four persons now talking and now drinking, passed half the day.

때때로 특히 훈계 또는 충고에서 같은 단어가 반복된다.

先要你去訪一訪。

먼저 가서 조사해야만 한다.

It is proper that you should first go and inquire into the nature of the business.

如何不去睃一睃?

왜 가서 살펴보지 않느냐?

Why do you not go and see?

你掙開眼看一看。

눈을 뜨고 한번 봐라.

Open your eyes and see.

請你過去談一談。

네가 가서 말해 봐라.

He invites you to a conference.

一反一正。

거꾸로 됐다가 바로 됐다.

Now reversed, now direct.

一上一下。

오르락내리락하다.

Now high, now low.

一來一往。

오고 간다.

Going and returning.

弄的一折一磨。

조금씩 조금씩 괴롭힌다.

He utterly failed or he treated him in an unworthy manner.

白白的坐了一夜。

공연히 앉아 밤을 샜다.

I sat waiting in vain the whole night.

一夜無眠。

하룻밤을 꼬박 새다.

To spend the whole night without sleep.

我也替他嚇出一身汗來。

나 역시 그에게 놀라서 온몸에 식은땀이 쫙 났다.

I was so much frightened on his account, that my whole body was covered with perspiration.

我們一齊動手。

우리는 모두 함께 시작했다.

Let us all rush upon him at once.

一一傾敎罷了。

가르침을 일일이 마쳤다.

I will perform all your commands.

때때로 '一'은 '그 후'(after that)의 의미를 가지는데, 문장의 두 번째

부분에서 '就'가 뒤따른다.[57]

你如今一說我就明白了。

네가 이제 말하자마자 나는 이해가 됐다.

As soon as you had thus spoken, immediately I understand the affair.

一看就知道了。

보자마자 알게 되었다.

When you see, then you will know.

等他一到就。

그가 도착할 때까지 기다리자.

Wait until he comes.

'一'이 사용된 다른 발화의 형식을 보도록 하자.

一去打斷你的狗筋。

일단 가게 된다면 너의 인대를 절단 내 버리겠다.

If you do go, I will break your doggish ribs.

不覺吃了一飽。

어느새 배부르게 먹었다.

Inconsiderately he eats to satiety.

吃了一驚。

깜짝 놀랐다.

He was seized with fear.

一霎時

삽시간에

in a moment

---

57 역주 '一…就'는 '~하자마자 ~하다'라는 의미를 나타낸다.

一下筆。

갑자기 붓을 들다.

Just took up the pencil or commenced writing.

一口

한입

with one mouth

一生

일생

during the whole life

一心

한마음

with the whole heart

一萌

싹트기 시작하자마자

as soon as it begins to sprout

4.1.5 '來'와 '去'의 용법

'來'는 '오다'를 표시하며, '去'는 '가다'를 나타낸다. 그러나 이 두 문자의 용법은 너무 다양하여 설명이 필요하므로, 이에 특이한 몇 개의 항목이 제시될 것이다.

1. '來와 '去'는 같은 구에서 분리되거나 함께 사용된다. 첫째, 분리된 예로는 '想來想去'(이리저리 생각하다, 여러모로 고려하다; thinking of this and that or turning the mind in every direction), '訪來訪去'(이리저리 탐문하다; to explore in every direction), '說來說去'(곱씹다; speaking again and again)가 있다. 둘째, 함께 쓰이는 예로는 "你哪裡去來"(어디에 있었니?; where have you been? i.e. have been to, and are come back from what place?)가 있다.

그런데 이 단락에서 이 구의 정확한 방향은 많은 예에서처럼 전후 맥락에 의해 크게 좌우되는데, 예를 들면 다음과 같다.

> 你這厮誰叫[58]你去來?
> 네 이놈 누가 너더러 가라고 했니?
> Who bade you go?
>
> 看花去來。
> 꽃을 보러 갔다.
> I have been to look at the flowers.
>
> 我兒你陪相公坐了我去料理茶來。
> 내 아들과 네가 상공을 데리고 오면, 나는 차를 가져다줄게.
> My son, you remain and attend to the gentleman, I will go and prepare the tea.
>
> 只得去了去見。
> 할 수 없이 가서 봤다.
> It was necessary to go and see.

학자들은 이러한 예에서 '去'의 반복을 보게 될 것이다.

2. '來'와 '去'는 명령을 내릴 때도 사용된다.

> 拿來。
> 가져오다.
> Take, come, i.e, bring.

---

58 역주 원문의 '叫'는 '叫'의 이체자이다.

拿去。

가져가다.

Take, go, i.e, carry away.

起來。

일어나라.

Arise.

出來。

나와라.

Bring forth or come forth.

出去。

나가라.

Go forth, depart.

看酒。 또는 看茶來。

술을 가져와라. 또는 차를 가져와라.

Bring wine or bring tea.

去泡茶來。

가서 차 좀 준비해라.

Prepare and bring tea.

我拿過來。

내가 가져오겠다.

Take and bring it to me.

3.

來年

내년

in the coming year

去年

작년

the past year

去世。

세상을 떠났다.

He has departed from the world, i.e, he is dead.

將來

장래

hereafter

將來畢竟要上這條路。

장래에는 결국, 이 궤도에 오를 것이다.

Hereafter it will be necessary to enter upon this way.

4. 때때로 '來'와 '去'는 '능력'(to be able)을 나타내는데, 예를 들면 다음과 같다.

學不來。

배울 수 없다.

I cannot learn.

說不去。

말할 수 없다.

It cannot be said or I cannot say it.

買不來。

살 수 없다.

I cannot buy it.

賣不去。

팔 수 없다.

I cannot sell it.

眾人你看我我看你那裡答應得來。

많은 사람이 서로 마주 보며 응답할 수 있다.

All the men looked at each other, waiting for someone to make a reply.

弄他銀子不來。

그를 속여 돈을 가져올 수 없다.

It is not possible to cheat him of his money.

費了萬千氣力到低娶不來。

상당한 노력을 기울였음에도 불구하고 결국 아내를 얻을 수 없었다.

He made every effort, but yet could not get her to wife.

5. '來'는 때때로 문자 '起'와 결합하여 '시작하다'(begin)라는 의미를 나타낸다.[59]

提起拳來。

주먹을 들었다.

He began to raise his fist.

他就手舞足蹈起來。

그는 기뻐서 덩실덩실 춤을 추기 시작했다.

He began to clap his hands, and stamp his feet.

哭將起來。

곧 울기 시작했다.

Immediately he began to weep and groan.

埋怨起來。

원망하기 시작했다.

He begins to curse and execrate.

---

59 [역주] 이는 '起來'의 '기시상'(inchoative aspect) 용법을 의미한다.

> 說起來。 또는 論起來。
>
> 말하기 또는 논의하기 시작했다.
>
> Beginning to speak or discourse.

그러나 '起來'는 자주 '이런 식으로, 따라서'(in this manner, therefore) 를 의미한다.

> 想不起來。
>
> 생각이 나지 않는다.
>
> I cannot recall to memory.
>
> 滿面笑臉起來。
>
> 만면에 웃음을 띠기 시작하다.
>
> Suddenly showing a glad countenance, he began to smile.
>
> 拍手笑起來。
>
> 박수 치며 웃기 시작했다.
>
> Clapping his hands, he began to laugh.
>
> 兩下打起仗來。
>
> 쌍방이 싸우기 시작했다.
>
> On both sides the fighting commenced.
>
> 爬起來。
>
> 기어오르기 시작했다.
>
> To rise, to elevate himself.
>
> 都擺列起來。
>
> 모두 진열하기 시작했다.
>
> He began to take out and arrange all things.
>
> 甦醒起來。
>
> 회복하기 시작했다.

Having recovered from his decline.

照你這等說起來。
이와 같이 당신이 말한 대로.
According to what you say.

又弄起鬼來。
또 꿍꿍이를 꾸몄다.
Again he has thrown all things into confusion.

'起'는 생략되어도 같은 의미로 쓰일 수 있는데, 예를 들면 다음과 같다.

說來不差。
말하자면 그는 틀리지 않았다.
This is indeed tree, he has not erred.

說來甚是有理。
말하자면 참으로 이치에 맞다.
What he says is very agreeable to reason.

'看來'는 '說來'와 같은 의미로 '據你說來'(당신이 말한 바에 따르면)와 크게 다르지 않으며, "你且聽我道來"(네가 말한 것을 잠시 들어 봐라; hear now what I am about to say)의 예도 있다.

6. 적지 않게 '來'는 '出'과 결합한다.

拿出來。
꺼내다.
Draw out and bring.

發出來。

돋아나다.

To bring forth, used also in a moral sense.

恐惹出火來。

네가 화를 초래할까 두렵다.

I fear you will raise a disturbance.

惹出火來。

화를 초래하다.

He provoked misfortune.

弄出把戲來。

수작을 부렸다.

He began to rage and create disturbance.

忙進去尋兩件衣服出來。

급히 들어가 옷 두 벌을 찾아왔다.

He entered in haste to seek and bring forth the rament.

說不出甚麼來。

아무것도 말하지 못했다.

He could not even open his mouth.

待我用箇法子弄他出來。

내가 방법을 써서 그를 나오게 할 때까지 기다려라.

Wait, I will use my influence to get him to come out.

生出這箇怪物來。

이 괴물이 태어났다.

He has brought forth his monster to the light.

少不得生出病來。

발병하는 것을 면하기 힘들다.

You will most certainly become sick.

文字[60]是肚裡做出來的。

글은 마음속에서 짓는 것이다.

This composition proceeded from my stomach(or as we would say, it is the product of my brain).

這樣苦事是我自家惹出來的。

이 괴로운 일은 자초한 것이다.

I have myself provoked this misfortune.

露出本相來。

본 모습을 드러내다.

He has at length revealed himself.

露出馬脚來。

마각을 드러내다.

He has put off the mask.

弄壞了事。

일을 망쳤다.

Revealed what should have been kept secret, and thus brought ruin upon the whole affair.

7. '來'는 또한 '原', '元'과 결합하는데, 예를 들면 다음과 같다.

我只道是誰原來正是你。

나는 누구일까 생각했었는까, 알고 보니 바로 당신이었군.

I was saying with myself, who is that or while I was thinking who it might be! you made your appearance.

原來是你, 教我只顧忍了半日白想不起。

알고 보니 너였군. 공연히 생각이 나지 않아 반나절이나 참았었는데.

---

60 [역주] 원문에서는 '文子'로 나와 있지만, '文字'가 맞으므로 이같이 수정하였다.

It is yourself: I had been trying for half the day to learn who it was, and have only now succeeded.

原來這纔是眞正恩人。

알고 보니 이 사람이 진정한 은인이었군.

Yes, indeed, this is a true benefactor.

原來命中原該如此。

알고 보니 운명은 이와 같은 것이었다.

And yet this was a part of my allotment.

原來此事有許多委曲。

알고 보니 이 일에 많은 왜곡이 있었다.

There are many intricacies in this business, which truly is sufficiently complicated.

元來就是你。

알고 보니 너였군.

It was them, you yourself.

從來

지금까지

in the same as

'原來' 뒤에 부정사가 오기도 한다.

從來不肯見面的。

지금까지 보려 하지 않았다.

No one ever, sees his face.

原來無此理。

원래 이럴 리가 없다.

Never was there such a doctrine.

이와 같은 의미에서 '來'는 생략되기도 한다.

> 原也不該。
> 원래 이렇게 해서는 안 된다.
> This ought not to have been done.
>
> 原虧了你。
> 원래 당신에게 손해를 끼쳤군요.
> I have caused you trouble.
>
> 你原是個甚麼人?
> 너는 원래 어떤 사람이니?
> Say, who are you?

8. '來'는 다른 동사와 결합한다.

> 合攏來。
> 합치다. 또는 한데 모으다.
> Come or approach altogether.
>
> 走攏來。
> 다가오다. 또는 접근하다.
> He approached near.
>
> 又來胡說。
> 또 허튼소리를 하는군요.
> Again he has come to repeat his nonsense.
>
> 這厮又來了。
> 저놈이 또 왔어.
> Behold this wretch has come again.
>
> 又來纏我起來。
> 또 나에게 치근덕대기 시작했어.

Again you begin to trouble me.

跑到他家裡來。

그의 집까지 달려왔다.

He ran to his home.

跑到府裡去。

관청까지 달려갔다.

He hastened to the magistracy.

有兩箇來月。

두 달이 남아 있다.

It is now two months or more.

一連尋了十來日。

연이어 10여 일을 찾았다.

He sought for ten successive days and more.

至來日

훗날에

on the following day

你好沒來頭。

너는 연유가 없다.

You speak nonsense and absurdity.

不問來由。

이유를 묻지 않다.

Not to ask whence this proceeds.

聽得說話有些來歷。

듣자 하니 말에 유래가 있더라.

Seeing that the remarks made were not without foundation.

來只是出不去。

> 들어와도 다만 나가지 못할 뿐이다.
> It is easy to enter, but to escape in the difficulty.

4.1.6 '道'의 용법

구어에서의 '道'의 용법을 먼저 살펴보겠다. 이러한 경우에 '道'는 거의 항상 '말하다'(to speak)를 의미하며, 자주 '說'과 결합하는데, 예를 들면 다음과 같다.

> **因說道。**
> 따라서 말했다.
> Thus commencing his speech he said or regarding the this business (before spoken of) he said.
>
> **因問道。**
> 따라서 물었다.
> He therefore inquired of him and said.
>
> **誰敢道箇不字?**[61]
> 누가 감히 뭐라고 말하겠어요?
> Who would dare to contradict?
>
> **喝道。**[62]
> 갈도하다.
> Raising his angry voice he says.

이 구는 또한 '집정관의 앞길을 비키게 하는 것처럼 길을 비키게 하

---

61 역주 이 문장은 《水滸傳·24》에서 발췌된 문장이다.

62 역주 '喝道'는 옛날 관리가 행차할 때 길을 인도하는 사람이 행인들에게 길을 비키라고 소리치는 것을 가리킨다.

다'(to clear the way, as lictors do before an officer)를 의미한다.

告道。
알려 주다.
Informing (or admonishing him) he said.

罵道。
꾸짖다.
Cursing, he said.

'道'는 '你'와 결합하여 자주 의문을 나타낸다.

你道好笑不好笑。
(내가) 우스운지 그렇지 않은지 말해 줘.
Tell me, I pray you, is not this ridiculous.

你道奇也不奇。
(이것이) 신기하지 않은지 말해 봐봐.
Say yourself, is not this wonderful!

你道我講得是麽。[63]
내가 올바르게 언급했는지를 말해 봐.
Tell me, I beseech you, do I not speak the truth? or do I not demand justice?

你道喜得怎生模樣。
그렇게 기쁜 모습을 본 적 있는지를 말해 봐.
Say, did you ever see him exulting with so great joy!

你道還是那[64]一說好。

63 　역주　《西遊記·98》에서도 "行者道: 這個講得是"라는 구문이 나온다.
64 　역주　여기에서 '那'는 '哪'의 의미로 쓰였다.

어느 의견이 더 좋은지 말해 봐.

Declare which of these opinions is preferable.

你道這樣首飾, 便工錢也費多少。

이러한 장신구의 비용이 얼마인지를 말해 봐.

Say, how valuable is even the device in this headdress or say, what must be the cost of such a headdress.

여기에서 '首飾'(머리 장신구; in this place, the head. dress of a woman) 처럼 이런 종류의 구에서 주어는 대부분 문두에 놓여진다.

같은 의미로 '說' 대신에 '道'가 쓰이기도 한다.

你說氣得過氣不過。

화를 내도 되는지 안 되는지를 네가 말해 봐.

I ask your own opinion, can this be done? or tell me, is it right to be angry?

你說叫他氣死不氣死。

그를 매우 화나게 해도 되는지 안 되는지 네가 말해 봐.

Say is it not enough to make him very angry.

你說叫他喜殺不喜殺。

그로 하여금 좋아 죽게 해도 되는지 안 되는지 네가 말해 봐.

Will not this cause him to die with joy?

你說還是熱鬧的好冷淡的好。

즐겁게 하는 것이 좋은 건지 쌀쌀맞은 게 좋은 건지 네가 말해 봐.

Tell me, is it better to busy, or to be idle? or which places you more, a too ardent friend or one more cool! ― hurry and bustle, or cold solitude?

'道'는 자주 '理'와 결합하는데, 예를 들면 다음과 같다.

是何道理。

이는 무슨 이치냐?

> What mode of actions this? why or for what reason is this? or what do you relate to me?
>
> ### 到彼地再作道理。[65]
> 그곳에 가서 다시 상의하자.
> When we are there(or in that condition) we shall see what must be done.

여기에서 '道理'는 '도리, 이치'(doctrine)를 의미한다.

'難道'는 글자 뜻대로는 '말하기 어렵다'(difficult to say)를 의미하지만, 실제로는 그것은 '의문'을 나타내며,[66] 이는 중국어에서는 흔하지만, 유럽어에서는 드문 것이다.

> ### 難道是我眼睛花了?
> 설마 내 눈이 정말 멀었단 말인가?
> Were my eyes indeed blinded? or do you mean to say I've no eyes?
>
> ### 難道我耳聞的就是虛, 你耳聞的就是實?
> 설마 내가 잘못 들었고, 네가 들은 것이 맞단 말인가?
> What I have heard with these ears is false for; sooth and that only is true which you have heard with your ears.
>
> ### 難道人便沒有, 鬼也沒有?
> 설마 사람도 없고 귀신도 없단 말인가?
> What is there not a man here, not a single soul!

학생들은 '便'과 '也'의 용법을 주의 깊게 볼 필요가 있는데, 왜냐하면 그러한 불변화사에 관해 충분히 주목하지 않아 우리는 자주 중국어

---

65 〔역주〕 이 문장은《喩世明言·39》에서 발췌된 예문이다.

66 〔역주〕 즉 '難道'는 '설마 ~란 말인가?'를 의미한다.

의 좋은 점을 놓치기 때문이다.

> **難道還想着我?**
> 설마 나를 아직도 생각하고 있었던 거야?
> Would be to this time think of me?

> **難道世上有這等聰明人?**
> 설마 세상에 이렇게 똑똑한 사람이 있단 말인가?
> Could there be in the world a man so intelligent?

> **難道小弟就不是同年?**
> 설마 자네가 동갑이 아니란 말인가?
> Was not i promoted to the doctorate the same year with yourself?

일류 작가들은 문미에 '不成'을 더한다.

> **難道罷了不成? 또는 難道就這等罷了不成?**
> 설마 이대로 그만둔단 말인가?
> Do you think this will pass off in this way?

> **你難道忘了不成?**
> 너는 설마 잊었단 말인가?
> Have you indeed forgotten him?

> **難道是假的不成?**
> 설마 거짓이었단 말인가?
> Will you not call this fiction?

> **難道怕你飛上天去不成?**
> 설마 네가 하늘로 날아갈 것을 두려워해야 한다는 말인가?
> Ought i not to fear lest you take your flight to heaven?

> **難道就打我不成?**
> 설마 나를 때린다는 말인가?

Ought i on this account to be beaten?

難道當眞餓死不成?

설마 정말로 굶어 죽는다는 말인가?

Must i then die starvation?

難道是我聽錯了不成?

설마 내가 잘못 들었단 말인가?

Did i not hear correctly?

難道都拿了去不成?

설마 가져갔단 말인가?

Has he packed up all the things?

難道我哄你不成?

설마 내가 너를 속였단 말인가?

Could i wish to delude you?

難道風流二字都彼前面人占盡，不留一些餘地與我後面人受用不成?

설마 '풍류' 두 글자를 모두 선인들이 다 누리고 일말의 여지도 남겨 두지 않아 우리 후인들은 누릴 수 없단 말인가?

나는 장문임에도 불구하고 이 문장을 제시하였는데, 왜냐하면 글자들이 쉽게 이해되도록 배열되었기 때문이다. 나는 그가 정말로 풍치가 있고 멋있으며, 소위 집시라고 불리는 우리 역사 속의 고대 기사들과 같은 방식으로 행동하는 점을 덧붙이고자 한다.

'不成'은 또한 앞에 '難道' 없이 쓰이기도 한다.

莫不吃了我不成?

나를 먹지 않을까?

Will he eat me alive?

我莫非說謊不成?

혹시 네가 거짓말을 한다고 생각하니?

Do you think I lie to you?

4.1.7 '見'의 용법

'見'은 시각뿐만 아니라 청각, 그리고 정신적 지각에 관해서도 나타낼 수 있다.

看不見。

보이지 않는다.

I do not see.

聽不見。

들리지 않는다.

I do not hear.

你見鬼。

귀신이 곡할 노릇이네.

You dream, you see ghosts.

看得見。

볼 수 있다.

Able to see, it is visible.

見利。

이익을 보다.

To watch for gain.

愚見

졸견
my humble opinion

高見
고견
your opinion

可見。
알 수 있다.
To wit, it can be seen.

不知有何事見教。
어떤 일을 원하는지 모르겠다.
I do not know what you want of me; this is a form of politeness; or literally it is, I know not what your object is in teaching me.

蒙大人見招。
대인에게 부름을 받았다.
Your lordship has deigned to plead for me.

마지막 예문에서 '蒙'(받다; to receive)은 경어로 쓰였다.

또 다른 예는 다음과 같다.

請見教一番。
가르침을 한번 청합니다.
I pray you teach me.

列位不要見笑。
여러분, 비웃지 마세요.
I pray, sirs, do not smile.

중국인들은 지식인들 앞에서 자신의 작품을 읽을 때는 보통 공손하게 말하는데, 예를 들면 다음과 같다.

不見歡喜。

즐겁지 않다.

He expressed no sign of joy.

見勢頭不好自然該走。

정세가 좋지 않으므로 마땅히 가야 한다.

Since you was unable or resist, you ought at least to have fled.

問他何以見得。

어떻게 알았는지를 물어보았다.

Ask him why it appears thus to himself; or in what manner he will prove it, or cause it to be seen.

也不見得。

또 반드시 그렇지만은 않다.

This is uncertain, or perhaps it will thus occur, but I dare not assert positively.

이 구는 문장의 끝에 놓이기도 한다.

也不可知。

또한 알 수 없다.

The thing is doubtful.

見他說得有理。

그가 조리 있게 말하는 것을 보았다.

Seeing that he did not speak without reason.

학습자들은 많은 이러한 문장들에서 '見'이 피동 형식에서 다른 동사 앞에 놓였을 때 수령자 의미를 지닌다는 점을 주목해야만 한다.

4.1.8 '心'의 용법

'心'은 심장이라고 불리는 신체 부분이다. '心'은 은유적으로 지성 또는 애정을 지시하는 마음으로 간주될 수 있는데, 후자가 좀 더 일반적이다.

1. '心'이 마음(the mind)을 지시하는 몇몇 예는 다음과 같다.

留心細看。
주의를 기울이고 자세히 보다.
To see, or read with attention.

平心論理。
공평한 마음으로 이치를 따지다.
To discourse upon any subject without prejudice or passion.

自不小心。
스스로 조심하지 않았다.
He does not attend sufficiently to himself.

須小心着意。
반드시 주의해야만 한다.
We must proceed with caution.

心腸是決不改變的。
마음은 결코 변하지 않는다.
His mind cannot be changed in the least.

我心如鐵石至死不移。
나의 마음은 철석같아 죽을 때까지 변하지 않는다.
My mind is like iron or marble, death itself would not cause it to change.

時刻放在心頭。

늘 마음에 두다.

His mind is always dwelling upon this subject.

2. '心'이 느낌(feeling)을 지시하는 예는 다음과 같다.

我心上有事。

나는 근심거리가 있다.

I am in great anxiety of mind.

我有一件事惱心。

나는 고민거리가 하나 있다.

I have an affair which vexes my mind.

日夜挂心。

밤낮으로 걱정하다.

Night and day harassed with cares.

他心上必然不樂。

그는 기뻐할 수 없다.

He cannot be otherwise than grieved.

心中納悶。

마음이 울적하다.

He is sorrowful in mind.

心中好生痛切。

마음이 매우 침통하다.

He is very much troubled in mind.

心下甚是躊躇。

매우 주저하다.

Very irresolute and unsettled in purpose or he is undecided what ought to
be done.

'躊躇'는 '주저하다'(deliberate, to be in suspense)를 의미한다.

何須這等心焦?

구태여 이렇게 애탈 필요가 있는가?

Why are you (or why must you be) so sorrowful?

心如刀割。

심장이 칼로 에이는 듯하다. 마음이 극도로 고통스럽다.

As if a sword should cleave his heart.

怒從心上起。 또는 心頭火起。

마음속에서 화가 치밀어 오른다.

Anger inflamed his heart.

3. '心'의 또 다른 예는 '열망'(desire)을 지시한다.

分明是他有心拒絶我了。

그는 분명히 고의로 나를 거절했다.

It is clear that he intends to forsake me.

你心上的人來了。

네가 마음에 둔 사람이 왔다.

Behold he whom you love has come.

他心上十分愛你。

그는 내심 너를 매우 사랑한다.

He is violently in love with you.

火熱的心腸

열렬한 감정

an ardent fiery temper

難道是鐵做的心腸?

설마 철로 만든 심장을 가졌단 말인가?

Has he a heart made of iron?

不可做負心的。

신의를 저버려서는 안 된다.

You should not be ungrateful.

我的心肝

나의 소중한 자식

my dearest, lis, my heart and liver

恩情似漆心意如胶。[67]

아교같이 끈끈한 정분을 나누었다.

Joined in a close relationship.

所貴在心投不在形交。[68]

마음이 형식에 얽매이지 않는 것이 중요하다.

Not the union of bodies but of minds is to be deemed of most importance.

口頭不是心頭。

말과 마음이 다르다.

To say one thing and intend another.

4. '心'이 '느낌'(feelings) 또는 '의식'(conscience)을 의미하는 예는 다음과 같다.

搔不着心頭的癢。

마음의 가려움을 긁지 못하다. 만족시키지 못하다.

I cannot scratch him for the heart itch(i.e. I cannot gratify his dissatisfaction).

心癢難撓。

---

67 **역주** 이 예문은《水滸傳 · 24》에서 발췌된 것이다.

68 **역주** '忘形交'는 '형식에 구애받지 않는 친밀한 교제'를 의미한다.

마음의 가려움을 긁기 힘들다. 마음의 감정 기복을 억제하기 힘들다.

It is difficult to scratch for the heart itch, i.e. it is hard to repress one's warmth of feeling.

我的心情只愛銀了不顧恩情。

나의 마음은 돈만을 사랑할 뿐 은정은 고려하지 않는다.

My mind loves money only, I have no delight in beneficence.

費了多少心機。

온갖 수를 다 짜내다.

What schemes has he not contrived?

勞你費心。

심려를 끼쳤습니다.

I trouble you for your expenditure or exertion of heart: I thank you for your attention, or am obliged by your case.

是出於自家的本心。

그것은 자신의 본심에서 나온 것이다.

It is his own will(no one has compelled him).

撫心自問。

자기 자신을 돌이켜 보다.

To place the hand to the heart, and appeal to himself.

各人自去摸着心頭。

각자 가서 마음을 헤아리다.

All departed in deep thought, placing their hands to their hearts.

取他心肝來做下酒。

그의 심장과 간을 안주로 삼아 술을 마시다.

Tear out his heart and liver that I may eat them.

要割復剖心。

심장을 가르고 자르려 한다.

I wish I could tear him open and cleave his heart in pieces.

等他回心。

그가 생각을 바꾸기를 기다리다.

Wait till he recovers his senses.

冷淡無心。

냉담하고 무심하다.

His cold heart loves nothing or he gives no attention.

心腹朋友

절친한 친구

a faithful friend

知心腹的

허물없는 친구

an intimate friend

難得你這一片好心。

너와 같은 착한 사람을 만나기 힘들다.

It is difficult to find a good friend like you.

正說到心腹相愛之處。

그들은 속내를 털어놓기 시작했다.

They began to console each other will kind words.

有些心事

몇몇 걱정거리

his mind is somewhat occupied: it has some place in his heart

這願心

이 소망

this vow

是我自幼許的心願。

내가 어려서부터 했던 바람이다.
I made that vow in my youth.

人面鳥心。
사람의 얼굴을 하면서 새의 마음을 가졌다. 변하기 쉽다.
The face of a man and the heart of a bird: Volatile; inconstant.

4.1.9 '氣'의 용법

'气'는 '공기' 또는 '공기 중의 수분'을 의미하며, 감각으로 지각할 수 없으며, 응축될 때까지 떨어지지 않는다. 이 문자에 '쌀'을 의미하는 '米'를 더한다면, '氣'는 '끓는 밥'으로부터 올라오는 증기를 의미한다. '氣'자는 이제 덜 쓰인다. 마음에 대한 활용으로 '氣'의 은유적인 용법은 라틴어 '영혼, 숨결, 바람'(anima, aura, spiritus)과 유사하다.

1. '氣'의 초기 활용은 자연 사물에 관한 것이다.

寒暑之氣
날씨의 춥고 따뜻함
cold and heat, unwholesomeness of the air, or morbid humors

天氣
날씨
weather, or season

天氣煖了。
날씨가 따뜻해졌다.
The weather is warm.

天氣落雪
눈이 내리는 시기
the time in which snow falls

已有三更天氣。

깊은 밤이다(밤이 깊었다).

It was the time of the third watch of the night.

雲氣

구름

clouds

風氣

바람

wind

春氣

봄날의 화창한 기운

gentle spring

秋氣

가을의 서늘한 날씨

unhealthy autumn

地氣

땅의 생기

climate effluvia

濕氣 또는 潮氣

습기

moisture, dampness

臭氣

악취

stench

霉氣

곰팡이 냄새

mold

元氣
원기
original essence

血氣
혈기
the blood and breath of animals

虛氣
짧고 급박한 호흡
feeble

壯氣
당당한 기운
robust

精神氣力
정신력
a strong physical constitution

霧氣
안개
hoarfrost, misty air

氣色
경치
the countenance, e.g. as it appears in sickness; also the physiognomy

花氣氤氳。
꽃향기가 자욱하다.
The delicate and pleasant odor of flowers.

鮑魚之氣

(건어물의 냄새와 같은) 강한 냄새

a strong odor, such as is exhaled from fish

氣毬

공

footballs or bladders used in play

最是踢得好脚氣毬。

공을 잘 찬다.

Kick the ball merrily.

氣息

호흡, 숨

respiration

只見一個人氣吁吁的趕來。

한 사람이 씩씩대며 쫓아오는 것을 보았다.

He saw a man following him panting for breath.

氣吁吁。

숨이 차다.

Out of breath.

2. '氣'는 특히 애정 또는 특히 분노와 같은 마음의 감정을 나타낸다.

憤氣 또는 怒氣, 忿氣

노기; 분기

anger

着氣。

부아가 치밀다.

To be angry.

着了重氣。

발끈하다.

To be greatly enraged.

發氣。

성내다.

To betray resentment.

出氣。

노하다. 화풀이하다.

To vomit rage, to get angry.

且唱箇曲兒出這一肚子不平之氣。

노래를 불러서 가슴 가득한 울분을 토해 내다.

Sing me a song to quiet my mind or that the anger with which I am so greatly excited my be allayed.

'一肚'(온 뱃속)의 비유적 표현은 마음에 대한 복부, 포함된 것에 대한 함유물로 매우 자주 사용된다. 이 표현은 히브리어에서도 사용된다.

受了一肚皮的悶氣。

울분이 가슴 가득하다.

Sadness filled his heart.

'肚皮'는 마치 배가 팽창하는 듯한 슬픔의 효과를 지시하는 구이다.

教人把肚子也氣破了。

다른 사람을 화가 나게 만든다.

You make me burst with rage.

淘氣。

화를 내다. 화나게 하다.

To excite contention, to provoke resentment.

陶了一場漚氣。

노기를 억제하다.

He was constrained to void his ill humor.

漚氣。

화가 치밀어 오른다.

This vexes me.

厭氣。

진저리가 난다.

This awakens indignation.

還要受他的嘔氣。

그의 노여움을 견딜 필요가 있다.

We must still endure his ebullitions of anger.

氣不消。

화가 풀리지 않았다.

He has not yet abated his rage, his anger is not allayed.

爭閒氣。[69]

쓸데없는 고집을 부리다.

To be angry without cause.

叫他莫惹閒氣。

그가 화내지 못하게 만들었다.

Advise him not to be angry in that which has no reference to him.

不要氣惱。

화내지 말아라.

Pray do not be angry.

---

69 [역주] 이 예문은 "因與舅爭閒氣, 夫婦便分離"《劉知遠諸宮調·12》에서도 찾을 수 있다.

與他合氣。

그와 다투다.

To quarrel with anyone.

氣的發昏。

현기증이 날 정도로 화가 나다.

He is mad with anger.

'的'이 '得' 대신 사용되었다.

忍氣吞聲。 또는 忍聲吞氣。

울분을 억누르고 감히 아무 말도 하지 못하다.

To be patient and repress anger.

氣死人。

분해 죽겠다.

To die to madness and death.

不怕他不活，活的氣死。

그가 살지 않더라도, 설령 살더라도 분해 죽을 것이다.

Rest assured he will die of chagrin.

氣生氣死。[70]

격노하다.

To be greatly enraged.

斷氣。[71]

숨이 끊어지다.

To die.

---

70 역주 이 예문은 "那婦人氣生氣死, 和他合了幾場氣"《金瓶梅·2》에서 발췌한 것이다.

71 역주 이 예문은 "如果一要到上海, 好歹等我閉了眼, 斷了氣, 你們再去不遲"《文明小史·14》
에서도 보인다.

氣已斷了。

숨이 이미 끊어졌다.

He is already dead.

3. '氣'는 은유적으로 사용된다.

義氣

의기, 의협심

zeal for justice

福氣

복, 행운

happiness

和氣

온화함

pacific

傲氣

오기

pride

大氣

당당함

magnanimous

小氣

인색함

pusillanimous, a narrow mind

正氣

정기

uprightness

豪氣

호기

strength of mind

氣吞雲夢。

기개가 운몽택을 삼키다.

He would devour the whole sea.

이 은유는 나쁜 의미를 지니지만, 중국인과는 관계가 없다. '운몽雲夢'은 중국에서 제일 큰 호수('雲夢澤')로 '동정호洞庭湖'라고도 불린다.

小弟是有氣。

저는 단호합니다.

I am firm and decided.

迷氣。

미련하다.

Stupid.

瘋氣。

어리석다.

Foolish.

精氣

정기

intelligent, active

筆氣

문장의 풍격

elegant composition

氣象

기개, 공기, 양상

the demeanor, air, carriage

聖人之氣象

성인의 기개

this has the appearance of sanctity or thus the sage conducts himself

4. '氣'는 또한 심리적인 기능을 지시하는 조합에도 사용한다.

靈氣

총기, 영기

the intellect

神氣

영기, 표정

the spirit

志氣

패기

a mind tenacious of its purpose

知氣

똑똑한 사람

an intelligent mind

중국인 기독교도들에 의해 채용되는 '영혼靈魂' 역시 문제가 될 수 있기에 이 단어는 사람들의 영혼을 지시하는 데에 사용될 수 있다.

4.1.10 '口'의 용법

'口'는 사람의 입을 지시하는 데에 사용된다. 그것의 용법은 앞 단락에서 살펴보았던 '氣'보다는 덜 광범위하다.

不該破口罵他。

그에게 욕설을 심하게 해서는 안 된다.

It is not necessary to curse him so much(lit.: No need to break the mouth cursing him).

與他角口。 또는 講口, 撕口。 또는 各口。

그와 말다툼하다.

To use abusive language towards anyone.

箝其口。

그 입을 굳게 다물다.

To shut his mouth for him.

'箝'은 '집게'(pincers)를 의미한다.

交口厮争。

말다툼하다.

To contend with each other, e.g. about the price of an article.

是非口舌

시빗거리

a controversy of words

口吃。

말을 더듬거리다.

Stammering, having an impediment of speech.

簧口

사기꾼

an impostor, a wheedler

佞口

말재간이 좋은 사람

a flatterer

利口。

말주변이 있다.

a virulent accuser

毒口

독설

a mouth full of virulence

長口

수다스럽다. 수다쟁이

Garrulous. a prater

多口。

말이 많다.

Loquacious.

口滑。

입을 함부로 놀리다.

a smooth tongue

只怕娃子⁷²家口滑引出是非。

다만 그 아이가 쓸데없는 말을 해 말다툼을 일으킬까 두렵다.

I fear since he is but a mere youth he may say st which shall breed discord.

走了口。

입을 잘못 놀리다.

He has tattled, he has not kept the secret.

是我多口了。

72 **역주** 여기에서 '娃子'는 '아이'(小孩)를 의미한다.

내가 너무 말이 많았다.

I was too loquacious.

黃口小兒

애숭이

a little boy

有口纔。

말재주가 있다.

To be eloquent, to speak fluently.

口臭

구취

a foul or fetid breath

漱口。

양치질하다.

To rinse the mouth.

檀口[73]

아녀자의 붉은 입술

a sweet mouth

禁口。

입을 다물다. 먹어서는 안 될 음식을 먹지 않는다.

To govern the mouth, control the appetite.

口乾。 또는 口渴。

목마르다.

To thirst, to have a dry mouth.

---

73 **역주** "半推半就, 又驚又愛, 檀口揾香腮"《西廂記 · 4》에서도 이 단어가 나온다.

　　　　　　　　　　　　　　　　파트 2. 구어와 구어체

吃不上口。

구미에 맞지 않아 먹지 않는다.

Not to eat by reason of nausea.

一口乾了。

한입에 다 마셨다.

He drained the cup at a single draught.

呷了一口。

한 모금 마시다.

Took one draught.

呷了幾口湯汁。

국을 몇 모금 먹다.

He took some draughts of soup.

吐口。

입을 열다. 토로하다.

To open the mind.

出了這口氣。

이런 말투로 말하다.

When he had given this ill will access, or when had vented his spleen.

看他的口氣。

그의 말투를 살펴보다.

Observe what he says, or watch his intentions.

怎消得這口惡氣?

어떻게 이 모욕을 없앨 수 있을까?

How can I ease myself of this hate?

嘆了一口氣道。

단숨에 말하다.

To speak extemporaneously.

恨不得一口氣吞了他。

그를 한 번에 삼키지 못한 것을 한스러워하다.

He would wish to devour him at a gulp.

衣不遮身食不充口。

옷은 몸을 가리지 못하고 음식은 허기를 채워 주지 못한다. 극히 가난하다.

He is in extreme want: lit: he has neither raiment to cover his body, nor food to fill his mouth.

他口雖不說我心自了然。

그는 비록 말하지 않지만 나는 자연히 그를 이해한다.

Though he has said nothing yet I understand him well.

落於虎口。

호랑이 입에 빠지다.

He has fallen into a tiger's mouth.

口鼻全無氣息。

입과 코에 숨이 전혀 없다.

The breath of his nostrils is extinct, he gives no sigh of life.

只有一口遊氣兒在這裡。

다만 희미한 숨결이 여기에 남아 있을 뿐이다.

The last expiring breath alone remains, he is at the last gasp.

讀其詩眞令人口舌俱香。

그 시를 읽으면 혀와 입에서 향기가 난다.

The mere reading of his songs makes a man's whole mouth fragrant.

開了口舍不得。

입을 떼기가 아쉽다.

With open mouth he stood, unable to shut it.

目睁口呆言語不得。

눈을 크게 뜨고 입을 벌린 채 말하지 못하다.

He stood with staring eyes and gaping mouth, unable to utter a word.

有口無言。

유구무언.

He had not confidence to speak.

有口無心。

입은 거칠지만, 악의는 없다.

You use deceitful or heartless words.

徒費許多口舌。

많은 시비를 벌이다.

How much talk he has spent in vain.

誇口狂言。

허튼소리를 하다.

Arrogant talk and foolish words.

誇了大口。

허풍을 떨다.

To pride himself foolishly.

口裡大喝道。

큰소리를 치다.

Crying with a loud voice, he said.

口中念念有詞喝聲道疾。

중얼거리다가 갑자기 큰소리를 치다.

He began in a low murmur, and suddenly raising his voice, said hastily.

尙還口强.

아직도 여전히 말다툼하다.

He still continues to argue.

牲口 또는 頭口

가축, 짐승

one beast of burden

騎了頭口。

짐승을 타다.

To ride a beast.

海口

해구

a port or harbor

山口

산어귀

a gorge or mountain pass

湖口

호수 바깥

the outer of a lake

大口岸

큰 항구

a mart

八口家

8명의 가족

a family of eight persons

口縫不開。

틈이 없다.

There is no opening or fissure.

十字路口

파트 2. 구어와 구어체

십자로
a crossway

'口'는 때때로 양화사로도 사용된다.

一口棺木
하나의 관
a coffin

一口猪
돼지 한 마리
a hog

一口鍋
냄비 하나
a frying pan

幾口瓦
기와 몇 개
some titles

一口劍
검 하나
a sword

4.1.11 '手'의 용법

'手'는 '팔 전체'(the whole arm)를 지시하기도 하지만 그것은 일반적으로 '손'(the hand)을 의미한다.

以手加額。

이마에 손을 대다.[74]
To put the hand to the forehead.

兩手俯伏在地。
양손을 땅에 대고 엎드리다.
Resting upon his hands he prostrated himself even to the earth.

親手筆跡
친필
my own handwriting

是一個女人的手筆。
여인의 필적이다.
This was written by a woman.

要交付親手。
직접 교부해야만 한다.
It is necessary to give it into his own hand.

却不在手頭。
수중에 없다.
I have it not at hand.

交手。
서로 싸우다.
From the hand to hand.

一雙雪白的手兒
새하얀 두 손
a pair of hands whiter snow

手帕

---

74 역주 옛날에 기쁘다는 것을 나타내는 동작이다.

파트 2. 구어와 구어체

손수건
a handkerchief

與他手拉着手同去。

그와 손을 잡고 같이 떠나다.

Having joined hands with him he departed.

分手而去。

헤어지고 떠나다.

They let go hands and separated.

手挽着手一步一跌。

손에 손잡고 걸음마다 넘어지다.

Dragging each other by the hand they fell at every step.

汚着了我的手。

내 손을 더럽혔다.

He has dirtied my hands.

氷了我手。

내 손을 차갑게 했다.

It has made my hands like ice.

不肯放手。

그는 손을 놓기를(그만두기를) 원치 않는다.

He is unwilling to desist.

包管唾手而成。

쉽게 이룰 수 있다는 것을 보장한다.

I promised to dispatch the business quickly and easily(lit: in the turn of a pencil or while spitting on the hands, it will be done).

'手'는 자주 다른 명사와 결합하는데, 예를 들면 다음과 같다.

砲手	水手

포수
a cannonier

선원
a sailor

書手
필경생
a scribe or amanuensis

賣手
상인
a merchant

手高。
솜씨가 좋다.
Very skillful.

閒手
게으름뱅이
an idler, unoccupied

老手
숙련가, 베테랑
and old hand, experienced

手毉[75]
수완, 솜씨
a handicraft

做得一手好針線。
바느질을 잘하다.
He is very skillful in using the needle.

今日有了幫手。
오늘은 조수가 있다.
I have now an assistant.

來得幫手。

---

75 `역주` '毉'은 '段'의 俗字이다. 따라서 여기에서 '手毉'은 '手段'을 가리킨다.

도우러 왔다.
He came to render aid.

不便弄手脚。

간계를 쓰기에 마땅치 않다.
You cannot use artifice and wiles.

大家慌了手脚。

모두 어쩔 줄 몰라 했다.
They were all seized with such a panic that not one could tell what to do.

下手。

착수하다.
To commence a work, to put hand to.

手下

수하, 부하
to be subject to one

一班遊手子弟

한 무리의 빈둥거리는 젊은이들
a band of idle youth

後手

후임, 때때로 뇌물(a secret theft)을 의미하기도 한다.
a second hand, an heir

手厠

수세식 변소
a water closet

淨手。 또는 解手。

대소변을 보다.
To ease the bowels.

4.1.12 '大'의 용법

'大'는 여러 가지 의미를 지니는데, 예를 들면 다음과 같다.

大大小小
온갖 종류의
all both great and small

大話
허풍
exaggerated language

大胆。
대담하다.
Boldness, presumption.

天大的造化
굉장한 대운
a most excellent fortune

胖大。
크고 뚱뚱하다.
Coarse and large.

大和尙
큰스님
a high priest

官馬大路
관청이 정비하는 도로
a high road or the royal way where the officers and horsemen pass

老大 또는 大老官
형님

terms of respect

老大徒傷悲。[76]
늙어서 후회해도 소용이 없다.
The old man sighs in vain for years that are past.

大爺
나리
a term of dignity or rank

大踏步
큰 걸음으로
rapidly and with long steps

大房
정실, 본처
the lawful wife

不大要緊。
그렇게 중요하지는 않다.
It is not so necessary.

大行皇帝
대행황제
a decreased emperor

大便。 또는 大恭。
대변을 보다.
To evacuate the bowels.

---

76 [역주] 이 말은 "少壯不努力, 老大徒傷悲"(젊을 때 열심히 일하지 않으면 늙어서 후회해도 소
용이 없다)의 일부이다.

4.1.13 '好'의 용법

아마도 '好'보다 더 빈번하게 발생하는 문자는 없는 것 같으므로, 우리는 '好'의 좀 더 중요한 용법에 좀 더 주의를 기울일 필요가 있다.

多少是好?
얼마나 좋냐?
How much will be good or right?

怎生是好?
어찌하면 좋으냐?
What then must be done?

這等甚好。
이런 유는 매우 좋다.
This mode is very good.

好便是, 好只是。
좋긴 하지만, 그뿐이다.
It is well indeed, but yet.

思想那裡去好。
그곳으로 가는 곳이 좋다고 생각하다.
He was thinking whither he should go.

這事越弄得不好。
이 일은 더욱 엉망이 되어 버렸다.
This business is in a far worse state.

你也不好, 我也不好。
너도 좋지 않고 나도 좋지 않다.
You and I are both bad both.

不好了, 有妖怪在這裡。

큰일 났군, 이곳에 요괴가 있다니!
Alas! I am unlucky: there are ghosts here.

你是斯文君子怎麼好行這小人事?

당신과 같은 고상한 군자가 어떻게 걸핏하면 이런 소인이 하는 짓을 하는가?
You are a gentleman of honor, how could you perpetrate these acts which the vilest knave would scarcely attempt?

愈加好了。

더욱 좋아졌다.
It will thus be much better.

若肯見憐可知好麼?

만약 가엾게 여긴다면 당연히 좋은 것이 아닌가?
It would certainly be well, if he would regard me with compassion?

마지막 문장에서 다음과 같은 점을 유념할 필요가 있다. 첫째, 이 문장에서 '麼'자는 의문을 나타내지는 않는다. 둘째, '見'은 '可憐' 또는 심지어 '可憐見'이라고 말하는 것보다 더 큰 호소력을 갖는다. 셋째, 이것은 또한 '可知是好'(좋다는 것을 알 수 있다; it is clear that it would be well)라고도 말할 수 있다.

不曾見這等好笑。

이렇게 우스운 것을 일찍이 본 적이 없다.
Never have I seen anything so ridiculous.

好看。

아름답다.
Beautiful to behold.

不好看相

보기 좋지 않은 모양

It has an ugly aspect, or simply it is indecorous

好吃。

맛있다.

Of a fine relish.

如今好說話。

이제 이야기할 수 있다.

The subject can now be proposed.

如今好吃飯。

이제 밥을 먹어도 된다.

It is now the hour for dinner.

我性子不是好惹的。

내 성격은 만만하지 않아.

My nature is such, it will not be safe to vex me.

好麼?

잘 지내니?

How do you do?

好些

꽤 많은

a little better

不得好。

좋아질 수 없다.

I cannot recover.

好了。

좋아졌다.

I am convalescent.

病好了。

병이 좋아졌다.

Recovered from the disease.

好好一個人若斷了茶飯 豈不餓死?

사람이 음식을 끊는다면 어찌 굶어 죽지 않겠는가?

From a man in sound health to take away food and drink, and will he not die with hunger?

이 문장에서 단어들이 처리되는 특정 순서를 유념할 필요가 있다.

한편 '好'는 '좋아하다, 즐기다'(to love, desire)를 의미하는 동사로도 자주 사용된다.[77] 어쨌든 이러한 의미는 친숙하거나 구어보다는 문언에서 좀 더 빈번하게 발생한다.

敏而好學。

총명하고 배우기를 좋아하다.

Clever and fond of learning.

他好談國政。

그는 국정을 논하는 것을 좋아한다.

He likes to talk upon politics.

還是好了性命一般。

목숨을 보존하는 것과 같다.

Just as if he had preserved your life.

不好意思。

죄송합니다.

My purpose was not good or it could hardly have been otherwise.

---

77 역주 이때의 성조는 4성[hào]이다.

그 구는 또한 다음과 같이 사용된다.

有些意思

몇몇 의미

Has some meaning; is sufficiently beautiful, somewhat to the purpose.

不是好意。

호의가 아니다.

He has not a good intention.

恰好

마침, 바로

fitly, seasonably

如此恰好。

이와 같이 딱 좋다.

In this manner, it is quite right or to my taste.

一條好漢

한 명의 호걸

a brave and strong hero

也好。

~하는 것도 괜찮다.

Let it pass, it will do.

好話

칭찬, 유익한 말

you say well, or good; ironically, well said

美好。

아름답다.

Beautiful and good, perfect, all very good.

好歹

어쨌든, 그런대로
at any rate

你好歹來走走。

어쨌든 너는 와라.
At all events (whether good or bad) I wish you would come.

好好的。

꽤 좋다. 괜찮다.
Very good: Gently; do not be in haste: I pray you, do not be angry; do not be in haste: I pray you, do not vex yourself; what will turn to your advantage; or he enjoys good health.

중국어가 모호하거나 애매하다고 가정해서는 안 되는데, 왜냐하면 그렇게 다양한 버전들이 단문에서 주어진다면, 그 의미는 전후 맥락(the connection)에 의해 결정되기 때문이다.

好生没趣。

꽤 난처해하다. 매우 체면을 구기다.
He is clearly disturbed or excited, he exposes himself to derision.

여기에서 '好生'은 강조 용법으로 쓰였다.

好生放心不下。

상당히 마음에 걸린다.
I can in no way quiet my mind.

好貨

좋은 물건
desirous of wealth

好色。

호색하다.

Given to pleasure.

好勇。

호전적이다.

Warlike, he who loves to appear brave.

好酒

술꾼

a wine-bibber

好玩。

재미있다. 놀기 좋다. 농담하는 사람

a trifler

4.1.14 '待'의 용법

1. '待'는 '기다리다'(to expect, to wait)를 의미한다.

你不走待怎的?

너는 왜 가지 않고 기다렸니?

Why do you not flee?

待我問他。

내가 그에게 묻기를 기다리다.

Wait until I ask him.

待我費些苦心。

내가 심혈을 기울이기를 기다리다.

Wait for me to make some effort.

待我回覆他。

내가 그에게 대답할 때까지 기다리다.

Wait until I shall have given him an answer.

2. '待'는 '대하다, 대우하다'(to treat, behave)를 의미한다.

> 早晚伏待。
> 아침저녁으로 숨어 기다리다.
> To wait upon early and late.
>
> 款待。
> 환대하다.
> To treat well.
>
> 少不得安排些甚麼款待他。
> 그를 어떻게 환대할지를 안배하는 것이 불가피하다.
> It is necessary to make some preparation for his agreeable reception.
>
> 我將好意待他，他反無禮待我。
> 나는 호의로 그를 대했지만, 그는 오히려 무례하게 나를 대했다.
> I have treated him with and he has rewarded me with contempt; i.e. has returned evil for good.
>
> 相對。
> 상대하다.
> To treat each other well.
>
> 優禮相待。
> 예를 갖추어 대우하다.
> To treat one more respectfully than his condition demands.
>
> 有福之人人服待，無福之人服待人。
> 유복한 사람은 다른 사람이 섬기고, 복이 없는 사람은 다른 사람을 섬긴다.
> He whom fortunes favours has servants, but the unfortunate must himself be servant.

3. '待'는 추구하는 과정을 완전히 결정하지 않았을 때, 마음속의 의심을 나타내는 구를 만들면서 '要'와 결합한다. '待'는 몇몇 경우에서

미래 분사를 나타내기도 한다.

> 欲待要不去，我欲待要去。
> 내가 가고 싶지 않거나 가고 싶거나.
> I go or remain as I please.

여기에서 '待要'는 또한 '가고 싶지 않은 것인지 가기를 원하는지 나는 고민 중이다'(wishing not to go, wishing to go, I am thus kept in suspense)를 표현하는데, 즉 "갈지 안 갈지 나는 망설이고 있다"(I am in doubt whether to go or not)를 나타낸다.

> 你待要上天，我就隨着上天。
> 네가 승천한다면 나도 따라서 하늘로 올라가겠다.
> If you are about to ascend to heaven, I will immediately follow and ascend with you.
>
> 你待要探海，我就隨着探海。
> 네가 바닷속을 자세히 살핀다면 나도 따라서 바닷속을 살피겠다.
> If you are going to cast yourself into the sea, I will also cast myself in with you.

4. '待'는 또한 다음 예에서 알 수 있듯이 '막 ~하려고 한다'(on the point of)라는 의미를 나타내기도 한다.

> 却待要走。
> 그러나 막 떠나려고 한다.
> But when he wished to flee.
>
> 却待出門。
> 그러나 막 집을 나서려고 한다.
> Just as he was going out of the door.

我待睡些兒。

막 잠이 들려고 한다.

Scarcely was I asleep, when.

我待要說來又打我也。

내가 막 말하려 하는데 또 나를 때렸다.

Whenever I am about to speak, he immediately strikes me.

5. '待'는 '吃'과 함께 쓰인다.

懶待吃。

먹고 싶지 않다.

I do not desire food or I have no appetite.

我心理本不待吃。

나는 식욕이 없다.

I have not yet an appetite.

여기에서 '待吃'은 '음식을 기다리다'를 의미한다.

6.

你殺了我的師待走那裡[78]去?

네가 나의 사부를 죽이고 어디로 도망가고자 하니?

You have killed my master, whither, pray are you going to escape?

我去待來。

내가 갔다가 곧 돌아오다.

I depart, but will soon be back.

---

78 역주 여기에서 '那裡'는 '哪裡'로 수정되어야만 한다.

4.1.15 '敢'의 용법

1. '敢'은 '감히, 외람되게도'(to dare, to presume upon)를 의미한다.

> ### 誰人敢來阻擋?
> 누가 감히 가로막겠는가?
> Who dares to throw an impediment in the way?
>
> ### 不敢食葷。
> (나는) 감히 고기 요리를 먹을 수 없다.
> I dare not eat such things.

'葷'은 승려들이 먹는 것이 금지된 육식을 의미한다.

> ### 不敢嘖聲。
> 감히 소리를 낼 수 없다.
> He dares not even whisper it or I cannot venture to lisp it.
>
> ### 鼻子也不敢輕嗅一嗅。
> 코로 감히 가볍게 숨 쉴 수 없었다.
> He dares not draw a breath.
>
> ### 有一句話可是敢說麼?
> 한마디만 감히 말해도 됩니까?
> I have a word, shall I be allowed to speak it?

외국인들은 자연스럽게 '可是'를 이용할 줄 모르지만, 그것은 '可是說得的麼'(그러나 말을 해도 됩니까?; can it be allowed me to speak it?)와 같이 말할 수도 있다.

2. '敢'은 자주 '내 생각에, 내가 믿기에'(I think, thus I believe, it appears to me)의 의미와 동등하게 사용된다.[79]

敢是王生。

내 생각에 왕 선생이다.

I think it is Mr. *Wang*.

敢就是他。

나는 그라고 추정한다.

I presume it to be him.

遠遠望着敢是哥來也。

멀리 바라보니 형이 오는 것 같다.

Looking from such a distance, it appears to me that is my brother coming.

敢彼野猫拖了。

아마도 그것은 야생 고양이가 끌고 간 것 같다.

Perhaps it has been carried off by a wild cat.

敢是有些髭鬚。

어쩌면 콧수염이 약간 있는 것 같다.

He has, if I mistake not, but little beard.

敢是你哄我?

설마 네가 나를 속이는 거니?

I think you are imposing upon me.

你敢饑麼。

너는 배고파 보인다.

You appear to me be hungry.

敢是肚饑了?

혹시 배고픈 거니?

You are suffering from hunger, I believe.

---

79 [역주] 이때의 '敢'은 '설마, 어쩌면'의 의미로 나타내며, 자주 '敢是'로 쓰인다.

一時間就肚疼起來敢是要养娃娃子。

갑자기 배가 아파 오기 시작했는데 설마 아이가 나오는 것이 아닌가 싶었다.

A sudden pain has seized her belly, I should not wonder if a child was brought forth.

여기에서 '一時間'은 '갑자기'(suddenly)를 의미하며, '养娃娃'는 '아이를 낳다'(to bring forth)를 의미한다.

我昨日與你取笑, 你敢是惱了?

내가 어제 너랑 농담한 것 때문에 설마 화가 난 것은 아니지?

Yesterday I spoke with you in joke, I think you are angry with me.

敢怕隨後收拾家私也來山上入夥。

이후 그가 가산을 정리하고 입산하여 도적무리에 들어갈까 두렵다.

I think he will presently arrange his domestic affairs(or collect his household goods), and ascending this mountain, will join our company.

敢怕也只在早晚到也。

조만간 도착할까 두렵다.

He will arrive, I think erelong.

這早晚敢待來也。

아마도 조만간 그가 돌아올 것이다.

I think he will come today.

3. '敢'과 같은 의미를 표현하는 다른 구는 다음과 같다.

多管: 多管未及五旬。 또는 多管是未及五旬。

아마도: 아마도 50살에는 미치지 못했을 것이다.

He has not yet, I think, reached five decennaries.

多敢是他。

아마도 그일 것이다.

I doubt not it is he.

管情: 管情就好了。

반드시: 반드시 좋아질 것이다.

I trust that all will soon be safe or I trust you will be speedily convalescent.

管情一些事兒沒有。

틀림없이 별일 없을 것이다.

According to this I think there is very little to be feared.

怕: 只怕此時未起。

다만: 다만 이때 일어나지 않았을까 두렵다.

I think he has not yet, at this hour, risen from his bed.

恐怕不好。

아마도 좋지 않을 것이다.

It seems not to be good.

　같은 방식으로 많은 다른 문자들을 보이기는 쉽다. 그러나 특히 중국어는 비슷한 방식으로 수집된 그러한 풍부한 예를 제공하므로 15개의 단락에서 인용된 예는 충분한 표본이 될 것이다. 학습자가 학습 과정에서 특정 문자를 설명하는 구를 수집하는 것은 훌륭한 계획이 될 것이며, 그것으로부터 그들의 용법을 이해할 것이다. 내가 다음 단락에서 다루고자 하는 불변화사는 좀 더 많은 응용을 요구할 것이다.

4.2 중국어의 불변화사

적정 한계를 넘어서는 이 단락에서 우리는 각각의 불변화사를 개별적으로 고찰할 것이다. 이들 중 본서에서는 상당수의 불변화사가 검토되지 않을 것인데, 왜냐하면 개인적으로 또는 중국인 교사의 도움으로 그것들의 자질과 용법을 충분히 배울 수 있기 때문이다. 만약 학생들이 중국어를 정확하게 말하기를 바란다면 각 단락과 절에서 제시된 예를 열심히 학습해야 할 것이다.

모든 예에서 유럽인의 마음속에서는 존재할 것 같지 않은 문자와 불변화사를 학생들로 하여금 주의 깊게 보도록 하여 순수한 중국어를 배우도록 한다. 만약 당신이 중국인처럼 말하지 않는다면 정확한 어투를 사용하려는 것은 헛수고일 것이다. 만약 단어들이 적절하게 선택되고 배열된다면 비록 중국인이 당신의 생소한 말투를 단번에 인식하더라도 또한 몇몇 실례에서 정확하게 말하는 것을 실패하더라도 그는 당신이 말한 의미를 충분히 이해할 수 있을 것이다.

4.2.1 부정 불변화사

1. '沒'

아래의 예문에서 알 수 있듯이 '沒'은 '莫'과 달리, 거의 항상 '有'와 같이 쓰인다. 예를 들면 '沒把柄'은 '沒有把柄'(약점이 없다; there is no foundation, there is nothing to apprehend)이다.[80]

沒奈何。

어쩔 수 없다.

It cannot be otherwise, there is no alternative.

弄得沒法。

어찌할 수 없게 하다.

His condition is such that he is at a loss what to do.

沒一毫意味。

기색이 전혀 없다.

There was no sense, no relish, no spice of salt.

沒箇頭緒。

단서가 없다.

There is no order, no clue.

受了一場沒趣。

망신을 당했다.

He was hissed off.

沒一日不閒。

바쁜 날이 하루도 없었다.

He is always free, he never has anything to do.

沒頭沒腦。

난데없다.

Neither head not brains: nonsenses, disorder.

身上沒得穿，口裡没得吃。

몸에 걸칠 옷도 없고, 입에 먹을 것도 없다.

He has no raiment to put on, and he has nothing to eat.

---

80 [역주] Premare(1847:77)에서 '沒'과 '没'이 혼용되어 원문을 따라 표기하였다.

2. '不'

'不'는 꽤 빈번하게 쓰이므로 다음의 몇몇 예로 충분하다. '不肯'(~하려 하지 않는다; he is not willing), '不消'(~할 필요가 없다; it is unnecessary, needless), '不怕'(두려워하지 않는다; fear not), '不好了'(좋지 않다; the affair was unfortunate)가 있다.

> 不愁不是你的人。
> 네 사람이 아님을 걱정하지 말아라.
> Be not solicitous, he will not escape, he will be yours.

3. '休'

'休要'는 '不要'(~하지 마라; do not)와 같다.

> 哥哥我的言語休要忘了。
> 형, 내 말을 잊지 말아 줘.
> Brother do not forget my words.
>
> 休怪。
> 나무라지 마라.
> Do not wonder.
>
> 休說這話。
> 이 말을 하지 말아라.
> Do not speak thus.
>
> 休教他走了。
> 그가 가게 하지 마.
> Do not let him escape.
>
> 休教他看見。
> 그가 보게 하지 마.
> Do not let him see it.

休要失言不失語。

실언하지 말아라.

See that you abide by your promises or affirm constantly the same thing.

他不是材料休要理他。

그는 재목이 아니니 상대하지 마.

He is one unfit for it, trouble not yourself about him.

4. '別'

'別'은 '休'와 같은 의미이다.

別要信着。

너무 믿지는 마.

You must not have too implicit confidence.

你別要說嘴。

너 허풍 떨지 마.

See that you do not tattle.

你別要說我對他交他怪我。

내가 그에게 말했다는 것을 말하지 마, 그렇지 않으면 다른 사람이 나를 원망하거든.

Say not that I have said this to that person, lest perchance he (another) should complain of me.

여기에서 '交'자는 '教', '叫'와 같은 의미로 쓰였다.

5. '莫'

이 문자는 좀 더 광범위하게 사용된다.

첫째, '莫'은 이미 언급된 것과 같이 자주 사용되는데, '莫管他'(그를 상관하지 마; do not care for him, do not concern yourself about him), '莫笑'(웃지 마; do not laugh, do not ridicule), '莫要見怪'['休' 또는 '別'도 똑같이

사용됨](나무라지 마; wonder not 또는 be not angry with me), '莫要認錯了'
(잘못을 인정하지 마; see that you do not err), '莫非錯了'(설마 내가 잘못한
것인가; unless perhaps I have erred).

둘째 '莫'은 자주 '若'와 결합하여 '~하는 편이 낫다'(it will be best, no
way)라는 의미를 지닌다.

> 爲今日之計莫若息兵講和。
> 오늘의 계획을 위해 싸움을 멈추고 화해하는 편이 낫다.
> No better counsel can now be given, than no lay down arms and treat of
> peace.
>
> 莫若叫他做媒也罷。
> 그로 하여금 중매하게 하는 편이 낫다.
> It were better to apply to him to arrange this match.

두 번째 예문의 '也罷'는 설명에 드물게 사용되므로 우리의 발화 방
식에서는 다소 생소한 편이다. 이 문장을 문자 그대로 해석하면 '그를
불러(그로 하여금) 중매인이 되게 하는 그만 한 것은 없다'(nothing like
calling him to be midsman so will do)라는 의미가 된다.

셋째, '於'가 뒤따를 때 그것은 비교의 표지로 쓰인다.

> 七情莫甚於愛欲, 六欲莫甚於男女。[81]
> 일곱 가지 감정 중 애욕보다 더한 것은 없으며, 여섯 가지 욕망 중 남녀보다 더
> 한 것은 없다.
> Of the seven passions there is none stronger than love; and of the six
> varieties of love, none is stronger than that which subsists between the
> male and female.

81 　역주　이 예문은 《喩世明言 · 14》에서 발췌한 것으로 보인다.

넷째, '莫'은 자주 '說'과 결합하며, '~는 말할 것도 없이'(not only)를 의미하는데, 4.2.9의 '就'를 참조하길 바란다.

> 若果有些意思, 莫說帶一箇名子, 便帶十箇也不難。
>
> 만약 몇몇 의미가 있다면, 하나의 명칭은 말할 필요도 없고 열 개 역시 어렵지 않다.
>
> If there should appear to be any prospect of realizing what your promise, I will readily allow not one title but ten.
>
> '便'은 '莫說'과 대응되는데, 같은 방식으로 '就'는 불변화사 '便'에 대응된다.
>
> 見男子莫說別樣事不肯做, 就是一顰一笑也不肯假借於人。
>
> 그 남자를 보고 다른 일을 하는 것을 원치 않음은 물론이고, 심지어 찌푸렸다 웃었다 하는 것 역시 원치 않는다.
>
> If perchance she see a youth, she is so unwilling to do aught unbecoming, that she deems it hardly allowable to look, or even smile upon him.

여기에서 '就是'는 '便'과 같은 의미이다.

6. '無'

'無'의 예는 다음과 같다.

> 寸男尺女皆無。
>
> 자식이라곤 하나도 없다.
>
> He has neither a son nor a daughter.
>
> 天上有地上無。
>
> 하늘에는 있고, 땅에는 없다.
>
> It may be in heaven, but it is not on earth.
>
> 纖毫無異。
>
> 털끝만큼도 다르지 않다.
>
> There is not the least difference.

四方無人。

사방에 사람이 없다.

No one appeared from any quarter.

無價寶

값을 매길 수 없는 보물, 아주 진기한 보물

a thing without price, priceless, invaluable

7. '未'

說了也未?

말이 다 끝나지 않았니?

Have you yet spoken or not?

8. '非'

非禮。

예의에 어긋나다.

Unreasonable.

非同小可。

예삿일이 아니다.

The affair is important.

非同容易。[82]

결코 쉬운 일이 아니다.

This is not so easy.

나는 '勿', '毋', '弗', '否' 등도 사용된다는 것을 의심하지는 않지만 지

82 　역주　이 예문은 "端的姻緣事非同容易也呵!"《救風塵 · 1》에서 발췌한 것으로 보인다.

금 여기에서 이에 관한 예는 제시하지 않겠다. 또한 '匪', '靡', '罔', '亡', '无'는 고서에서 보인다.

4.2.2 확대 또는 강화 불변화사

1. '太'(너무)

'太'의 예는 다음과 같다.

> 這計太險。
> 이 계획은 너무 위험하다.
> This schema is too perilous.
>
> 不要太謙。
> 너무 겸손해하지는 말아라.
> Do not be too modest.
>
> 太冷靜些。
> 너무 냉정하군요.
> A little too cold – said either of a place or a man.
>
> 又太容易了些。
> 또 너무 쉬웠는데.
> That also is very easy.
>
> 你這幾句話也太說重了。
> 너는 이 말을 너무 진지하게 말했어.
> This has been spoken by you with too much severity.
>
> 題目太出容易。
> 제목이 너무 쉬웠어.
> The theme is very easy.

이들 문장에서 목적어의 전치, 즉 동사의 구현형(具現形; exponent)[83]
은 동사 앞에 놓인다는 점을 유념해야만 하는데, '說這句話'가 아닌 '這
幾句話'(lit. these several words spoken)이며 '出題目'가 아닌 '題目出'이
다.[84] 또한 '太'의 위치에도 주의해야만 하는데, '說太重'이 아니라 '太
說重'이며, '出太容易'가 아니라 '太出容易'이다. 라틴어, 프랑스어, 포
르투갈어 등은 특유의 어순으로 각각의 단어를 배열하는 반면, 중국어
숙어의 경우 일부만이 그러한데, 예를 들면 다음과 같다.

嘴上太光沒有鬍子。
입술이 너무 반들반들하여 수염조차도 없다.
His lips are too smooth, no trace of a beard appears.

用心太過未免捐了精神。
너무 애써서 정신이 상하는 것을 피하기 힘들다.
You have exerted your mind too much, it cannot be done without
impairing its vigor.

2. '忒': '忒'은 '太와 거의 같다.

雖是好意要留我, 只是害得我忒毒些箇。
비록 좋은 의도로 나를 머물도록 했지만, 이는 나에게 손해를 너무 끼쳤어.
Although your intention in detaining me was good, yet you have done me
no little damage.

下手忒狠了。

---

83 [역주] 具現形은 추상적인 범주나 관계가 구체적인 형식으로 나타날 때를 말한다(이정민 외,
1999:302).

84 [역주] 이 말은 목적어가 동사 뒤에 오는 중국어의 일반적인 어순과는 달리 목적어가 동사 앞
으로 전치되었다는 것을 의미한다.

너무 악랄하게 손을 썼다.
You struck with too much violence.

却忒早了些。

다소 너무 이르긴 하다.
It is a little too early.

忒精細了。

너무 꼼꼼하다.
This is too refined and delicate.

又不知是我的眼睛忒高。

또 내 눈이 너무 높은 건지도 모르겠다.
Perhaps I am too fastidious.

你也忒多心。

너도 역시 너무 걱정하는구나.
You are too much affected or you take too much to heart.

忒看得惡相了。

너무 흉악하게 보는구나.
He is not so vile as he has appeared to you.

酒忒吃急了。

술을 너무 급하게 마셨다.
I have drunk wine too hastily.

3. '甚'(매우; very)의 예는 상당히 많다.

文理不甚通透。

문리를 그렇게 완전히 이해하지는 못했다.
He is not very learned.

甚是奇怪。

정말 너무 이상하다.

This is indeed strange.

甚不雅相。[85]

그렇게 고상한 모습은 아니다.

This was shocking to the sight.

4. '極'의 예는 다음과 같다.

這也可笑極了。

이 역시 너무 우습다.

This is exceedingly ridiculous.

極巧的畵工

매우 솜씨 있는 화공

a most excellent painting

這等是極妙的了。

이러한 종류는 더없이 좋은 것이다.

This is the best possible mode.

極没竅的話

매우 무지한 말

the phrase is obscure and unintelligible

此理說得極精。

그 이치를 상당히 정통하게 논했다.

His discourse upon this subject is very spirited.

說得極是。

---

85 역주 여기에서 '雅相'은 위에서 언급된 '惡相'과 대조되는 의미이다. 영어 해석은 다소 이상하다고 할 수 있다.

매우 옳게 말했다.

You speak most truly.

哥主張極妙。

형님의 주장은 매우 심오합니다.

Brother, your determination is most excellent.

想想想想得極。

항상 깊게 생각하고 생각한다.

He is always thinking deeply.

여기에서 '想'의 반복은 이 문장을 좀 더 생생하게 만든다.

5. '絕'

絕妙的主意

기발한 생각

Admirable counsel indeed

絕色。

용모가 빼어나다.

Exceedingly beautiful.

絕無機會。

기회가 전혀 없다.

Exceedingly unfortunate.

絕無人居。

거주하는 사람이 전혀 없다.

A place without inhabitants.

絕妙而無以加矣。

절묘하여 더할 게 없다.

Most excellent, to which nothing can be added.

이 구는 더 고상한 문체의 맛이 난다. 이러한 것들은 드물게 발견되지 않는데, 특히 문언의 담화에서 그러하다.

> 可憐四年恩愛一旦決絶。
> 불쌍하게도 4년간의 금슬이 하루아침에 끝나 버렸군.
> Alas! the intimacy of four years is thus broken off in a single day.

이 구에서 '絶'은 불변화사가 아니라 '갈라서다'(broken off)를 의미하며, '決' 역시 같은 의미를 지니는데, 이 둘은 '끝나다, 회복할 수 없음'(finished, irrevocable)을 의미한다.

6. '最'는 '極', '絶'과 다소 다른데, 예를 들면 다음과 같다.

> 最高手段
> 대단한 솜씨, 기술
> the greatest dexterity, or skill

'最'는 좋은 의미 또는 나쁜 의미 둘 다 쓰일 수 있다.

> 最妙。 또는 妙絶。 또는 妙不可言。
> 말로 형용할 수 없을 정도로 훌륭하다.
> Inexpressibly fine, nothing can be better.

7. '好'는 의미를 강화하는 데에 사용된다.

> 好吃人笑。
> 얼마나 우습던지.
> He was very ridiculous.

> 好胡說。
> 전혀 말도 안 되는 소리를 하는군.
> Great impertinence.

好腥臭。

얼마나 비리던지.

an insufferable stench

肚裡好歡喜。

마음속으로 상당히 기뻐하다.

His heart is much rejoiced.

好個有情的男子。

정말 정감이 있는 남자군.

He has a most excellent disposition or he knows how to love or how to be grateful.

果然好個人物。

과연 뛰어난 인물이군.

a beautiful person

好一箇潔淨所在。

정말 깨끗한 곳이군.

This place is very clean.

'不'는 '好' 뒤에 자주 오는데, 그것은 결코 부정을 의미하지 않으며 그보다는 의미를 강화하는 역할을 한다.[86] 예를 들면 '好不苦也'는 '十分苦'(매우 괴롭다; very much afflicted)와 같은 의미이다.

一日好不熱鬧。

하루 종일 얼마나 떠들썩하던지.

There was a great tumult throughout the day.

好不去得熱鬧。

---

86 [역주] 이 말은 '好不'가 형용사나 동사 앞에 놓여 '매우'라는 뜻을 나타낸다는 말이다.

얼마나 법석을 떨면서 가던지.

He departed with great pageantry.

弄得我們好不難過。

얼마나 우리를 괴롭게 하던지.

He has reduced us to great misery.

那風好不利害。

바람이 어찌나 매섭던지.

The wind was very violent.

這漢子好不睡得自在。

이 남자가 얼마나 편하게 자던지.

This fellow sleeps most soundly.

때때로 '沒'은 '不' 대신 같은 의미로 쓰이기도 한다.

你好沒趣。

네가 어찌나 무안하던지.

You have shown yourself very ridiculous.

好沒良心。

정말 양심도 없군.[87]

Well may he have no conscience.

好沒志氣。

얼마나 패기가 없던지.

He has no firmness of purpose.

你好沒道理。

---

87 역주 본문에서는 '好沒'은 '好不'과 같이 '매우'라는 의미로 쓰인다고 하였지만, 정작
Bridgman의 영어 해석에서는 '沒'을 '沒有'의 의미로 해석한 경우가 있다. 사실 이러한 경우에
는 중의적으로 해석할 수 있지만 여기에서는 Bridgman의 해석을 따르기로 한다.

얼마나 경우가 없던지.

You are not reasonable.

好沒意思。

얼마나 재미없던지.

His mind was much confused.

'無'도 또한 비슷하게 사용된다.

好無福分。

얼마나 복이 없는지.[88]

I am very unhappy.

好無把鼻。[89]

전혀 근거가 없다.

There is no handle, no method.

8. '十分'

十分稱贊。

찬사를 아끼지 않다.

To lavish praise.

生得十分清秀。

매우 수려하게 태어났다.

Naturally well favored, had a fine air.

心中十分焦躁。

---

88 역주 이 구 역시 만약 [好無/福分]으로 구분하면 "얼마나 복이 있는지!"로 해석되지만, 만약 [好/無福分]와 같이 본다면 "얼마나 복이 없는지!"로 해석된다. Bridgman은 후자로 해석하였다.

89 역주 여기에서 '把鼻'는 '巴鼻'와 동의어로 쓰였다.

마음이 매우 초조하다.
He was much disturbed in his mind.

十分鬧熱。
매우 번화하다. 시끌벅적하다.

이는 다양한 종류의 사물, 사람 무리, 소동, 풍부한 꽃, 우아함, 사랑 등을 말하는 것이다.

'大'는 '十分' 뒤에 온다.

不大十分好。
그렇게 아주 좋은 것은 아니다.
He is not so very good.

我不大十分用酒。
나는 그렇게 술을 잘 마시는 것은 아니다.
I am not a great winebibber.

9. '不過'는 주어 뒤에 올 때, 같은 의미(대단히, 몹시)로 사용된다.

急不過。
매우 조급하다.
Very precipitate.

老到不過。
매우 노련하다.[90]
most troublesome individual

---

90 [역주] Bridgman의 해석은 '매우 골칫거리가 되는 이'라는 의미이지만, '老到'가 '노련하다, 능숙하다'라는 의미로 쓰이므로, Bridgman의 해석은 잘못된 것으로 보인다. 예로는 "離了姨媽, 他就是個最老到的, 見了姨媽, 他就撒嬌兒"《紅樓夢 · 57》가 있다.

파트 2. 구어와 구어체

我爲纔貌兩件愛你不過。

나는 너의 재능과 용모로 너를 매우 사랑한다.

I love you much for your beauty and your excellent mind.

우리 자신의 숙어에서는 '兩件'(two things)이 필요하지 않다.

公道不過的。

매우 공정하다.

Highly just and equitable.

10. '煞', '殺'과 '死'는 과장을 나타내는 데에 사용된다.

你忒煞嘮叨。

너는 너무 잔소리를 해.

You trouble me to death.

我也忒殺受用也。

나도 역시 충분히 누렸다.

I too have enough of it, i.e. trouble enough.

你也殺老實了。

너도 역시 너무 고지식해.

You are too simple minded.

眞正快活殺。

정말로 즐거웠다.

I die with joy.

姊姊果然來了, 喜殺妹子也。

언니가 정말 와서 이 동생은 너무 기뻐.

My sister, you have then come, you make me die with joy.

悶殺我也。

울적해 죽겠어.
Sadness kills me.

這兩日幾乎想殺我也。

이 이틀 동안 내가 너무 걱정했다.
For these two days I have been exceedingly anxious to see you.

愛殺。[91]

너무 사랑한다.
To die with love.

是愛得人殺的。

죽을 정도로 사랑한다.
He is so lovely it makes me die to think of him.
'人'은 '愛'와 이어지지 않으며, '殺'과 연결된다.

活活的氣死。

정말 화나 죽겠네.
He dies with rage.

不是悶死, 定是氣死。

답답해 죽겠는 것이 아니라 화가 나 죽겠다.
If sadness does not kill him, he will certainly die with rage.

又來氣死我也。

또 와서 나를 정말 화나게 만드는군.
Lo! he is coming again to irritate and enrage me.

一定要嚇死。

틀림없이 깜짝 놀랄 것이다.
He will die with fear.

---

91 역주 '愛殺'의 예는 "他二詩早已寫完, 眞令人愛殺《玉嬌梨 · 10》에서도 찾을 수 있다. 이때
의 '殺'은 '너무'라는 의미의 정도 보어로 사용된다.

파트 2. 구어와 구어체

活活的餓死不成。

정말 배고파 죽겠군.

Shall I die with hunger.

活活死。[92]

멀쩡하다가 갑자기 죽다.

Sudden death, to die in the midst of life.

4.2.3 지소 불변화사

지소 불변화사의 종류는 상당히 많으며 이것들의 적용 역시 다양하므로, 설명의 편의상 각각 분리하여 논하겠다.

Ⅰ '只'

1. '只'는 '是'와 결합한다.

只是沒有盘纏。

단지 노잣돈이 없을 뿐이다.

Provisions only were wanting; it may be rendered by but or only; one thing only was wanting viz. Provisions.

我只是死了罷。

나는 다만 죽을 뿐이다.

Nothing remains for me but to die.

只是不好明言。

다만 분명히 말하기가 쉽지 않을 뿐이다.

---

92 역주 "我們到那裡出兵, 只消幾天沒有水喫, 就活活的要渴死了, 那裡還能打甚麼仗!"《儒林外史 · 39》의 예가 있다.

But I dare not say it plainly.

只是你眼睛忒高。

단지 너의 눈이 너무 높을 뿐이다.

But you seek too much, you are too particular.

只是一件。

오직 단 한 건일 뿐이다.

But yet there is one point viz, &c.

只是肚裡暗暗的笑。

단지 속으로 몰래 웃을 뿐이다.

He was only laughing to himself.

定便定只是還有一件。

확정적이긴 확정인데, 단지 한 건이 더 있을 뿐이다.

It is indeed certain, yet there is one additional item.

怕是不怕他只是也要多一番唇舌。

그가 두렵지는 않은데 다만 한바탕 설전을 벌여야만 해.

I am certainly not afraid of him, though it appears I must dispute with him again.

만약 내가 너무 많은 예를 제시하는 것 같더라도 유념할 필요가 있는데, 왜냐하면 이들 몇몇은 새로운 형식의 발화를 보여 주기 때문이다. 예를 들면 다음과 같다.

怕是不怕他。

첫 번째 '怕'는 두 번째 '怕'와 다르므로, 이는 '만약 (내가) 그를 두려워하지 않는다면'(if you say that I fear him)을 의미하게 된다.

是不怕他。
나는 그를 확실히 두려워하지 않는다.
I certainly do not fear him.

이는 다른 많은 예에도 전이될 수 있다.

只是忍耐三分。
단지 조금 견딜 뿐이다.
Only exercise a little patience.

중국인들은 여기에서의 '三分'(10분의 3; three parts, i.e. a little)처럼 부분을 지시하는 단편들을 사용하는 것을 선호한다.

2. '只'는 또한 '怕'와 결합하며, 우리의 '아마'(perhaps) 또는 '다만 ~할까 두렵다'(I believe, a sort of irony)에 대응된다.

天下只怕不生纔子。
천하는 다만 재능 있는 자가 나오지 않을까 두려워한다.
Beneath the heavens, I think, there is not a man of talents.

只怕不能勾了。
다만 충분치 않을까 두렵다.
But I believe it to be inadequate.

只怕那臭氣要嘔死了人。
다만 그 악취가 사람들을 구토하게 만들까 두려울 뿐이다.
So great a stench would make men die with vomiting.

若是走來比並, 只怕也不相上下。
만약 이렇게 비교한다면, 우열을 가릴 수 없을까 두렵다.
If they should be compared together, no difference I think, would be found between them.

只怕你們要嚇死。

다만 너희들이 깜짝 놀랄까 두려울 뿐이다.

But perhaps you will die with the fright.

只怕生些挂礙。

다만 지장이 생길까 봐 두렵다.

But I hear impediments and difficulties will arise.

說來只怕你不信。

말하자면 단지 네가 믿지 않을까 두려울 뿐이다.

If I should tell you, perhaps you would not believe.

'見了鬼' 대신에 '見了鬼了'가 사용된다는 점을 유념할 필요가 있는데, 두 번째 '了'는 전체 행위의 과거 시간을 나타낸다.

3. '只'는 '得'과 결합하여 새로운 의미를 나타낸다.

只得削髮做了和尚。

화상은 부득이 삭발할 수밖에 없다.

It was necessary to shave the hair and become a priest.

二人沒法只得跟他。

두 사람은 어쩔 수 없이 그를 따라갈 수밖에 없다.

It was necessary for both to follow him.

差人只得收了。

그 심부름꾼은 할 수 없이 받을 수밖에 없다.

Those who were sent received that which was offered.

只得一齊去了。

부득이 함께 갈 수밖에 없다.

It was necessary for them all to depart together.

4. '只'는 '好'와 결합하여 새로운 의미를 나타낸다.

只好這些
할 수 없이 이런 것들로
nearly in this manner

只好做個文人。
부득이 문인을 할 수밖에 없다.
He is mere student.

只好五六日
부득이 5, 6일 정도
Only about five or six days

5. '只'는 또한 '管'과 결합한다.

這箇只管放心。
이것만이 마음이 놓일 뿐이다.
Be not disturbed on this account.

여기에서 '管'[93]은 '관리하다'(govern)를 의미한다.

這箇請令堂老伯母只管放心。
이것으로 자당과 큰어머니께서 안심하시길 바랍니다.
I beg your worthy mother may enjoy tranquility of mind.

6. '只'는 사실 라틴어에서 가장 빈번하게 표현될 수는 없지만, 때때로 어떠한 문자와도 결합하지 않고 '단지'(only)를 의미한다.

非爲別事只因

---

93 역주 원문(1864:86)에서는 '爲'로 나오는데 이는 '管'자의 오기라고 판단된다.

다른 일 때문이 아니라

for no other reason, but simply because

只叫得苦。

단지 비참하다고 말할 수밖에는 없다.

He could only say that he was miserable.

只用着一件物件耳。

다만 하나의 물건을 사용할 수밖에는 없다.

He has used only one thing.

'一件物件耳'(하나의 물건; one thing)은 또한 '只'와 '着'을 사용한 점을 주목할 필요가 있다.

多不上五日少只三日就來。

많아야 5일 적어도 3일 이내에 오겠다.

Within five days at the most and three at the least, I seem not to know this.

我只當不知。

나는 확실히 알지 못한다.

I connive at this, I seem not to know this.

只有他講話沒有別人應嘴。

오직 그만 말을 할 뿐 다른 사람은 아무도 말을 하지 못한다.

He speaks to himself, and there is none to reply.

Ⅱ '止'

'止'는 '只'보다 좀 더 광범위하게 사용되는데, 즉 '止'는 '只'를 사용할 수 없을 때 자주 사용된다.

止有女眷在家。

단지 부녀자만이 집에 있을 뿐이다.

His wife is then only servant of the house.

不止一千。

천을 넘다.

A thousand and more.

止好十五六歲。

열대여섯 살쯤 되었다.

She is about fifteen or sixteen years of age.

愛之如身不止如子。

그를 아들로서가 아니라 자기 자신과 같이 사랑한다.

He loves him as himself, not merely as a son.

Ⅲ '但'

1. '但'은 '止'와 '只'와 비슷한 용법을 가진다.

但說不妨。

얼마든지 말을 해도 무방하다.

Speak boldly.

只管說。

주저 말고 말해라.

Speak boldly.

但請放心, 包管成功。

성공을 보장하니 안심해도 좋다.

Be not concerned, I take all his upon myself.

但只恨年過四十却無子。

다만 40이 넘어도 아들이 없음을 원망한다.
He was vexed that being now forty years of age he had no son.

也無他說但只是。

다만 그와 할 말이 없을 뿐이다.
I have nothing to say, but.

'但只'의 용법에 유념할 필요가 있다.

但願如此。

단지 그렇게 되기를 바란다.
I simply desire it thus.

但請尊便。

당신이 편한 대로 하십시오.
Do, I pray you, what is most agreeable to yourself.

但見人山人海。

다만 인산인해를 봤을 뿐이다.
He sees men as numerous as the trees upon the mountains or as the waves of the sea, he sees a countless multitude.

但坐不妨。

앉아도 무방하다.
You may sit down.

'但'은 우리에게 잉여적인 것처럼 보이지만 중국인들은 이 문자를 절대 생략하지 않는다.

2. '單'은 '但'과 똑같은 의미를 가진다.

單只管胡說。

다만 허튼소리를 할 뿐이다.
He continually takes nonsense.

'單'은 '단지, 오직'(simply, only)을 의미한다.

單少他一個。
그 혼자만이 부족할 뿐이다.
He only is wanting.

冷落衆人, 單來親近我。
다른 여러 사람은 냉대했지만, 나에게만은 친근하게 대했다.
He treated all the rest coldly, but received me with cordiality.

아래 예문에서는 '但'이 사용되었다.

母親但請寬心。
어머니께서는 안심하시기를 바랍니다.
Pay mother, let not your mind be troubled.

Ⅳ '些'

1. '些'는 일반적으로 '약간'(a little)을 표시한다.

今日的身子可覺得好些。
오늘 몸이 조금 좋다고 느꼈다.
I feel a little better today.

우리는 "今日好些"라고는 해야 하지만, '身子', '可' 또는 '覺得'은 우리의 언어(불어 또는 유럽어)에서는 출현하지 않는다.

有些倦怠起來。
조금 나른해지기 시작했다.
He feels somewhat fatigued.

未免受些風寒便覺身子有些不便。

> 추위로 인해 몸이 다소 편치 않음을 느끼지 않을 수 없었다.
>
> He has taken cold and is therefore somewhat indisposed.

'未免受'(꼭 ~받게 되다; he may perhaps have taken), '便'(곧; immediately)

과 '不便'(불편하다; incommoded)에 유념할 필요가 있다.

> **弄出些兒把戲。**
>
> 속임수를 쓰다.
>
> Play off some artful trick.

'弄些手脚'은 이와 거의 의미가 같다.

> **不見些兒動静。**
>
> 낌새를 찾을 수 없다.
>
> He could discover nothing.
>
> **有些兒油水。**
>
> 약간의 기름기가 있다. 즉 이익을 얻다.
>
> Some oil and water will be gotten, i.e. money; something will be gained.
>
> **若是有些油物。**
>
> 만약에 이득이 되는 물건이 약간 있다면.
>
> If the hope of money brighten.
>
> **剩下不多些兒。**
>
> 조금 남겼다.
>
> It exceeds but little, there is not much remaining.
>
> **你疾些兒去早些兒來。**
>
> 너는 빨리 가서 빨리 돌아와라.
>
> Go quickly and return quickly.
>
> **署署好些兒。**

조금 좋아졌다.
It is somewhat improved.

이상의 예로부터 우리는 '些' 뒤에 여전히 '적다'라는 의미인 '兒'가
옴을 알 수 있다.

做些不問而取的勾當。
따지지도 않고 수작을 부리다.
To act the thief.

我和他有些不伶俐的勾當。
나와 그 사이엔 다소 적절치 않은 일이 있다.
I have not a proper intercourse with her.

'勾當'(일, 수작; business)은 좋은 의미로는 드물게 사용된다.

弄些火來與他烘。
불을 가져와서 그를 따뜻하게 했다.
Bring a vessel with coals that he may warm himself.

須貼我些東西。
이 물건들을 나에게 보태 줘야 한다.
We ought to add something more.

畧略明白二分道理。
약간의 도리를 이해한다.
He is not entirely destitute of intelligence.

이 구에서 '明'은 '알다'(know)를, '白'은 '분명하게'(clearly)를, '二分'은
'두 부분'(two parts)을 의미한다.

有些別改模樣。

모습이 조금 바뀌었다.

He appears to somewhat changed, or about to improve.

2. '些'는 '没'과 '有'와 결합한다.

没些家法。

가법이 다소 없다.

He knows not how to govern his family, there are no domestic regulations.

没些面情[94]了。

정이 다소 없다.

He no longer regards me, he gives no token of love.

3. '一' 또한 '些' 앞에 놓이며, 그 뒤에 '也'가 오기도 한다.

一些影响也没有。

조금의 영향도 없다.

Every trace of him has disappeared: it is not known where he is.

'响'은 '響'으로 쓰기도 한다.

不是, 不是, 一些也不是。

아니, 아니, 조금도 그렇지 않아.

It is not so, you are altogether mistaken.

一些高下也没有。

어떠한 우열도 없다.

There is no difference between them.

---

94 [역주] '面情'은 '정, 정분'을 의미하며, "咱弟兄面情非薄, 子除了我耳朵兒愛的道"《董西廂·6》
에서 그 예를 찾을 수 있다.

4. '些'는 형용사와 대명사와 결합한다.

還比你們强些。

너희보다는 좀 더 강하다.

Yet more brave than you all, i.e. in this passage, more beautiful.

深奧些。

조금 더 심오하다.

Rather profound and obscure.

洗箇大深把身子弄潔淨些。

몸을 깨끗이 닦고 다소 청결하게 했다.

Wash long and carefully to improve a little the neatness of your person.

那些不正氣的婦人

그 다소 절개가 없는 부인

all those are women of little virtue

你有這些賊嘴賊口的。

너는 그렇게 사악한 말솜씨를 가지고 있다.

You have such a pernicious tongue.

這些這語句句是有來歷的, 不要認做假話。

이러한 문구 문구마다 배경이 있으므로, 거짓말로 여기지 마세요.

In all I said there is real truth, take care, how you consider it false.

這些話來得古怪。

이 말들은 기이하게 들린다.

What you say is wonderful.

你這些話說得有理。

당신의 말은 이치에 맞는다.

There is reason in all you have said.

前世造了甚麽孽障只管把這些人來磨滅我。

전생에 지은 업보가 이 사람들로 하여금 나를 없애려고 한다.
What is great fault did I commit during my former life, that he should thus vex me with those women?

누가 '只管把'를 하는지는 언급하지 않았다. '那' 또는 '這'와 결합한 '些'는 '약간'(a little)이라는 뜻에 의해 설명되지 않는다.

5. '些' 뒤에 '甚麼'가 오는 경우, 이러한 구는 자주 의문을 나타낸다.

你們知道些甚麼?
당신들은 무엇을 아나요?
What are you capable of knowing?

想必聽見些甚麼話兒, 甚麼勾當。
반드시 어떤 말, 어떤 일을 들었을 것이다.
Perhaps he has heard some report.

做些甚麼勾當?
어떤 일을 하십니까?
What is your occupation?

또는 다음의 예에서처럼 의문사 없이 사악함을 암시하면서 생활비를 얻기 위해 아무런 노력을 하지 않는 경우이기도 하다.

你們在這裡半日些甚麼?
너희들은 여기에서 한나절이나 무엇을 한 것이니?
Here you both remain till midday, pray tell me how you are employed.

不與他做些甚麼?
그에게 아무것도 하지 않은 거니?
I have had no intercourse with him.

看他出來做些甚麼。

그가 나와서 무엇을 하려는지를 알아봐라.

See for what purpose he is going out.

有些甚麼趣來?

어떤 취지로 왔니?

What will be your disgrace in future?.

'甚' 대신에 '什'을 사용하기도 한다.

剛要開口說些什麼只見。

막 입을 떼고 무언가를 말하려는 찰나 단지 보기만 했다.

When he was just on the point of speaking, he saw.

4.2.4 문두 불변화사(Initial Particles)

1. '啌' 또는 '呸'[95]는 분명히 같다. 중국인들은 이 용어를 면전에서 경멸하거나 저주를 나타낼 때 사용한다.

啌都是你背後弄鬼。

야! 모두 네가 뒤에서 흉계를 꾸민 거잖아.

Begone you wretch, by guile and artifice you have thrown everything into confusion.

啌你是多大的官兒。

아 당신은 참으로 유명한 관리이군요.

You are doubtless a very distinguished officer.

呸一發放屁。

쳇, 헛소리를 하는군.

Away, you prate too foully.

---

95 [역주] 원문에서는 '呸' 대신 '啗'로 표기되어 있는데, 이는 '呸'의 오기로 보인다.

2. '呀' 또는 '訝'는 놀라움 또는 경악을 나타내는 단어이다.

> **呀這首詩並不是我做的。**
>
> 아! 이 시는 내가 지은 것이 아니야.
>
> Oh! these verses surely are not mine.

> **呀你們是些甚麼人?**
>
> 아! 너희는 도대체 어떤 사람들이니?
>
> Oh! but who are you?

이 문장에서 '些'의 용법에 주의할 필요가 있다.

3. '啊呀'는 문두에서 같은 의미로 쓰인다.

> **啊呀今夜却沒了燈。**
>
> 아! 오늘 저녁에는 여전히 등이 없네.
>
> Alas, no lamp tonight!

여기에서 '却'의 용법을 유념할 필요가 있는데, 그것은 '여전히, 또'(still, again)의 의미를 가진다.

'噯', '哦'와 '耶嚛'은 '啊呀'와 거의 같은 의미로 문두에서 사용되는 단어이다.

4. '兀' 또는 '兀的'은 책 《원백곡元百曲》에서 빈번하게 발견된다.

> **兀那婦人不要啼哭。**
>
> 오! 부인 울지 마시오.
>
> Oh woman! do not weep.

> **天也兀的不窮殺我也?**
>
> 하늘이시여! 어째서 나를 완전히 죽이지 않으십니까?
>
> Oh heaven! why must I die with want.

兀的不是我兄弟?

오! 내 형제가 아니었던가?

Ah, whom do I see! is it not my brother?

또 다른 감탄은 다음과 같다.

兀的不是我哥哥?

오! 내 형이 아니었던가?

It is not my brother.

兀那寄書的。

오! 그 배달부이군!

Ho! hallo, postboy!

여기에서 전환의 몇몇 양식을 설명할 필요가 있는데, 왜냐하면 그것
들은 빈번하게 발생하기 때문이다.

却說。

각설하다.

Turn now to say.

'且'가 쓰인 예 역시 끊임없이 발생한다. '竟' 또한 몇몇 예에서 그러
하다.

竟聽其所爲。

뜻밖에 그의 행위를 내버려 두다.

They let him do as he pleased.

竟到县中來。[96]

---

96 역주 이 예문은 《三言二拍》의 "應捕明日竟到县中出首"를 인용한 것으로 보인다.

> 마침내 마을 법정에 도착하였다.
> He proceeded to the public tribunal.

《화도연畵圖緣》으로부터 알 수 있는 것처럼 갑작스러운 전환은 '不期'(예상 밖에)와 같은 단어로 시작되지는 않는다.

> 誰想。
> 누가 생각하겠는가!
> Who would have thought it!

이것은 '不期'와 거의 같다.

'原來'(알고 보니)는 단순한 감탄을 나타내며, '(그가) 알아야만 한다'(he must know, it ought to be known)와 같은 의미이다.

4.2.5 문미 불변화사(Final Particles)

몇몇 불변화사는 뒤에서 나오므로 여기에서는 다루지 않겠다. 불변화사 '者'는 자주 문미에 놓이지만, 이러한 경우에 그것의 용법은 쉽게 인식되지 않는데, 예를 들면 다음과 같다.

> 小心在意者。
> 조심하십시오.
> Be very attentive.

1. '阿'는 자주 '呵'와 혼용되는데, 각각은 [a] 또는 [ha]로 읽는다.[97] 또한 '也'가 '阿' 앞에 오기도 한다.

---

97 **역주** 오늘날의 병음으로는 [hē]로 표기할 수 있다.

好憂悶也呵。
아, 얼마나 우울한지.
Alas, how sad I feel!

是好好也弄得我的生意好不鬧熱也阿。
아, 그것이 내 장사를 더 잘되도록 만들었구나.
Oh, it has rendered my trade much more profitable!

때때로 표현되거나 암시되는 조건에 의해 의미가 애태움을 나타낼 때도 '呵'가 사용되기도 한다.

叔叔在家呵。
아, 숙부가 집에 있었더라면.
Oh uncle! if you would remain at our house.

若負了你呵。
아, 만약 너를 책임졌더라면/ 만약 너를 저버렸다면.
If I desert you, if I am ungrateful toward you.

'阿'는 또한 감탄 또는 탄식에도 쓰인다.

哥阿。
형!
Ah, my brother.

天阿可怎生?
하늘이시여! 어찌 이것을 낳으셨나요?
Oh heaven! what is this?

我的袁郎阿。
저의 낭군이시여!
O my spouse!

배우자의 이름은 '袁'이며, 그의 아내가 죽은 그를 부르는 상황이다.

劉美人呵, 你的像在這裡, 人在何處?

유 미인이시여! 당신의 모습은 여기에 있는 것 같은데, 당신은 어디에 계신가요?

O beautiful *Liu*! your image is before my eyes, but where are you yourself!

'呀' 또한 같은 의미로 사용된다.

我的妻呀。

나의 아내여!

O my wife!

小姐呀, 小姐呀, 何我與你薄命。

아가씨, 아가씨! 어찌하여 이리도 운명이 기구하신가요!

O miserable girl! I am equally miserable with yourself.

妙呀, 妙呀。

훌륭하고 훌륭하도다.

Excellent, excellent!

2. '哩'도 자주 문미에서 사용된다.

眞要令人愛殺哩。

정말 사람을 미치도록 사랑하게 만드는군.

Surely you will cause me to die with love.

莫說罵還要打哩。

혼내는 것뿐만 아니라 또한 때릴 것이다.

I will reprove you not only with words, but with blows.

你若見了呵, 只怕要風魔[98]哩。

네가 만약에 봤다면, 그것에 푹 빠질까 두려울 따름이다.

Should you see her, you would doubtless run mad with love.

226

如今方下種, 還没有發芽哩。

지금 막 씨를 뿌려서, 아직 싹이 트지는 않았다.

You have just sown, the grain has not yet germinated.

說些甚麼, 好不密切得緊哩?

무엇을 말하길래 그렇게 가깝게 있는 거야?

You are speaking with each other of important secrets.

可知是哩。[99]

그임을 알 수 있다.

It was himself or it is this thing itself.

3. 같은 호소력을 가지는 몇몇 다른 문자가 있다.

這箇呢。

이것은?

What or who is this?

可不是波。

그렇지.

Is it not thus?

可不好那?

좋지 아니한가?

Would it not be well?

여기에서 '那'는 호격 불변화사로 사용된다.

天那!

---

98 역주 '風魔'는 오늘날에는 '瘋魔'로 주로 표기된다.

99 역주 이 예문은 《水滸傳·36》에서 인용한 것이다. 여기에서 그는 宋江을 가리킨다.

하늘이시여!
O heaven!

4.2.6 '兒'와 '耳'의 용법

'兒'는 원래 '아들'을 의미하며 '耳'는 '귀'를 의미한다. 그러나 이들이 단순히 불변화사로 사용되었을 때에는 둘 사이에는 차이가 거의 없다.

1. '兒'와 '耳'는 명사와 결합한다.

你的心兒太大, 眼兒忒高。
너의 야심은 너무 크고, 눈도 너무 높다.
You are too aspiring, your eyes are too lofty.

我也有法兒處你。
나도 너를 처리할 방법이 있어.
I know how to govern you.

故與我作對頭耳。
이에 나의 적수가 되었다.
Therefore he would be my adversary.

老頭兒
늙은이
an aged man

見个[100]禮兒說句話兒。
예의를 갖추고 말을 하였다.
Had he shown the least respect.

---

100 역주 원문에서 '箇'나 '個'가 아닌 '个'로 표시되어 있다.

將一雙眼兒觀我。

두 눈으로 나를 보았다.

He gazed upon me with both eyes.

口裡說幾句好看話兒。

체면이 서는 몇 마디 말을 하였다.

He labored occasionally to appear eloquent.

2. '兒'와 '耳'는 자주 경멸 또는 열등감을 표현하는 데에 사용된다.

不喜做這弄筆頭的文官耳。

글만 쓰는 이런 문관이 되는 것을 좋아하지 않는다.

I delight not to be one of those officers who are brave only with the pen.

非拾不得這一頂鳥紗帽¹⁰¹耳。

이 관직을 얻지 못하는 것은 아니다.

Not that I regard this official button of so much importance.

這些忠義話兒人都會說。

이러한 충성스럽고 정의로운 말은 누구라도 할 수 있다.

Any one could easily descant thus upon fidelity and justice.

3. '兒'와 '耳'는 특히 후자는 자주 단순히 문미사일 뿐이다.

只怕不能勾耳。

다만 충분치 않을까 두려울 따름이다.

I fear it is impossible.

4. '兒'와 '耳'는 반복될 수 있다.

---

101 **역주** 여기에서 '鳥紗帽'는 官位를 의미한다.

> 女子眉目秀媚固云美矣，若無纔情發甚精神。便不過花
> 耳。柳耳。珠耳。玉耳。爲人[102]所愛不過一時。至於花
> 謝。柳枯。珠黃。玉玷。當斯時此。其美安在哉？
>
> 여인의 용모가 수려하면 당연히 '아름답다'라고 부른다. 만약 재주가 없어 심
> 오한 정신을 일깨우지 못한다면 단지 꽃, 버드나무, 진주, 옥에 불과할 뿐이다.
> 외모는 잠시 사랑받을 뿐이다. 꽃은 시들고, 버드나무는 마르고, 진주는 누렇
> 게 되고, 옥은 더럽혀지게 된다. 이때 이르러 그 아름다움은 어디에 있는가?
>
> When a woman has handsome eyes, with eyebrows gracefully arched, she
> is called beautiful. But unless she be endowed with a noble mind, which,
> in a manner, gives life to beauty, what better is she than a flower, a willow,
> a pearl or a jewel. She is indeed for a time fair to look upon, but when the
> flower has withered, the willow decayed, the pearl turned yellow, and the
> color of the gem changed where is then the beauty that before was
> praised?

이 예에서 단어는 적절하게 선택되었으며, 문체는 고상하다. 이는
교육받은 영민한 젊은이의 작문이다.

5. '兒'와 '耳'는 대부분 묘사에서 쓰인다.

> 白白的臉兒。灣灣的眉兒。細細的腰兒。小小的脚兒。
>
> 새하얀 얼굴. 동그란 눈썹. 날씬한 허리. 작디작은 발.
>
> Fair cheeks, arched eyebrows, a slender waist and small feet.

좀 더 긴 예는 다음과 같다.

> 烏油油的發兒。白營營的臉兒。曲灣灣的眉兒。俏生生
> 的眼兒。眞隆隆的鼻兒。[103] 細纖纖的腰兒。小尖尖的脚
> 兒。

---

102 〔역주〕 여기에서 '爲人'은 '사람의 외모'를 가리키는데, 예를 들면 "爲人潔白晳，鬑鬑頗有須"
《樂府詩集·28》가 있다.

103 〔역주〕 '眞隆隆的鼻兒'에서 '眞隆隆'은 '直隆隆'의 오기로 보인다.

윤기가 흐르는 검은 머리. 윤이 나는 얼굴. 둥그런 눈썹. 생기 넘치는 눈. 오뚝한 코. 가늘고 간 허리. 작고 뾰족한 발.

The hair is black, and glossy the cheeks fair, the eyebrows arched, the eyes bright, the nose prominent; the waist slender and the feet small.

眼兒深。 鼻兒高。 齒兒空。 唇兒曠。 算個病骷髏。

깊은 눈. 높은 코. 듬성듬성한 이. 벌려진 입술. 그야말로 병든 해골이라고 할 수 있다.

The eye sunken, the nose sharp, a tooth here and there, lips broad and hanging, in a word, the countenance of a dead, rather than of a living person.

4.2.7 '也'와 '亦'의 불변화사

'也'의 용법은 상당히 많지만, 여기에서는 몇 가지만 살펴보도록 하겠다.

1. '也有'는 기분 좋은 대상의 묘사에 사용된다.

不多時。 便見一帶柳林青青在望。 原來這帶柳林約有裡餘。 也有疎處。 也有密處。 也有幾株近水。 也有幾株倚山。

오래지 않아 무성한 일대 버드나무 숲이 시야에 들어왔다. 원래 이 일대 버드나무 숲은 1리 남짓 안에 있는데, 드문드문한 곳도 있고, 밀집된 곳도 있다. 또한 몇 그루는 물에 가깝게 있고, 몇 그루는 산으로 기울어져 있다.

After a short time, a pleasant willow ground presented itself to our view; it was a quarter of a mile or more in extent: in various places the light shone through the scattered trees; in others the glove was dense and dark; a part was near the water and a part seemed to recline upon the mountain.

書房到清清。 花草也有。 樹木也有金魚缸。 假山石。 件件都有。

서재는 맑고 고요하며, 화초도 있다. 나무도 있고, 어항도 있으며, 인공 산의 돌도 있으며, 어느 것이나 모두 다 있다.

> The place was quiet, neat and adapted to study, there were flowers and herbage, trees and shades, gold-fish inclosed in vivaries, artificial mountains and rocks; in fine, all things which are wont to be found in such places.

2. '也不'은 때때로 같은 문자에 의해 앞 또는 뒤에 오는데 항상 의문을 나타내는 것은 아니다.

你道苦也不苦。

쓴지 안 쓴지 네가 말해 봐.

Say, is it not bitter?

你道我這箇主意巧也不巧妙也不妙。

내 생각이 훌륭한지 그렇지 않은지, 좋은지 좋지 않은지 네가 말해 봐.

Say, is not that plan of mine excellent, is it not wonderful?

說也不說一聲。

말하거나 말하지 않는다.

He will not speak a word.

看他肯也不肯。

그가 동의하는지 안 하는지 보자.

See whether he will or not.

不知是也不是。

그런지 그렇지 않은지를 알지 못한다.

I know not whether it is thus or not.

不知在也不在。

있는지 있지 않은지를 알지 못한다.

I know not whether he is at home or not.

却是黑瘦？ 也白淨肥胖？ 長大也是短小？ 有鬚的也無鬚的？

그러나 검고 여윈지 아니면 희멀쑥하고 살쪘는지? 키가 큰지 아니면 작은지?
수염이 있는지 없는지?

Is he dark and emaciated or fair and corpulent? is he tall and large, or short
and small? has he a beard, or is he beardless?

《원백곡元百曲》에서 우리는 '也' 대신 사용된 '共'을 볼 수 있다.

身材兒長共短, 面皮兒瘦共肥?

체격이 큽니까? 작습니까? 얼굴이 말랐습니까? 살쪘습니까?

Is his person large or small, has he a thin or a full countenance?

여기에서 '共'은 여기에서 '또는'을 의미한다.

3. '也是'는 '역시, 그렇다'를 의미한다.

也是你老人家造化。[104]

역시 어르신의 복이십니다.

You are a happy old man.

也是枉費心思了。

이 역시 생각을 헛되이 쓰는 것이다.

It is in vain to think of this.

也是理上應該的。

역시 이치에 따른 것뿐이다.

This is only in accordance with reason.

要他來也沒用。

그가 오더라도 소용없다.

It were useless for him to come.

---

[104] 역주 여기에서 '造化'는 '복, 행운'을 가리킨다. 또 다른 예를 들면 "你說官府捉不得人, 是我
們中國人的造化嗎?"《文明小史 · 26》가 있다.

'也是'에 때때로 부정사否定詞가 첨가되기도 한다.

也不是個人。

그 사람이 아닐지도 모른다.

He is not a man, he is a base wretch.

也不是甚麼難事。

어려운 일이 아닐지도 모른다.

It is not very difficult.

或者有些天義也未可知。

아마도 하늘의 뜻을 아직 모르는 것일 수도 있다.

Who knows but it is the will of heaven?

或別有妙用也未可知。

어쩌면 다른 신묘한 효능을 알지 못하는 것일 수도 있다.

Perhaps a better use will be made of it?

或者就是這等也未可知。

아마도 이런 유인지를 모르는 것일 수도 있다.

Perhaps it is this thing itself.

或者你後來有個官做也未可知。

어쩌면 당신이 이후에 관리가 될 수 있는지는 아직 모른다.

Who knows but you will at length obtain some effects.

구 '也未見得'은 '也未可知'[105]와 같은 의미이다.

怕不就是他來也不見的。

아마도 그가 오고 있는 것이 아닌지 확실치 않다.

---

105 역주 원문에서는 '他未可知'로 기재되어 있는데, 이는 엄연히 '也未可知'의 오기이므로, 맞게 정정하였다.

> I think it is he who is coming, yet I am not certain.

이 예문에서 '的'은 '得' 대신 사용되었다.

4. '也'는 두 개의 관련 구를 포함하는 복합 문장에서 고상하게 반복되기도 한다.

頭也不梳, 臉不洗。
머리도 빗지 않고, 얼굴도 씻지 않았다.
He neither combs his head, nor washes his face.

手也不動, 口也不開。
손도 움직이지 않았으며, 입도 열지 않았다.
He is afraid either to move his hand, or to open his mouth.

左也惱, 右也惱。
어느 쪽으로도 화가 난다.
He is angry with all men.

好也在心裡, 歹也在心裡。
좋은 것도 마음속에 있고, 안 좋은 것도 마음속에 있다.
He remembers the good, and does not forget the bad.

身也不容你近。 口也不容你開。
다가오는 것도 허락하지 않으며, 입을 여는 것도 용납하지 않는다.
He will neither let you approach, nor let you open your mouth.

飯兒也不做, 地兒也不掃。
밥을 하려고도 하지 않으며, 바닥 역시 청소하려고 하지 않는다.
He neither boils the rice, nor sweeps the house.

口氣也像女人口氣, 筆蹟也像女人筆蹟。
말투 역시 여인과 같으며, 필적 역시 여인의 필적과 같다.
Women are wont both to speak and write in this manner.

제4장 중국어의 특성　　　　　　　235

一步門也不出，一個客也不會。

문밖으로 한 발도 안 나갔으며, 손님 한 명도 만나지 않았다.

He neither goes abroad himself, nor receives visits at home.

書也無心去讀，飯也不想去喫。

책도 역시 볼 마음이 없었으며, 밥 역시 먹을 생각이 없다.

He thinks neither of his studies, nor his food.

5. '也'는 자주 '這', '他', '我', '你' 뒤에 오는데, 의미는 위에서 언급한 것들과 거의 같다.

他也不在心上。

그 역시 마음에 두지 않는다.

As to him, it is not in his mind.

這也是無法奈何了。

이 역시 어찌할 방법이 없다.

This is utterly intolerable: such being the case there can be no remedy.

這也還是小事。

이 역시 아직 사소한 일일 뿐이다.

This is still a small affair.

這也說得有理。

이 역시 이치에 맞게 말한 것이다.

This indeed is said with reason.

這也不要管他。

이 역시 그가 무엇을 하든 내버려 두자.

Let this affair take its own course.

有才人往往氣驕，這也怪他不得。

재주가 있는 사람은 종종 거만해지는데, 이 역시 그를 탓할 수는 없는 것이다.[106]

Men of talents have usually aspiring minds, and this indeed is not strange.

既是不知這也罷了。

알지 못한다는 것 이뿐이다.

He may indeed have been ignorant, but let that pass.

你也煞老實了。

너도 너무 솔직해.

You are certainly too innocent.

他也甚是[107]没意思。

그 역시 정말 따분하다.

He is greatly ashamed; he is utterly without thought.

我也正有此意。

나 역시 이런 견해를 가졌어.

It is indeed the very thing I desired.

我也曾讀過十幾年書。

나 역시 일찍이 10여 년 공부한 바 있다.

We also have studied ten years or more.

此禮我若不受你的, 你也不放心。

만약 내가 너의 이 선물을 받지 않는다면, 너 역시 꺼림직할 거야.

If I do not accept these your presents, you will have reason to fear.

6. '也'는 아래의 예에서 알 수 있듯이 대명사에서만 사용되는 것은 아니다.

---

106 역주 만약 '怪他不得'에서 '他'가 없다면 이 문장의 해석은 영문 해석과 같이 '이상한 것이 아니다'라고 번역할 수도 있다.

107 역주 여기에서 '甚是'는 '매우', '정말'의 의미이다.

鬼也没個上門。

귀신조차도 올 수 없다.

No one came to see him.

神鬼也不知。

귀신조차도 알지 못한다.

Even spirits can not tell.

神鬼也不怕。

귀신조차도 두렵지 않다.

Even spirits are afraid of him.

做已做了，悔也無益。

이미 했으니, 후회해 봤자 소용없다.

The deed is done, you will repent in vain.

見鬼了我在此等半日，人影兒也不見一個出。

희한하게도 나는 여기서 반나절이나 기다렸는데, 사람의 그림자조차 보지 못
했다.

You are dreaming, I have been waiting here half the day, and have not
seen the shadow of a man departing.

說也傷心。

말하는 것조차도 슬프다.

The mere narration excites our sympathy, or wounds our hearts.

才貌也不過如此。

재색 역시 이 정도에 불과하다.

Intelligence and beauty do not exceed these limits.

水也不拾一盃與人喫的。

마실 물 한 잔조차도 그에게 주지 않았다.

He would not give him even a cup of water to drink.

財物旣失去，煩惱也是枉然。

재산을 이미 잃었으니, 번뇌 역시 헛된 것이다.

Since indeed you have lost all, it is useless to lament.

眞也沒法。

정말로 방법이 없다.

There is certainly no remedy.

却也精潔幽雅。

그러나 정결하고 아취가 있다.

But the place was retired and pleasant.

這個婆子也眞正來得瑣碎。[108]

이 할머니는 정말로 잔소리가 많다.

This superannuated old lady can scarcely be endured with all her foolish and capricious notions.

不聽也由你。

듣지 않는 것 역시 너에게 달렸다.

You will attend to this or not, as you please.

我有箇絶妙的計較，神仙也想不出來。

나에게는 절묘한 계획이 있는데, 신선조차도 생각지 못하는 것이다.

I have indeed discovered a wonderful plan, of which even the immortal genii would not have thought.

不由你不氣如今，氣也沒用。

지금 네가 화를 내지 않을 수는 없겠지만, 화를 내 봤자 소용이 없다.

It is impossible not to feed vexed, but it is of no avail now to be angry.

功名富貴也唾手[109]可得。

---

108 **역주** 이 예문에서 '瑣碎'는 '嘮叨, 囉嗦'의 의미로, 예를 들면 "這不是眞晦气! 爲了幾根豆子, 被人瑣碎了一頓"《醒世姻緣傳·29》이다.

109 **역주** Premare(1847:99)에는 '睡手'로 나와 있지만, 이는 '唾手'의 오기로 보인다.

부귀공명을 얻는 것 역시 매우 쉬운 일이다.

You are in a moment crowned with riches and honors.

塲[110]後來訪也不爲遲。

시험 이후에 방문하는 것도 늦지 않을 것이다.

It will not be too late to inquire into these things after the examination is concluded.

死也丟你不開。

너를 잃는 것보다 죽는 편이 낫다.

I would rather die than desert you.

躱在山中, 死也不出來。

산중에 숨어, 죽더라도 나오지 않는다.

He is hid in the mountain, and would rather die than depart hence.

老身便死也得好處。

이 늙은이가 죽더라도 이점을 얻겠다.

Old woman as I am, should I die immediately, it would be well.

一見死也甘心。

보자마자 기꺼이 죽을 수 있다.

Could I but see him I would willingly die.

7. 앞에서 이미 언급한 것처럼 '一'은 '也' 앞에 놓인다.

一些也不靈。

조금도 효과가 없다.

No effect at all is produced.

---

110 역주 이 예문에서 '塲'은 과거 시험을 가리킨다. 관련 예문으로 "塲畢而行, 母子又及見也" 《聊斋志異 · 鐘生》가 있다.

一些也不差。

조금도 모자라지 않는다.

There is nothing wrong, there is not even the smallest error.

一毫也無礙。

조금의 지장도 없다.

There is not the slightest obstacle.

一釐也少我不得。

1리 역시 없어서는 안 된다.

You shall pay me even to the last cash.

要一個遊人也沒有。

여행객 한 사람도 없다.

Not an individual is seen walking.

每人打三十板, 一板也是不饒的。

각자가 30대를 맞는데, 한 대조차도 뺄 수 없다.

Each shall receive thirty blows, I will not abate one.

說來話長, 一時也說不盡。

말하자면 길어 한시에 다 말할 수 없다.

The story is long, should I begin I could not finish it

'也' 뒤에 부정사가 온다는 점을 유념할 필요가 있다.

8. 때때로 '雖'가 '也'를 선행한다.

雖然姿貌尋常也有一件可取。

비록 평범한 용모지만, 취할 만한 점 하나는 있다.

Though his form be quite ordinary, yet he has one good quality.

他雖也薄薄, 有些才情只是。[111]

그는 비록 뛰어나지만, 다만 몇몇 재능일 뿐이다.

> Although he is not without talents and affection, nevertheless.

9. '也'는 문두에 위치한다.

> 也差不多。
> 또한 비슷하다.
> You have hit the mark.

이 말은 반어적으로 말하는 것이다.

> 也算有本子了。
> 능력이 있다고 여겨진다.
> From this we may perceive his skill.

'也'는 문미에 놓이기도 한다.

> 好是[112]苦也。
> 정말로 고통스럽다.
> That is indeed lamentable.

> 我不敢了也。
> 나는 감히 할 수 없다.
> Hereafter I will do nothing of the kind.

> 眞箇要喜殺我也。
> 정말로 나를 매우 즐겁게 하였다.
> surely you would have me die with joy.

---

111 역주 Premare(1847)에서는 '纔'자보다는 '才'자가 많이 사용되었다. 《荀子·榮辱》에서 "故薄薄之地, 不得履之"란 구절이 있다.

112 역주 여기에서 '好是'는 '眞是, 甚是'의 의미이며, 그 예로는 "這門衣食好是低微"《青衫淚·1》가 있다.

'也'는 또한 문장 중간에 놓이기도 한다.

他的磨難也都受過了。

그의 시련 역시 모두 견뎌 냈다.

He has suffered all that he would have me suffer.

論理不該免死也罷, 賞你一條狗命各自農也罷。

마땅히 죽음을 면하게 해서는 안 되지만, 그럼에도 불구하고 너에게 개 한 마리를 주고 각자 농사를 짓도록 하겠다.

You all deserve to die, but enough, I spare your lives – depart your dogs, and return to the plough.

有這等一副才貌也怪不得他心高志大。

이러한 재색을 갖췄으므로 포부가 큰 것은 당연하다.

Having such an intellect and such a form, it is not surprising that he should feel a degree of pride.

불변화사 '亦'은 '也'와는 다소 다르다.

莫說一巨觴就是十巨觴亦該痛飮。

한 잔은 말할 필요는 없고 설령 열 잔이라도 역시 마음껏 마신다.

I think you will drink up not only one, but ten large bowls like this.

卽見亦可, 不見亦可。

보는 것도 좋고, 보지 않는 것도 좋다.

Let him see me or not, as he prefers.

雖你自取, 實亦可憐。

비록 네가 자초한 것이지만, 사실은 불쌍하다.

Though it has occurred by your own fault, you have still a claim upon our sympathy.

老先生亦不必問, 晚生亦不敢言。

어르신께서는 물으실 필요는 없으며, 저 역시 감히 말씀드릴 수 없습니다.

Do not sir, inquire of me in regard to this affair, for I should fear to inform you.

不便相見亦無面可見, 見時亦無言可說。

만나는 것도 불편하고 설령 보더라도 볼 면목이 없을 뿐만 아니라, 딱히 할 말
도 없다.

It is not convenient to see him, nor dare I see him, nor have I anything to
say if I should see him.

可惱走得快, 亦不等我飽看一看。

그렇게 빨리 돌아가서 속상하고 또 잠시 보는 것만으로는 만족스럽지 않다.

Oh how miserable I am! so quickly has he passed away, I could not be
satisfied with beholding him.

4.2.8 '又'의 용법

'又'는 '也'와 '亦'과 함께 쓰이며, 그것의 의미 역시 거의 같다고 할
수 있다. 우리는 어쨌든 '又'가 '또'(again) 또는 '더하여'(moreover)로 정
의될 때마다 '也'와 다르다는 사실을 유념해야만 한다.

1. 다음의 예에서 '又'는 거의 차이가 없다.

又未爲不可。

또한 불가한 것도 아니다.

It is yet permitted, there is yet time.

'也未爲不可'와 같은 의미이다.

我叫他又不應。

나는 그를 불렀지만, 그는 또 응하지 않았다.

I call him, but he makes no reply.

你又不曾和他的妹子成親。

너는 또 그의 여동생과 결혼한 적이 없다.

You have not yet married his younger sister.

你又不知弄甚麼鬼。

네가 또 어떤 농간을 부리는지 알지 못한다.

I know not how great a tumult you would raise.

恐怕又是指東話西。

아마도 또 무관한 이야기를 할 것이다.

As yet, I think, he says one thing and intends another.

又只是笑並不說出長短。

또 단지 미소 지을 뿐, 우열에 관해서는 말하지 않았다.

He began to smile, but spoke not a word either for or against.

則婚姻不在我而又在何人?

나와 결혼하지 않으면 또 누구랑 하겠는가?

Whom does that match concern if not myself.

受人之托, 又有求於人, 安得不早?[113]

다른 사람의 부탁을 받고 또 다른 사람에게 요구하니, 어찌 늦지 않겠는가?

Having to do the business of on, and to ask favors of another, I shall beobliged to be about it very early.

怎麼一見了面又是這等害羞起來?

어째서 만나자마자 또 이렇게 부끄러워하니?

Why do you blush so whenever you behold him?

自一別不料又兩矣。

뜻밖에 이별한 지 또 2년이 지났다.

Two years have glided away imperceptibly since we separated.

不料今日風水又轉了。

뜻밖에도 오늘 풍수가 또 바뀌었다.

who would have thought that fortune should return today?

---

113 역주 이 예문은 《玉橋梨 · 3》에서 인용한 것이다.

由你怠慢又無煩惱。

비록 당신이 나를 냉대했지만, 또 걱정은 없습니다.

Though you treat me ill, I will not be angry.

欲待不寫却又不像個詩人, 欲要信筆寫一篇又恐怕被他笑話。

쓰지 않는다면 시인 같지 않으며, 붓 가는 대로 한 편 쓰더라도 또 그의 조소를 살까 두렵다.

Without writing he cannot claim to be called a poet, and in writing he fears he shall expose himself to ridicule.

今夜又没有月色。

오늘 밤에 또 달빛이 없다.

There is no moon tonight.

2. '又'는 '來'와 결합하여 '또'(again)를 나타낸다.

又來取笑。

또 와서 비웃었다.

Yet again you come to deride or again you deride.

'也來'는 그렇게 좋은 용법은 아니다.

又來謙遜了。

또 겸손을 부리는군요.

Again you evince your modesty.

又來胡說。

또 허튼소리를 하는군요.

Again you are talking nonsense.

小孩子又來作怪了。

꼬맹이가 또 말썽을 부리는군.

This child acts more strangely than ever.

却又來, 又來了。

또 왔다. 또 왔어.

Behold, again.

3. 몇몇 실례에서 '又'는 반복된다.

1) 罵了又打, 打了又罵。

혼내고 또 때리고, 때리고 또 혼냈다.

He rails and then beats, he beats and then rails.

面孔紅了又白, 白了又紅。

얼굴이 빨개졌다가 또 하얘졌다가 또 빨개졌다.

His countenance often changed color.

想了又哭, 哭了又想。

생각하다가 또 울고, 울다가 또 생각했다.

He thought and wept, he wept and thought again.

哭了又說, 說了又哭。

울다가 또 말했고, 말하다가 또 울었다.

想了又惱, 惱了又想。[114]

생각하다가 또 화내고, 화내다가 또 생각했다.

이상의 예는 같은 의미를 제시한다.

2) 肚中又饑, 心下又氣。

배는 고프고, 마음은 또 화가 난다.

His stomach was empty, but his heart was full of wrath.

---

114 역주 이 예문의 영문 해석은 원문에서 빠져 있다.

3) 辭又辭不得, 就又就不得。

거절하려 해도 거절할 수 없고, 받으려고 해도 받을 수 없다.

He could not honorably refuse, nor yet could he accept.

悔又悔不轉, 退又退不去。

후회해도 돌이킬 수 없으며, 물러나려 해도 물러날 수 없다.

He was at a loss how to express his regret(for having entered), or in what manner he could well retire.

病又生不及, 死又捨不得。[115]

병이 나는 것을 막을 수 없으며, 또 죽음 역시 피할 수 없다.

He could not endure sickness and yet he feared to encounter death.

一肚氣洗又洗不去, 發又發不出。

울화를 없애려 해도 없앨 수 없으며, 풀려고 해도 풀 수 없다.

He could neither digest nor void his spleen.

坐又不安, 立又不寧。

앉아 있어도 또 불안하고, 서 있어도 편치 못하다.

He could neither sit nor stand.

4) 二人看了又看, 說了又說, 歡喜無盡。

두 사람이 보고 또 보고, 말하고 또 말하고, 매우 즐거워했다.

They could not cease to read or praise these verses, being elated with great joy.

5) 官又不像個官, 民又不像個民。

관리는 관리 같지 않으며, 백성은 백성 같지 않다.

You could neither call him noble nor plebeian.

考又考他不過, 人物又比他不上。

---

115 [역주] 이 예문에서 '捨不得'은 '不忍放棄'의 의미이다. 다른 예로는 "日逐夫妻四口在家度日, 猪肉也捨不得買一觔"《儒林外史·5》가 있다.

파트 2. 구어와 구어체

그를 시험하고 또 시험했지만 넘지 못했으며, 인물 역시 그에 견줄 수 없다.

They surpassed him neither in talents, nor in beauty of form.

6) 官又高家又富。

그 관리의 집은 지위가 높을 뿐만 아니라 부귀하기도 하다.

His office is high and his house wealthy.

才又高眼又毒。

재능 역시 안목이 높으며 또 매섭다.

His talents are great and his envy malignant.

7) 心下又驚又喜, 道這又奇了。

마음속으로 또 놀랐다가 또 기뻤는데, 이는 또 신기한 일이다.

Astonished and exulting he says, this is certainly wonderful.

心上又氣又惱, 又好笑却又不好, 十分羞辱他們。

내심 화가 나고 또 우스우면서도 또 좋지 않으며, 그들을 매우 모욕했다.

This excited his resentment and provoked his ridicule, yet it seemed best not to treat them too reproach fully.

心上又驚又疑, 又喜又惑, 就像做了一箇夢一般。

마음속으로 놀라고 또 의심하고, 또 기뻐하고 또 당황했는데, 마치 하나의 꿈을 꾸는 것 같다.

Fear and solicitude, joy and doubt, had together taken possession of his mind, so that he appeared like one in a dream.

他爲人又俊秀又且多纔, 又有俠氣又老實, 又謙讓又和氣。

그의 사람됨은 준수하면서도 재주가 많고, 또 의협심이 있으면서도 또 성실하고, 또 겸손하면서도 온화하다.

What a noble character! he is beautiful, intelligent, brave, sincere, humble, pacific.

4.2.9 '就'의 용법

1. '就'는 자주 '是'와 결합하는데 예를 들면 다음과 같다.

> 想必就是他。
> 그가 틀림없다고 생각한다.
> I think it must be himself.

> 想必就好來也。
> 틀림없이 잘 도착했을 것이다.
> I think he has come already or that he will soon arrive.

> 不是凍死就是餓死。
> 얼어 죽지 않으면, 굶어 죽는다.
> If he survives the cold, he will certainly die with hunger.

> 那朝北的門兒就是他家。
> 그 북쪽의 문이 그의 집이다.
> That gate opening(or looking) to the north is the gate of his house.

> 就是了。
> 바로 ~이다. 또는 그만이다.
> It is this itself or it is thus or it will thus be done.

> 我一個冢宰[116]公子，難道白白受他的凌辱就是這等罷了。
> 재상의 아들인 내가 공연히 그의 능욕을 받았는데 설마 이뿐이란 말인가?
> Shall I, the son of a minister of state, suffer such reproach, and he escape with impunity?

2. '莫說' 뒤에 '就是'가 오며, 그 뒤에 '也'가 뒤따른다.

---

116 **역주** '冢宰'는 고대 관리의 명칭으로 '太宰'를 가리킨다.

莫說他是然不肯，就是他肯我也無面去求他。

그가 이같이 원치 않는 것은 말할 것도 없고, 설령 그가 원하더라도 나 역시 그에게 부탁할 면목이 없다.

Say not that he is positively unwilling, even were he willing, I would not venture to ask it.

你只管用心讀書，莫說紙筆之資燈火之費老夫不惜，就是婚姻一事少不得也在老夫身上。

너는 오직 공부에만 전념해라. 종이와 붓, 등불의 비용을 이 늙은이가 아끼지 않음은 말할 것도 없으며, 혼사 역시 이 늙은이에게 맡겨 둬라.

Give you undivided attention to your studies, I will take upon myself not only to furnish you with paper and pencil, fire and oil, but also in due time to provide for your marriage.

莫說別人就是我也知道。

다른 사람은 말할 것도 없이 나 역시 안다.

Wonder not that others are ignorant; if I indeed I have heard of this.

休說三件就是十件都依你。

세 건은 물론 열 건 모두 너에게 달렸다.

I will readily grant you not only these three, but ten of this sort.

休說一个棺材本，就是十个少人也來得起。[117]

하나의 관 값이 아니라 열 개라도 바로 마련해 드릴게요.

I will readily allow you pay not for one coffin only, but for ten.

莫道不敢說，就是說明了，這樣所在也放[118]不出來。

감히 말할 수 없다고 말하지 마라. 설령 말한다고 하더라도 이와 같은 곳을 피할 수는 없다.

---

117 역주 Premare(1847:105) 원문에서 '个'와 '休'로 표기되어 있다. 이 예문은 《金瓶梅・7》에서 인용한 것이다.

118 역주 여기에서 '放'은 '피하다'(免去)의 의미로 쓰였다.

Say not that I am afraid to speak; though I should declare everything most plainly, we could not effect our escape.

你莫說妻子，連身子也不知在何處了。

당신의 아내는 말할 것도 없고, 이 몸이 어디에 있는지조차도 모르겠다.

Speak not of my wife, I cannot tell where I am myself.

이 예문에서 '連'은 분명히 '就是'와 같은 의미를 지닌다.

3. '就'는 비록 '莫說'에 선행하지는 않지만, 그 의미는 같다.

就死也甘心。

설령 죽더라도 기꺼이 받아들이겠다.

I would cheerfully encounter death itself.

就爲他凍死也自甘心。

그를 위해 설령 얼어 죽더라도 나는 기꺼이 받아들이겠다.

For his sake I would even die with cold.

就死也不敢奉詔。

설령 죽더라도 그러한 명령을 따를 수는 없다.

I will die rather than yield obedience to such an order.

就是鐵石人也禁不的。

설령 그렇게 피도 눈물도 없는 사람조차도 견뎌 내지 못했다.

Though he were as iron or stone, yet he could not withstand.

你就跪一百年我也是不吃。

네가 설령 백 년 동안 무릎을 꿇더라도 나는 먹지 않겠다.

Though you remain upon your knees a hundred years, yet I will not drink.

他就點着燈那裡尋這人情去。

그가 설령 불을 밝히더라도 어디에서 이러한 인지상정을 찾을 수 있단 말인가?

Though he light a lamp, where can he find a man with a benevolent heart?

就受他幾年也是該的。

설사 그를 몇 년 동안 받아들이더라도 마땅히 해야만 하는 것이다.

Though I should have to bear with her for many years, yet I would not refuse.

就做一個纔子也是枉然。

설령 재주가 뛰어난 자라고 할지라도 역시 헛수고 할 수 있다.

Although you are a man of talents, yet your expectations are vain.

生員們就喫了一些虧也只得忍耐了。[119]

생원들이 비록 손해를 좀 보더라도 역시 감내해야만 한다.

Though we have not yet attained to the grade of bachelors, we are willing to continue the pursuit still further.

你就是鐵打的心腸也該。

네가 비록 굳건한 마음을 가졌더라도 해야만 한다.

Though you had an iron heart, yet you ought, etc.

4. '就'는 '바로, 즉시'를 나타낸다.

就去不妨。

바로 가더라도 무방하다.

Nothing hinders you from going immediately.

要不做就不做, 要做就做。

하지 않으려면 하지 말고, 해야만 한다면 바로 해라.

I compose or not as I please(speaking of odes).

你不收便是推托, 我就惱了。

당신이 받지 않는다면 떠넘기는 것이며, 나는 화가 날 것이다.

---

119 역주 '生員'은 명·청 대에 가장 낮은 등급의 시험을 통과한 선비를 가리킨다. 원문에서 '吃'와 '喫'가 혼용되어 사용되었음을 알 수 있다.

If you do not receive this, I shall regard it as denying my request, and shall take it ill of you.

你若…我就急死了。

만약 당신이 … 나는 초조해질 것이다.

If you … I shall speedily die with solicitude.

你說不是我怕你，你不說就是我的兒。

너는 내가 너를 두려워하는 것이 아니라고 말한다. 너는 나의 아들이라고 말하지 않는다.

Though you talk thus I do not fear you; hold your peace, and you shall be at once my dear son.

我的哥，你怎的就不進來了。

형 왜 들어오지 않는 거야.

My brother, why did you not immediately enter!

這樣講來就沒有疑心處了。

이렇게 말한다면 의심스러운 곳이 없다.

If this be indeed true, there is no room for doubt.

只以為我聽錯了，也就罷了。

내가 잘못 들었다고 여긴다면 그만 됐다.

Even if I did not hear correctly, it is of no use to say more.

5. '就'는 또한 사람 또는 사물이 서로 닮음을 나타내는 문자와 결합한다.

生得丰姿俊秀就像一个美人。

용모가 빼어나, 한 명의 미인 같다.

He is so beautiful and comely, that he is like a handsome girl.

就生似鐵。

철로 만든 것 같다.

He is made of iron.

待我就如骨肉。

혈육처럼 나를 대하다.
He treated me in like manner as himself.

就像不聽見一般。

마치 듣지 못한 것과 같다.
He acts as if he had heard nothing at all about the matter.

4.2.10 불변화사 '却'

1. '却'은 단언을 강화하는 데에 사용된다.[120]

却不可惜了。

도리어 아깝지 않은가?
Would it not be a great loss?

却是兩樣的筆跡。

알고 보니 다른 필적이다.
It is evidently a different hand.

這却令人不解。

이는 확실히 사람들이 이해하기 힘든 것이다.
This certainly cannot be explained.

肯不肯且由你，求不求却在我。

받아들일지 말지는 너한테 달렸지만, 부탁할지 말지는 오히려 나에게 달려
있다.
You are indeed at liberty to assent or to refuse, but whether to ask or not
is certainly my privilege to decide.

---

120 역주 즉 '오히려', '도리어'로 주로 해석되며, 해석되지 않은 경우도 종종 있다.

却又來。

또 왔다.

Behold, again!

恁的却不好。

이것은 확실히 좋지 않다.

This certainly will not answer.

却是投那裡去宿是好?

그러나 어디에서 묵는 게 좋을까?

But whither shall I repair for the night?

從今日就斷了酒, 待你回來却開。

오늘부터 술을 끊는데, 네가 돌아올 때까지 기다렸다가 다시 마시겠다.

Henceforth I relinquish the use of wine, but when you return, I shall drink again as usual.

却該甚罪?[121]

무슨 죄를 지었는지 아느냐?

What do you deserve for such a fault.

若打傷了, 彼此體面却不好看。

만약 부상을 당했다면, 서로의 체면이 상하게 된다.

Had blood been shed, both would have been equally disgraced.

心下十分要推辭却一時沒法回得。

마음속으로는 매우 거절하고 싶었지만, 잠시 대답이 생각나지 않았다.

He much wished in his heart to be excused, but he could think of no suitable reply.

你便做夢, 我却當眞。

---

121 역주 이 예문은 《水滸傳 · 38》에서 인용한 것이다.

너는 꿈을 꾸고 있는 것 같지만 나는 사실이라고 여긴다.

I think you must be dreaming.

却是你來尋我, 非是我來尋你。

네가 나를 찾으러 온 것이지 내가 너를 찾은 것은 아니다.

It is you who inquire for me, I do not inquire for you.

那裡是言兵事却是一首七言律詩。

어디에서 전쟁을 말하는가? 칠언율시를 말하는 것이다.

War was not the subject, but the verses were heptameter.

不知還舊相知却是新相知。

오랜 친구인지 새로운 친구인지 알지 못한다.

I know not whether he be an old or a new friend.

2. '却'은 자주 뒤에 '也'가 온다.

你說的話雖不是指鹿爲馬, 却也是以羊易牛。

너의 말은 비록 '지록위마'(고의로 사실을 전도하다)는 아니지만, 그러나 역시 '이양역우'(작은 것으로 큰 것을 대신하다)라고 할 수 있다.

Your remarks do not indeed imply that a stag should answer for a horse, but that a cow should be exchanged for a sheep.

你雖放他不過, 却也奈何他不得。

너는 비록 그를 내치지는 않았지만, 그를 쓸 수도 없다.

You can neither discard, nor bring him into subjection.

雖是父母留我之意, 却也說得有理, 只得又勉强住了。

비록 부모님께서 내가 머물기를 바라셨고, 또한 일리 있게 말씀하셔서 부득이 또 머무를 수밖에는 없었다.

Although my parent wish to retain me with themselves, yet they speak the truth; therefore I must still remain at home.

雖然生個女兒, 却也十分歡喜愛惜。

비록 여자아이가 생겼지만, 그래도 매우 기쁘고 사랑스럽다.

Though the child was a daughter, yet they rejoiced greatly and lover her much.

'雖'가 줄곧 '却' 앞에 온다는 점을 유념할 필요가 있다.

莫說生一個小姐便生十個小姐, 却也算不得一個兒子。

한 명의 딸은 말할 것도 없고 열 명의 딸을 낳는다고 하더라도 한 명의 아들만 못하다.

Say not she has borne one little daughter, if she said liad ten, they could not be compared to one son.

雖算不得…却也是。

비록 인정할 수는 없지만, … 그래도 사실이다.

Though it can not be reckoned … yet it is.

3. '却'은 자주 의문을 포함하는 구에서 사용된다.

却是爲何?

그런데 무엇 때문이니?

But why so, pray?

却怎了?

도대체 왜 그러는데?

What then?

却怎麼好? 또는 却是怎的好?

도대체 어떻게 해야 하는데? 어떻게 하는 것이 좋은 것인데?

What then shall I do? what is it best to do?

却將奈何。 또는 這却怎生區處。

도대체 어찌 해야 할지. 이것이 어떻게 결정될지.

What will at length happen? how will the affair turn out?

這位相公却是何人?

이 상공은 도대체 어떤 사람입니까?

Who is that youth?

你却從哪裡[122]來?

그런데 너는 어디에서 왔니?

Whence, pray, do you come?

既不在這裡却在何處?

여기에 이미 없다면 어디에 있는 것이냐?

If indeed he is not here, where then is he?

若果又聘了此女, 却將置我於何地?

만약 그 여자가 정혼했다면, 나는 장차 어디에 있게 될 것인가?

If she is destined to be his wife, what shall become of me?

却不活活的害死我也。

나를 무참하게 죽이려는 것은 아니다.

Is not this to put me to a sudden death.

4. '却'이 쓰인 아래의 구는 주목할 필요가 있다.

却也好笑。

정말 우습다.

A laughable affair.

却也是公平。

그래도 공정하다.

But this is indeed right.

却只當不曾聽見。

122 　역주　원문에서는 '那裡'로 나와 있다.

확실히 들어 본 적이 없는 것 같다.

He acts as if he had not heard of it.

却又一字不通。

그런데 한 글자도 모른다.

Neither indeed did he know a single character.

却不辜負了你一段好意。

그런데 너의 거짓 호의를 저버린 것은 아니다.

Would it not render your kindness towards me of no avail?

醒來却是一夢。

깨어 보니 꿈이었군.

Waking he knew that it was a dream.

却一片心一雙眼射定在他身上。[123]

마음과 눈이 그를 향했다.

The sharp glances of his eyes pierced him like arrows.

却自多疑要去偷看, 却又偷看錯了。

나는 지나치게 의심이 들어 몰래 보고 또 잘못 훔쳐봤다.

I feared greatly, and desiring to see without being noticed, failed to notice accurately myself.

你忘却了我。

너는 나를 잊어버렸구나.

You have forgotten me.

4.2.11 불변화사 '着'

'着'은 '却'처럼 의미를 강화할 때 사용된다. 그러나 우리는 다른 수

---

[123] 역주 이 예문은 《畫圖緣》의 "却一片心, 一雙眼, 射定在柳青雲身上"과 유사하다.

많은 불변화사처럼 실제적인 사용에서 양자 간의 미묘한 차이를 발견하게 된다. '着'이 결합하지 않는 많은 동사와 명사가 존재하는 반면, 그것은 드물게 의미를 더한다. 이는 '却'에도 해당하지만, '却'이 항상 명사나 동사 앞에 오는 반면, '着'은 명사나 동사 뒤에 온다는 차이점이 있다.

等着。
기다려.
Wait.

記着。
기억해.
Remember.

我牢記着哩。
나는 명심하고 있다.
I remember perfectly.

慢些着。
좀 천천히.
Be not so hasty.

拿着。
가져가라.
Receive.

遇着。
마주치다.
To meet.

尋訪着了。
방문했다.

I have at length discovered him.

尋不着便罷了，有甚麽氣。

찾지 못했으면 어쩔 수 없지, 왜 화를 내니?

If you cannot find it let it pass, why are you vexed?

睡不着。

잠을 잘 수 없다.

I cannot sleep.

騎着一匹牲口。[124]

가축(말, 소)을 타다.

He rode a sumpter horse.

帶着笑容。

미소를 띠다.

He shows a merry countenance.

望着他深深一個萬福。

그를 향해 매우 정중하게 인사를 드렸다.

Turning towards him she saluted him with profound respect.

忍着疼痛。

고통을 견뎌 내다.

He endures grief patiently.

怎麽趕得着。

어떻게 따라갈 수 있을까?

How can I overtake him?

收留着我。

---

124 역주 일부 판본에서는 pp.110~111까지 누락되어 있으므로 주의할 필요가 있다.

나를 거두었다.

He retained me with himself.

着實[125]打。

단단히 두드렸다.

Give him a sound flogging.

着實有些本事。

확실히 수완이 좀 있다.

He certainly has foresight.

就該着實責偹他。

확실히 그를 혼내야만 한다.

You should at once have corrected him faithfully.

背着母親。

어머니를 따르지 않다.

He disobeyed his mother.

到没着落處。

의지할 곳이 없다.

I know not what to do.

你的功名却在那裡曾有一毫着落否?

너의 공명은 도대체 어디에 있기에 의지할 곳이 일찍이 없어 왔던 것이냐?

Where are those your merits, what have they hitherto availed you?

要做這船勾當, 那良心二字使不着了。

만약 이런 수작을 부린다면, '양심'— 이 두 글자는 사용하지 못할 것이다.

If you are going to conduct so unjustly, how will you preserve a reputation for integrity.

---

125 역주 '着實'은 '확실히, 단단히'라는 의미를 가진다.

一些頭腦摸不着。

약간의 단서도 찾을 수 없다.

I can find out nothing about this affair.

好生記念着[126]他。

그를 잘 기억하고 있다.

He thinks of him incessantly.

依着你便是。

너에게 의존하면 된다.

I will accede to your wishes.

心上着[127]急。

마음을 졸이다.

The mind being vexed and troubled.

此事你不必着[128]急。

그 일은 네가 초조해할 필요가 없다.

You need not be so anxious on this account.

怎不着氣?

어째서 화를 내지 않느냐?

Who could be quiet?

何須着惱?

어찌 성낼 필요가 있겠는가?

What need is there of anger!

愈加着忙。

---

126 역주 원문에서는 '箸'로 나와 있다. 이는 '著'의 오타로 보인다.

127 역주 원문에서는 '箸'로 나와 있다.

128 역주 원문에서는 '箸'로 나와 있다.

파트 2. 구어와 구어체

더욱 허둥대다.

He was still mere vexed.

着了急，紅着臉，左不是右不是。

초조해하고 낯을 붉히며 어쩔 줄을 몰라 했다.

He was much perplexed, he blushed and hesitated what to do.

你此來爲着何事?

너는 무슨 일로 여기에 왔는가?

You have come here on what business?

想是也着了魔。

역시 귀신에 홀렸다고 생각된다.

I think he is possessed of the devil.

着他再飮一杯。[129]

그로 하여금 한 잔 더 마시게 했다.

Let him drink still another cup.

着他進來。

그를 들어오게 했다.

Bid him enter.

4.2.12 불변화사 ‘倒’, ‘到’, ‘轉’

‘到’는 일반적으로 ‘도착하다, 오다’를 나타낸다.

到手。

손에 넣다. 획득하다.

To come to hand.

---

129 역주 이 문장과 아래의 문장은 ‘着’의 사역 용법을 나타낸다.

到那裡去?

어디로 가니?

Where are you going?

無不到之處。

이르지 못하는 곳은 없다.

He always hits the mark.

你如今到此田地。

너는 지금 이 지경에 이르렀다.

Since you have now come to this state.

肥不着他，瘦不到我。

그를 살찌게 할 수도 없으며, 나를 마르게 할 수도 없다.

If well, no thanks to him, but if ill it is no fault of mine.

'到底'는 '끝까지~하다, 마침내'(to the foundation, in fine)이다. '倒'는 '넘어지다'(to fall down, to sink)를 나타낸다.

昏迷倒地。

의식을 잃고 넘어지다.

Astonished he fell to the earth.

一倒了頭。

갑자기 드러눕다.

He fell suddenly as by a death-stroke.

拜倒於地。

땅에 무릎 꿇고 절하다.

To bow in salutation to the earth.

處他不倒。

그를 처벌할 수 없다.

He cannot be held in subjection.

壓報他不倒。
그를 묵인할 수 없다.
He cannot be made of acquiesce.

東倒西歪。
이리저리 비틀거리다.
This is said either of an old and dilapidate wall, or of the reeling of a man intoxicated.

불변화사로서 '到'와 '倒'의 여러 가지 의미와 용법을 원래 의미로부터 유추할 수 있는지는 의심스럽다. 적어도 그러한 경우에 그들 간에는 거의 차이가 없다는 점은 분명하다. 또한 발화에서 이러한 점들을 주목했던 유럽인들은 극소수이므로 우리는 좀 더 주의를 기울일 필요가 있다.

1. '也'는 '到'와 '倒' 뒤에 오며, 양자 간에는 어떠한 차이도 없다. '到'의 예는 다음과 같다.

這到也好。
이것 역시 정말 좋다.
This is indeed good.

這到也說得是。
이것 역시 사실이다.
This is said with truth.

到也罷。
도착해도 괜찮아.
Let it pass.

兄弟算計…到也莫全只是。

형제의 계획은 완전하지는 않지만, 다만 ….

Your plan is not without difficulty, but yet ….

這王生到也是有心計之人。

왕생은 계략이 많은 사람이다.

This Wang Sang is full of his contrivances.

這話到也有三分可疑。

이 말은 3할의 의심스러운 곳이 있다.

We cannot repose implicit confidence in these words.

早一步見一見到也妙。

일찍 와서 보는 편이 나았다.

A moment sooner, and I should have seen him.

原來如此學生到也不知。

알고 보니 학생들도 몰랐군요.

This is indeed true and yet I knew it not.

爲人任氣敢爲到也赫赫有名。

그의 사람됨은 제멋대로이고 뻔뻔함에도 불구하고 상당한 명성을 얻었다.

He is indeed a magnanimous and courageous man, he has acquired distinguished fame.

'倒'의 예는 다음과 같다.

名字倒也忘了。

이름을 뜻밖에 잊어버렸다.

I have quite forgotten his name.

你這句話倒也說得不差。

너는 뜻밖에도 괜찮은 말을 했다.

You have indeed declared this openly and truly.

如今貧窮倒也不在心上。

오늘날의 가난을 오히려 걱정하지 않는다.

He does not indeed think of present misery.

今日有一椿[130]倒也有些滋味，只是害了一個好人。

지금 흥미로운 상황이 있긴 하지만, 좋은 사람에게는 해가 될 뿐이다.

There is one circumstance not indeed unpleasant, but it will be necessary to destroy an innocent man.

他如今倒也好。

그는 현재 의외로 괜찮다.

It is now well enough for him.

倒也快活。

오히려 즐겁다.

It would indeed pleased.

2. '也'가 생략되었을 때에도 그 의미는 같다. 먼저 '到'의 예는 다음과 같다.

我到不消。

나는 필요하지 않다.

I am not in want.

小弟們來諸兄[131]爲何到要回去?

저희가 왔는데 왜 여러 형님께서는 돌아가려고 하십니까?

Why do you wish as soon as we arrive, to depart thither?

---

130 [역주] 여기에서 '一椿'은 참죽나무라기보다는 하나의 상황을 가리키는 말로 이해해야만 한다.

131 [역주] '諸兄'은 '所有同宗之兄' 또는 '族兄'을 가리키는 말로, "言旋言歸, 复我諸兄"《詩經·小雅·黃鳥》의 예가 있다.

若是這等一個人物到好了。

만약 이러한 인물이라면 괜찮다.

If he were only such I should be happy.

小弟所謂美者，樣子到有一個，只是不好明言。

소위 '미'라는 것이 형태를 가지고 있기는 하지만, 저는 다만 명확하게 설명하기는 힘들 따름입니다.

I have indeed a notion of that which I call beauty, but I dare not explain myself.

我到有一計在此。

나는 여기 계략이 하나 있다.

Here I have found an expedient.

若是我拿你到造化了。

만약 내가 너를 데리고 간다면 그것은 정말로 행운일 것이다.

If I should take you, happy indeed would you be.

難道我們到進去不得?

설마 우리는 들어가지 못하는 건가?

Shall access be refused to us only?

怎的到送與別人?

어떻게 이것을 다른 사람에게 선물 줬나요?

Why have you presented this to another rather than to myself?

'倒'의 예는 다음과 같다.

你是那裡人倒會說話?

너는 어디 사람인데 그렇게 말을 잘하니?

Where do you belong? you speak very fluently.

你老人家倒說的好。

어르신께서는 뜻밖에 옳은 말을 하십니다.

파트 2. 구어와 구어체

You do indeed, sir, speak correctly.

我來了, 你倒要脫身去了。

내가 왔으니 너는 빠져나가야 해.

Behold, I come and you wish immediately to escape.

吃[132]的倒好。

뜻밖에 잘 먹는다.

If I could eat I should be well.

洗了臉倒好。

세수를 하니 더 좋다.

It would be well if he would wash his face.

這倒不消慮得。

이것은 오히려 고려할 필요가 없다.

This is not so very important as you think.

疑事倒有兩椿。

의심할 일이 두 가지 있다.

There are two points which admit of doubt.

寧可以後從容些, 這一次倒從容不得。

차라리 이후에는 여유가 있겠지만 이번에는 여유가 없다.

At another time moderately, but now there can be no delay.

我們倒忘了。

우리는 뜻밖에 잊어버렸다.

This had escaped from our memory.

我倒記得爛熟。

나는 줄줄 외운다.
I remember all this well.

倒生得文雅。

뜻밖에 고상하게 생겼다.
I did not think that he appeared so well.

主意倒好只是太費本些。

생각은 좋지만 단지 비용이 너무 들 뿐이다.
The counsel is indeed good, but it requires too great expense.

他倒不肯。

그는 오히려 원치 않았다.
He is after all unwilling.

你去了倒好。

네가 가는 편이 오히려 좋다.
Keep yourself at a distances.

死倒不死。

죽고자 했지만 실제로 죽지 않았다.
Die! indeed he will not die.

那倒不消。

그것은 불필요한 것이다.
Yet this is not necessary.

我是人可怎麼倒怕鬼?

나는 사람인데 어째서 귀신을 두려워하겠는가?
I am alive and well, how frightened you are, as if you saw me just rescued from the lower word.

你別的話倒也中聽，今日這些說話我却有些不耐煩聽他。[133]

너의 다른 말은 듣기 좋지만, 오늘 이 말들은 듣기 힘들다.

At another time I will hear you with pleasure, at present I can with difficulty attend to what you say.

3. '到'와 '倒'는 자주 '반대로, 오히려'(on the contrary)를 나타낸다. 그러나 이러한 경우에는 '倒'를 사용하는 것을 선호한다.

本欲燥皮[134]倒討了一場沒趣而去。

본래 즐겁게 지내려고 했지만, 분위기를 한바탕 망치고는 가 버렸다.

He desired to appear great and to get a name for himself, but on the contrary he retired in disgrace.

夫人的香氣不曾聞見一毫, 這媒人的臭氣倒受了一肚子。

부인의 향기를 맡아 보기는커녕 중매인의 악취만 실컷 맡았다.

Mistress has not yet said to me one word, on the contrary old woman concerning matrimony.

活的拿不着, 倒拿着個死的。

살아 있는 자는 데려오지 못하고, 오히려 죽은 자를 데려왔다.

You have not taken him alive, but on the contrary have brought him dead.

如今却緣何倒去害他性命?

도대체 왜 지금 그의 생명을 뺏으려는가?

Why now on the contrary do you wish to kill him?

文纏雖無, 口纏倒有。

글재주는 비록 없지만, 말솜씨는 있다.

Though deficient in intellect, he is yet very brave in speech.

前日眞的是假, 今日假的倒是眞了。

---

133 [역주] 이 문장에서 '他'는 '也'의 오기로 보인다.
134 [역주] '燥皮'는 '爽快, 舒服'의 의미이다.

그제는 정말로 가짜였지만, 오늘은 가짜라고 여겼던 것이 오히려 진짜였다.

Heretofore true, he was considered false; but now on the contrary being false, he is deemed to be true.

今日的酒不是請罪的酒倒是絶交酒了。

오늘의 술은 용서를 비는 술이 아니라 오히려 절교를 고하는 술이다.

This day's wine is not conductive to peace, it is indeed rather the wine of discord.

怎麼倒反罵起我來這也奇極了。

어째서인지 반대로 나를 질책하니, 이 역시 매우 이상한 것이다.

Why, on the contrary, do you assail me with maledictions? — this is exceedingly strange.

倒反做作起來。

반대로 부자연스럽게 되었다.

On the contrary he is displeased.

'反'은 '到'와 같지만 큰 호소력을 지녔다. '做作'는 '동요되다, 불안하다'(agitated, disturbed)를 나타낸다.

我爲女兒姻事無處不覓一佳壻不期家中倒有一個東床。[135]

내가 딸의 혼사를 위해 사위를 찾을 곳이 없었는데 뜻밖에도 집안에서 사위를 찾았다.

Where have I not sought a son in law worthy of my daughter, and yet there was such a person in my own household.

倒弄得我上不下不下。

반대로 나를 이러지도 저러지도 못하게 만들었다.

He has on the contrary rendered me uncertain what to do.

---

135 **역주** 원문에서 '東床'으로 표기되었다.

倒弄箇没意思。

반대로 지루하게 되었다.

On the contrary he has shown himself ridiculous.

4. '到'와 '倒'는 때때로 우아하게 반복되기도 한다.

你做管家的倒會性氣, 難道大爺倒沒性氣?

너와 같은 집사도 오히려 화를 낼 수 있는데, 설마 나리께서 화를 내지 않을까?

Though a secret you deem it proper to be angry you can endure nothing, but your master forsooth must endure all.

你是个把舵的, 我是个撑船的, 我倒不慌你倒慌了手脚。[136]

너는 키를 잡은 사람이며, 나는 노를 젓는 사람이다. 나는 서두르지 않는데, 오히려 네가 어쩔 줄을 몰라 하는구나.

You act the part of helmsman, and I do the rowing; I am not terrified, but you are completely overpowered with fright.

我倒好意說他, 他倒把眼睛紅了的罵我。

나는 좋은 뜻으로 그를 설득했는데, 그는 오히려 눈을 붉게 뜨고 나를 질책했다.

I accosted her with the best intention, but her eyes sparkling with rage, she loaded me with exercrations.

我倒不言語, 你倒說長說短。[137]

나는 아무 말도 하지 않았는데 오히려 네가 거리낌 없이 말하는구나.

I say nothing, while you prate at pleasure.

此事與舍親家說倒容易, 只怕與女孩兒說倒有些艱難。

---

136 역주 원문에서 '个'자로 나온다.

137 역주 '說長說短'은 '信口亂說, 挑撥是非'란 의미로 예를 들면 "我和你又无實跡憑據, 隨他說長說短"《初刻拍案驚奇 · 17》이 있다.

그 일을 친척에게 말하는 것은 쉽지만, 다만 딸에게 말하는 것이 다소 힘들 뿐이다.

Nothing is easier than to relate these things to my kinsman, but to speak of them to my daughter is a matter of some difficulty.

5. 또한 다음과 같은 예도 있다.

我勸諸生倒不如去了罷。

나는 여러 유생이 떠나는 것보다 못하다고 충고했다.

I can advise you nothing better than to depart.

倒不如不見的好。

오히려 보지 않는 것만 못하다.

It would have been far better not to have seen.

倒不如…爲妙。

오히려 ~만 못하며 이러는 편이 훨씬 낫다.

In this and this manner … it will be far better.

倒是明日領教罷。

하지만 내일 가르침을 받겠습니다.

But let us defer these things till tomorrow.

倒是青衣女子先開口說道。

도리어 하녀가 먼저 입을 열어 말했다.

The maid servant first spoke and said.

如今倒要弄假成眞了。

지금 오히려 농담이 진담이 되려고 한다.

Now what was designed to be false turns out true.

常說他倒像個公子兒。

뜻밖에 그가 공자 같다고 자주 말했다.

They would commonly say he had the air of a young man of quality.

6. '轉'은 자주 '倒'와 같은 의미로 사용되는 것을 볼 수 있다. 《화도연화도록圖綠》과 다른 책에서 수많은 예가 있다.

4.2.13 불변화사 '叫', '教', '交'

'叫'는 원래 '부르다'(to call), '教'는 '가르치다'(to teach)를 뜻하지만, 지금 논의하는 용법에서 그것들의 의미는 같다. 그러나 '教'가 좀 더 고상하게 보인다. '交'(교차하다; to blend)는 '叫'와 '教'와 같은 의미를 나타낸다.[138]

> 教外人來欺負我。
> 외부 사람으로 하여금 나를 괴롭히게 했다.
> He induces foreigners to treat me with reproach.
>
> 不知怎的錯見了好幾日並不上門, 交奴心裡沒理會處。
> 어떠한 오해가 생겨 며칠 동안 안 봤는지를 모르겠다. 이는 나로 하여금 이해하지 못하게 만들었다.
> Oh uncle, I know now what has displeased you; you have not called upon us for many days; I certainly cannot see the reason of this.

'叫'의 예는 다음과 같다.[139]

> 叫我怎生去回?
> 나에게 왜 돌아오라는 것인가?
> Why do you desire me to return?

---

138 역주 여기에서 같은 의미는 바로 '사역'(causative) 의미를 가리킨다. '叫'(叫), '教'의 사역 용법은 *Grammatica Sinica*(1696), *Arte de la Lenguaa Mandarina*(1703)와 17, 18세기 문법서에서는 언급되지 않았으며, 실제로 Premare가 제일 처음 언급했다고 할 수 있다.

139 역주 원문에서는 '敎'로 표기되어 있는데, '叫'자의 이체자이다.

叫我如何放得心下?

나더러 어떻게 마음을 놓으란(안심하란) 말인가?

How can you persuade me to be tranquil?

未免叫我放心不下。

나로 하여금 꼭 마음을 놓을 수 없게 만든다.

You will cause me great anxiety.

方纔這箇啞謎叫我如何猜得着?

방금 그 수수께끼를 내가 어떻게 추측하란 말인가?

How can I explain the riddle which you have just proposed?

你既有這叚好心叫我如何走得開去?

네가 이러한 좋은 마음을 가지니 내가 어떻게 갈 수 있겠니?

Having such an affection for me, how can you desire me to forsake you?

叫我沒的('得' 대신 '的'이 쓰임)開口。

내가 말을 하지 못하게 하였다.

You forbid me to open my mouth.

叫我們沒做理會。

우리로 하여금 깨닫지 못하게 했다.

You make us uncertain what to do.

叫我們不要望想。

우리로 하여금 희망을 갖지 못하게 만들었다.

He seeks to deprive us of all hope.

叫我將甚麼面目見人?

우리가 장차 무슨 면목으로 사람을 볼 수 있겠는가?

What confidence shall I have in future to look upon mankind?

相公許場後就來,爲何直到如今叫我老漢等得不耐煩?

상공께서 시험 후에 바로 돌아오는 것을 허락했는데, 왜 지금까지 이 늙은이로 하여금 짜증 나게 기다리게 만드는 것인가?

You promised to return as soon as the examination was finished; why then by delaying so long, have you created such anxiety in the mind of an old man?

때때로 '叫'는 '명령하다, 충고하다, 설득하다'(to command, to advise, persuade)를 의미한다.

哪個[140]叫他做官?

누가 그로 하여금 관리가 되게 만들었는가?

Who bade him act the magistrate?

叫他打箇不數。

그로 하여금 수도 없이 때리게 하였다.

He ordered him to flogged without mercy.

這許多東西一日也買不完, 這門上叫哪個[141]看守?

이렇게 많은 물건을 하루에 다 팔 수 없으므로, 이 문을 누가 지키겠는가?

We cannot sell all these things today, who in the meantime will keep the gate.

'教'의 예는 다음과 같다.

教我肚裡好悶。

내 마음을 상당히 우울하게 만들었다.

You cause me excessive grief.

休教人看見。

다른 사람이 보게 하지 말라.

---

140 [역주] 원문에서는 '那個'로 표기되었다.

141 [역주] 원문에서는 '那個'로 표기되었다.

Let no man see.

教我怎麼好?

내가 어떻게 하면 좋겠니?

What then would you have me do?

教我如何獨自先行?

왜 내가 먼저 혼자서 가도록 만드는가?

Why do you desire me to make this journey alone?

你去之後教我把心上的事對誰說來?

당신이 간 후 나의 마음속의 일을 누구에게 말해야 합니까?

To whom in your absence do you require me to confide my thoughts and feelings?

教我怎得不苦?

내가 어떻게 괴롭지 않단 말인가?

Can you shown me how to get free from trouble?

教我怎生氣得過?

내가 어떻게 화를 푼단 말인가?

Tell me how I can suppress my anger.

却教我哪裡[142]去再尋這等一個配他?

내가 어디에서 다시 그와 같은 배우자를 찾을 수 있단 말이오?

Where can I find another spouse like him?

教我有半箇眼兒看的上?[143]

내가 눈이 삐었다고 당신 같은 사람을 좋아하겠어요?

Tell me how can I now look up?

---

142 역주 원문에서는 '那裡'로 표기되었다.

143 역주 이 예문은 《金瓶梅·21》에서 인용한 것이다.

怎教我不愛你?

어떻게 내가 너를 사랑하지 않을 수 있단 말이오?

Why do you refuse my love?

教人恨又恨不得, 丟又丟不開。

다른 사람으로 하여금 원망하거나 또 원망하지 않게 하거나, 버리거나 버릴 수 없게 한다.

You tell me of regret, it is impossible: of desertion, it is out of question.

教我來又來不得去又去不得。

나로 하여금 오거나 오지 못하게 하거나 또 가거나 가지 못하게 한다.

You will neither let me come nor go.

4.2.14 불변화사 '可'

1. '可'는 자주 '적당하다, 적합하다'를 나타낸다.

有何不可?

왜 안 되는가?

Why not?

只可動口, 不可動手。

말로 할 수만 있고, 손찌검해서는 안 된다.

The subject may be discussed, but it is not proper to fight about it.

只可使他聞香, 不可容他下筋。

그로 하여금 냄새만 맡게 하고, 맛을 보게 해서는 안 된다.

We may smell of it, but must not taste it.

2. '可'는 동사와 결합하여 동사적 형용사 또는 동명사를 형성한다.

令人可愛。

그를 사랑스럽게 만들었다.

He makes himself too amiable.

這老兒這等可惡。 또는 可恨。 또는 可憎。

이 늙은이는 그렇게나 가증스럽다.

That so detestable old man.

只有一句說得可聽。

한마디만 들을 만하다.

This phrase only ought to be heard.

3. '可'는 자주 의문사 '麼'에 선행하는데, 거의 같은 의미를 나타낸다.

你可知道麼?

너는 정말 이해했냐?

Are you quite sure of it?

我要會那官人, 不知可見得麼。[144]

나는 그 관리를 만나야 하지만, 볼 수 있을지는 알지 못한다.

I wish to see that gentleman; but I do not know if it is proper to have an interview or not?

這裡可說得話麼?

여기에서 말할 수 있습니까?

Can we not speak in this place?

如今可還在麼?

지금까지 아직 머물러 있습니까?

Does he yet still remain?

---

144 역주 원문에서는 오타가 있어, 지우고 옆에다 쓴 것 같다.

可也略有些意思麼?

어떤 의미가 있습니까?

Is there not some slight purpose? or is there not some taste in this?

可有甚麼好景致麼?

어떤 좋은 풍경이 있습니까?

Is there not some pleasant prospect, some agreeable walk?

'甚麼'는 여기에서 의문이 아닌데, 이는 문미의 '麼'에 의해 표시된다.[145]

可是白淨面皮沒有鬚, 左手長指甲的麼?

그러나 희고 깨끗한 피부로 수염이 없으며, 왼손의 손톱은 깁니까?

Has he not a smooth and fair face, without beard, and a long nail upon his left hand?

하지만 문미나 문장 중간에서 '麻'를 무조건적으로 사용할 필요는 없다.

可曾看見他起身也未?

그가 일어났는지 본 적 있느냐? 없느냐?

Have you seen him get up yet or not?

可有甚麼憑據?

어떠한 증거가 있는가?

What evidence have you?

可是取笑得的?

그가 놀림을 받아야만 하는가요?

---

145 [역주] 이 말은 '甚麼'가 일종의 任指를 나타낸다는 것으로 예를 들면 "你有甚麼話嗎?"가 있다.

Is he to be ridiculed?

世上的醜人也有, 可曾醜到這般地步?

세상의 추남은 있을 수 있지만, 이 정도까지 추한 적이 있었던가요?

There have indeed been many ugly men, but was ever one found so ill looking as he?

4. '可'는 명령의 엄함을 부드럽게 하거나 '초대'의 방식으로 사용된다.

你是甚人, 可實說了我便饒你。

당신은 어떤 사람입니까? 솔직히 말하면 내가 당신을 용서하겠습니다.

What man are you? tell me the truth and I will spare you.

可喫杯茶去。

차를 마시고 가세요.

Do drink a cup of tea before you go or take a cup of tea and then go.

可明對我說, 包管有些好處。

나에게 솔직히 말하면 어떤 도움이 있을 거라고 보장할게.

Tell me plainly, and I warrant you will not regret it.

不知可能勾結果。

어떤 결과를 야기할지 알지 못한다.

I know not whether he can gather fruit, i.e. derive advantage.

你去看那一位可在外面如在可請進來。

너는 그분이 밖에 있고 들어올 수 있는지를 가서 알아봐라.

See if that gentleman is now at the gate if he is invite him to enter.

你可去一看若是在你可與我請他來。

너는 그가 있는지 또 내가 그를 초대할 수 있는지를 가서 한번 알아봐라.

5. 다음 용법은 유념할 필요가 있다.

可可[146]

마침, 공교롭게도

exactly

可又來。

또 왔다.

Lo! he comes again.

這場功勞也非同小可。

이 공로 역시 보통 일이 아니다.

It is no little glory that you have thus acquire.

만약 내가 실수하지 않는다면 우리는 또한 구 '非同小可'(보통 일이 아니다, 예삿일이 아니다; it is of no little consequence)를 사용한다.

4.2.15 불변화사 '還'

1. '還'은 일반적으로 '또, 아직도'를 나타낸다.

不想他還記得。

그를 아직도 기억하고 싶지 않다.

I did not think he would still remember.

還不上半年光景。

아직 반년이 지나지 않았다.

Half the year had not elapsed.

我還活在世上做甚麼?

내가 아직 세상에서 살아서 무엇을 한단 말인가?

Why should I yet wish to live longer among them.

---

146 역주 예로는 "今日買賣十分苦, 可可撞見大官府"《生金閣 · 1》가 있다.

此時要見還尚早。

이때 보는 것은 아직 이르다.

It is yet too early to see him.

若還不信。

만약 여전히 믿지 않는다면.

If you do not yet believe.

還有甚麼講得?

아직 말할 게 더 있니?

What more have you to say?

這還有些眼力。

이는 어느 정도의 식견이 여전히 있다는 것이다.

He still thus evinces his good taste.

還自得便宜。

여전히 스스로에게 이익이 된다.

Still it afforded himself some advantage.

除了我還有那個?[147]

나를 제외하고 누가 있겠는가?

Who shall it be if not myself?

還要弄鬼。

또 농간을 부리다.

He still wishes to make an uproar.

還不到這般地步。

아직 이 지경까지 이르지는 않았다.

He has not yet reached that position.

---

147 [역주] 여기에서 '那個'는 '哪個'의 의미이다.

你還不知死活。

너는 여전히 물불 가리지 않고 행동하는구나.

You are not yet out of danger.

他人物也還充得過。

그의 인품은 여전히 훌륭하다.

That man still sustains a tolerably good character.

怎麼這樣東西還嫌不好?

어째서 이러한 것을 여전히 싫어하지 않니?

What! does not a thing of this sort please you?

你還說這等喪氣的話。

너는 여전히 이렇게 의기소침한 말을 하는구나.

You still indulge this plaintive tone.

2. '還'은 때때로 반복되는데, 이러한 경우에는 의문을 나타낸다.

還是當眞還是當耍?

진심이니 아니면 농담이니?

Are you in earnest or are you joking?

你這些話還是當眞還是當假?

너의 말은 진짜니 아니면 거짓이니?

Is what you say true, or is it false?

還是吃酒是做詩?

술을 마실까 아니면 시를 지을까?

Do we drink wine or do we make verses?

還是說過飲酒還是飲酒完了纔說?

이야기가 끝난 다음에 술을 마실래 아니면 술을 마신 다음에 이야기할래?

Shall we proceed at once to consider our affairs, or wait till we have taken a draught?

今日不知還來也不來。

오늘 올지 안 올지 모르겠다.

I am uncertain whether she will come today or not.

你還是留與不留?

너는 머물 거니 아니면 머물지 않을 거니?

Shall you retain him with you or not?

還是見他不見他?

그를 만날래 아니면 만나지 않을래?

Will you have an interview with him or not.

이들 구에서 '還'을 반복하는 대신에 불변화사 '也', '與'와 '不'가 사용된다.

不知還是人還是鬼。

사람인지 아니면 귀신인지 아직 모른다.

I know not whether he be a man or a ghost.

不知還是我同了他的還是他同了我的。 또는 不知還是你所作還是他所作。

네가 만든 것인지 아니면 그가 만든 것인지 알지 못한다.

I know whether it was you or he who composed this ode.

여기에서 '不知'는 의문 의미를 없앤다.

3. '還'은 외국 학생들에게는 자주 잉여적으로 보인다.

還是你眼見的耳聞的?

네 눈으로 본 거니 아니면 귀로 들은 거니?

Have your eyes seen it, or have you merely heard of it!

還是他理論是得。

여전히 그는 시비를 따져야만 한다.

He must arrange all these things.

這兩樁大事還該從那一樁做起。

이 두 가지 큰일에서 그 일부터 시작해야만 한다.

With which of these two important objects ought we to commence.

我這樣的苦比死還加十倍。

나의 이러한 고통은 죽는 것보다 10배 이상 괴롭다.

I would rather die a thousand times than suffer in this manner.

比前日還要淡薄幾分。

그저께보다 아직 다소 부족하다.

Still destitute as heretofore of the means of living.

這也還不打緊。

이것은 아직 급하지 않다.

This is not very difficult.

這銀子還是要緊的。

이 돈은 여전히 중요한 것이다.

There is nothing like money.

心病還將心藥醫。

마음의 병은 마음의 약으로 치료해야 한다.

The mind requires a remedy suited to its own nature.

那裡還認得出?

어디에서 알아낼 수 있나요?

How could he recognize him?

我就說還是令愛有識見。

나는 딸이 식견이 있다고 말한다.

It is indeed as I said, your daughter has knowledge and discernment.

還是請他出來爲妙。

그를 초대하는 편이 낫다.

We had better invite him to come out.

4.2.16 불변화사 '則'과 '且'

1. '則'은 좀 더 완전하게 두 번째 부분으로 여겨진다. 의문을 만들 때는 '則箇'가 문미에 놓이게 된다.[148]

恕罪則箇。

용서해 주길 바랄 뿐이다.

Oh pardon the offence.

上蒼救一救則箇。

하늘이시여 저를 구해 주시길 바랄 뿐입니다.

Oh heaven! save me.

皇天可憐垂救則箇。

하늘이시여 불쌍히 여겨 구해 주시길 바랍니다.

Oh heaven! commiserate and save me.

要面會則箇。

면회를 하면 그만이다.

I beg an interview.

求老爺救小的則箇。

주인 나리, 저를 구해 주시길 바랄 뿐입니다.

Sir, I beseech you, save me.

---

148 역주 다시 말해 '則箇'는 문미에 놓여 '~뿐이다. ~하면 그만이다'를 나타낸다.

파트 2. 구어와 구어체

今夜小心則箇。

오늘 밤에 조심하시길 바랄 뿐입니다.

This night give your attention.

買些酒消愁解悶則箇。

울적함을 풀기 위해 술을 사 주면 그만이다.

Buy me some wine to dispel this sadness.

請他過來說話則箇。

그가 와서 말만 하면 된다.

Request him to come and speak with me.

'可'는 '箇'와 같은 방식으로 사용된다.

2. '且'는 다양한 용법을 가지는데, 예를 들면 다음과 같다.

我且問你。

나는 또한 너에게 물었다.

I also ask you.

你這些話且慢說。

좀 더 천천히 말해 주세요.

Relate this deliberately.

我且只當不知。

나는 틀림없이 모르는 것처럼 행동했다.

I act just as if I were ignorant.

我且先把這些憑據你看看。

나는 잠시 이 근거로써 너를 살펴보겠다.

I will give you the proof immediately: examine yourself.

你且說怎麼該喫三杯。

어떻게 3잔을 마셔야만 하는지 잠시 있다가 말해 봐봐.

Say now, why should I drink three cups?

你且把正經事做完了。

너는 정당한 일을 완수했구나!

Let us in the first place dispatch the serious business.

우리는 '且' 뒤에 대명사 '我, 你, 這'가 온다는 점을 유념할 필요가 있다.

這話且不必提起。

이 말은 당분간 제기할 필요는 없다.

This subject must not be introduced.

相公且不要哭。

상공께서는 잠시 울지 마시길 바랍니다.

Gentlemen, I pray you, do not weep.

酒且放下。

잠시 술 마시는 것을 멈추시길 바랍니다.

Now put away your cups.

외국인들은 아마도 이런 경우에는 '且'를 더하지 않을 것이다.

是與不是且終其說。

옳고 그른 것을 전부 말해라.

True or false, tell us the whole.

且不要說。

당분간은 언급하지 말아라.

Do not mention it.

且住。

잠시 멈춰라.

Stop.

且看他怎的。

그가 어떠한지를 잠시 알아보자.

See in what state she is or why you thus behold her.

且看應驗何如。

어떻게 적중하는지 잠시 지켜보자.

Let us see how it turns out.

且看你怎生過活。

네가 어떻게 생활하는지 천천히 보자.

Let us see how you manage to live.

且莫說他。

잠시 그에게 말하지 말아라.

Do not speak of him.

且待我嚇他一嚇。

잠시 기다려 봐, 내가 그를 놀라게 할 거야.

Wait, I will frighten him.

且不怕。

~조차도 두렵지 않다.

I only fear.

이상의 예로부터 '且'는 문두에 빈번하게 놓임을 알 수 있다.

他若問我姓名, 你切不可說出來。

만약 그가 내 이름을 묻는다면 너는 절대로 말하지 말아다오.

If he asks my name, do not by any means tell him.

비록 여기에서는 '且'가 사용되었지만 '切'이 더 큰 호소력을 가지며, 의미는 'do not by any means tell him'이 된다.[149]

4.2.17 불변화사 '了'와 '過'

1. '了'는 과거 시간(past time)을 표시하거나 선행 동사에 의해 표현된 것이 실제로 완수되었음을 나타내는 데 사용된다.[150]

> 說已說了。
> 이미 말했다.
> I have already spoken.

우리는 이미 이런 방식의 발화가 중국인들에게 익숙하다고 언급한 바 있다.

> 住便住了。
> 머물렀다.
> Remained, he has indeed remained.

'已'는 '了'와 결합하여 그 의미를 좀 더 분명하게 표시한다.

> 我的氣已出了。
> 나는 이미 분노를 표출하였다.[151]
> I have suppressed my resentment.

---

149 역주 이 부분의 설명은 다소 이상하다. 왜냐하면, 이미 예문에서 '且' 대신에 '切'이 사용되었기 때문이다.

150 역주 이는 Premare(1847)가 Martini(1696)의 4시제설에 근거한 3시제설(과거 · 현재 · 미래)을 따랐음을 의미한다. 3시제설을 따른 선교사로는 Edkins(1864)가 있다. 또 다른 견해로는 Varo(1703)의 6시제설에 근거한 5시제설이 있는데, Morrison(1815), Gützlaff(1842), Lobsheid(1864) 등이 이를 따른다.

151 역주 영문 번역은 '나는 분노를 억제하였다'이지만, 원문에 따르면 '나는 분노를 표출하였다'로 해석해야만 한다.

明明說出來了。

사실대로 말했다.

He has made a full disclosure.

這等難爲你了。

이런 일로 너를 난처하게 만들었어.

I have thus caused you some trouble.

海邊之苦也受得勾了。

해변에서의 곤란함 또한 충분히 겪었다.

I have already had sufficient trouble upon this coast.

這等說起來是眞的了。

이와 같이 말하는 것이 정말이다.

By your account this is indeed true.

你該回不在家了。

너는 집에 있지 않다고 답해야만 한다.

You ought to have replied that I was not at home.

打扮已了。

이미 단장하였다.

Being now in full trim.

收拾已了。

이미 정리하였다.

Having collected all.

洗了臉就來了。

세수를 하자마자 곧장 왔다.

I will come as soon as I have washed my face.

他叫了來。

그를 불러왔다.

I have called him.

2. '了'는 자주 그것이 시간을 지시하는지 또는 단순히 어미 성분 (final)으로 사용되었는지 불분명하다.[152]

老身大胆了。[153]
이 늙은이가 용감했구려.
For an old woman I am very bold.

是老身多嘴了。
이 늙은이가 말이 많았군요.
I was too much given to talk.

여기에서 '老身'은 '노부인'을 칭한다.

嚇慌了。
놀라 당황하다.
He is beside himself with fear.

便不怕他退了。
비록 그가 물러나더라도 두렵지 않다.
Thus we need not fear he will withdraw.

這又是難題目了。
이 또한 어려운 문제이다.
This also is a difficult theme.

竟是個鬼怪了。
결국 간악한 자임에 틀림없어.

---

152 역주 이 말은 재해석하자면 '了₁'로 쓰였는지 '了₂'로 쓰였는지 불분명하다는 말이다.
153 역주 이 말은 이런 방식으로 호의에 감사를 표한다.

파트 2. 구어와 구어체

He must be some evil spirit.

3. '也'는 문두에 놓이고, '了'는 문미에 놓인다.

也富到極處了。
재산이 정점에 이르렀다.
Wealth reached its utmost limit.

也不关你事了。
너랑 상관없는 일이야.
It is none of your business.

也將就過得日子了。
이후 그럭저럭 지낼 만할 거야.
You will hereafter obtain a livelihood.

4. '了'가 항상 문미에 놓이는 것은 아니다.

吃[154]了這場大虧。
이렇게 큰 손해를 보았다.
After so great a loss or after having suffered such reproach.

怎生肯丟了這好事?
어떻게 이렇게 좋은 일을 포기할 수 있느냐?
How can you abandon such a good undertaking.

5. '了'는 고상하게 반복된다.

都被拐子拐了去了。
사기꾼들이 모두 빼앗아 가 버렸다.
The thieves have carried off everything.

---

154 역주 원문에서 '喫'이 아닌 '吃'로 표기되어 있다.

剛纔吃了茶了。

방금 차를 마셨다.

Just having taken a cup of tea.

你去了好了。

네가 갔으면 됐다.

You had scarcely gone, when, &c. ¹⁵⁵

了了也未?

끝났습니까? 아니면 아직 끝나지 않았습니까?

Finished, or is it not yet finished?

了了了, 只是有一些怕。

끝났다. 끝났어. 단지 조금 두려울 뿐이다.

Finished! finished it is indeed, but I have some fear.

첫 번째 '了'는 그 사업이 끝났는지를 묻는 것을 말하며, 발화의 가장 일반적인 형식이다. 두 번째 '了'는 동사 '끝내다'(to finish)이며, 세 번째 '了'는 불변화사이다.

6. 다음의 예를 유념할 필요가 있다.

十分英雄了得。

매우 용감하다.

He is a very brave man.

了得。

대단하다. 훌륭하다.

Estimable, admirable.

---

155 역주 이 문장의 영문 해석은 다소 이상하다.

這等力量如何了得?

이러한 능력은 어째서 대단한가?

How great the strength, fortitude of mind: a man of talents.

了不得。

대단하다. 비범하다.

Matchless, unequaled.

'了不得'은 문맥과 주어에 따라 좋은 의미 또는 나쁜 의미 둘 중 하나로 사용된다.

了然。

알다. 이해하다.

Most clearly.

了了然明白。

분명히 알다.

This is very clear.

心下躊躇个[156]不了。

속으로 엄청 주저하다.

His mind is utterly confused.

7. '過'는 또한 과거 시간(past time)을 나타내는 데에 사용된다.[157]

說過了。

말한 적이 있다.

I have spoken or I said.

---

156 [역주] 원문에서 '个'로 표시되었다.

157 [역주] 과거 시간이지만 영문 해석으로 현재 완료가 쓰였음을 유념할 필요가 있다.

已過了。

이미 지나갔다.

It has now passed.

見過了母親。

어머니를 만난 적이 있다.

Having saluted(or waited upon) his mother.

過了手。

취급하다. 처리하다.

To desist from anything.

'過'는 자주 '지나침'(excess)을 나타낸다.

過慮。

지나치게 걱정하다.

Too much concern or anxiety.

過愼。

쓸데없이 신중하다.

Too cautious.

過求。

지나치게 요구하다.

To ask too much.

4.2.18 불변화사 '與'와 '替'

나는 '與'와 '替'를 같이 논의할 것인데, 왜냐하면 여기에서 불어의 'pour' 또는 구 'on account of' 또는 전치사 'for'에 대한 답으로서만 여겨지기 때문이다. 예는 다음과 같다.

容小弟去與仁兄[158]作伐如何?

제가 인형을 위해 중매를 서는 것이 어떻겠습니까?

Will you permit me to negotiate this marriage for you?

與你成就此事。

당신을 위해 이 일을 완성하겠다.

I will perform this business for you.

却一似與我身上做的。

나를 위해서 만들어진 것 같다.

This appears to have been made for me.

左右與我加力打這厮。

주변 사람들께서는 저를 위해 이 사람을 힘껏 때려 주십시오.

Here my lads, flog this knave severely for me.

纔與我消得這口恨氣。

이제야 나에게 화를 내는군요.

Then you will have avenged me.

與我消得這口無窮之恨。

나에게 분노하시는군요.

Has the same senses.

快去與我請得他來同喫。

빨리 가서 나를 위해 그를 초대해서 같이 먹자꾸나.

Hasten, and in my name invite him to come and done.

央人替他兒子作伐。

그의 아들을 위해 중매를 부탁하다.

He requested the man to negotiate a marriage for his son.

---

158 역주 '仁兄'은 친구끼리 상대편을 대접하여 부르는 말이다.

> 替你除了這孽障罪。
>
> 당신을 위해 이 속 썩이는 놈을 없애 버리겠다.
>
> I will rid you of this troublesome individual or I will put away for you this unpleasant business.

'替'는 분명히 '與'와 같은 의미로 쓰였다. '與'는 자주 여격 표지로 사용되며, 그것은 또한 다른 곳에서 볼 수 있듯이 '주다'(to give)를 나타낸다.

> 把酒飯與他吃, 衣服與他穿, 大船與他坐。
>
> 그에게 밥을 대접하고, 그에게 옷을 입히고, 그를 큰 배에 태웠다.
>
> He gave him a dinner, clothed him, and commanded a ship to be made ready in which he might embark.
>
> 與他見了禮。
>
> 그와 인사를 하다.
>
> Presented to him with the usual compliments.
>
> 如何不與兄長開了枷?
>
> 왜 형의 칼을 제거하지 않는가?
>
> Why have you not taken from him this cangue?

칼('枷')은 사각 틀 또는 평판으로 가운데 구멍이 있어 죄인의 목에 채운다.

'與'는 또한 의심을 표현하는 데에 사용된다.

> 不知眞與不眞是與不是。
>
> 참인지 아닌지 옳은지 그른지 모르겠다.
>
> I know not whether this be true or false.

파트 2. 구어와 구어체

4.2.19 불변화사 '便'

1. '便'은 '비록 ~일지라도'(although)를 의미하며 그러한 경우에는 '也'가 뒤따른다.

> ### 便是夢見也快活。
> 설령 꿈에서라도 본다면 즐거울 것이다.
> Though it were in a dream, I should rejoice to see him.
>
> ### 老身便死也得好處。
> 비록 이 늙은이가 죽더라도 좋은 점이 있을 것이다.
> Though I should die it would be well with me.

비슷한 표지로는 '就'가 있다.

> ### 既是這等便是朝廷招駙馬也是不成的了。
> 설령 이렇게 조정이 부마를 모집하더라도 잘 안 될 것이다.
> If so, although the emperor should wish to give you his own daughter to wife, you would not be willing to marry her.
>
> ### 便是京師天子殺人也放人看。
> 설령 장안에서 천자가 사람을 죽이더라도 사람들이 보도록 두겠다.
> Though in the capital, when the emperor puts any one to death, all are permitted to witness the spectacle.
>
> ### 莫說大筆便小筆也是拿不動的。
> 큰 붓은 물론 작은 붓도 들지 못하겠다.
> Speak not of his writing anything great, since he is unequal to the accomplishment of what is light and trifling.

2. 다음의 예는 '便'이 '就'와 어떻게 다른지를 보여 준다.

> ### 要打便有，要賞可沒有。

때리려고 하면 있을 것이고, 상을 주려고 한다면 없을 것이다.

If you want a flogging, you may have it, but not a reward.

她[159]在便在這裡倒不知嫁人不嫁人。

그녀가 설령 여기에 있지만, 결혼을 원하는지 원치 않는지 모르겠다.

She is indeed at home, but I am ignorant whether or not she is desirous of marrying.

'住便住了'(remaining, the remains)에서처럼 '在便在'의 용법을 유념할 필요가 있다.

是便是了但

사실이지만, 하지만

It is indeed, but

便是。

이와 같다.

So it is.

便是這等說。

이같이 말하는 것과 같다.

Thus indeed he says.

罵便罵得毒。

욕하고 또 심하게 욕했다.

Cursing he curses fiercely.

便待何時?

언제까지 기다려야 하나?

(if not now ready) Then how long are we to wait.

---

159 역주 원문에서 '他'로 나와 있지만, 이는 '她'로 수정되어야만 한다.

只要還價錢公道便好。

단지 가격만 공정하다면 좋을 뿐이다.

Let a just price be given, I ask nothing more.

爲甚麼你睡得着我便睡不着。

나는 한숨도 못 잤는데, 너는 어떻게 그렇게 잘 잘 수 있니.

How is it that you sleep so soundly, while I cannot sleep a wink.

3. '便'은 또한 반복된다.

買便買, 不買便罷。

사고 싶으면 사고, 사기 싫으면 됐다.

If you wish to purchase, do it; if not desist.

你先去便等我, 我先去便等你。

네가 먼저 간다면 나를 기다려라; 내가 먼저 간다면 너를 기다리겠다.

If you go first, then wait for me; if I go first, I will wait for you.

4.2.20 불변화사 '連'

'連'자는 '연결하다, ~조차도, 동시'(to connect, together with, at the same time)를 표시하므로, 자주 '便'과 같은 의미를 나타낸다.

連臉也不洗。

얼굴조차도 씻지 못했다.

He does not even wash his face.

連我也不知。

나조차도 알지 못했다.

Even I myself was ignorant of this.

連房錢也不問他要。

방세조차도 그에게 요구하지 않았다.

He does not even demand of him the house rent.

連藥也不消喫得。

약조차도 먹을 수 없었다.

He does not even need to take his medicine.

你莫說妻子連身子也不知在何處。

아내는 물론 나조차도 어디에 있는지 모르겠다.

Why do you ask about my wife? I do not know where I am myself.

不但他妻子没有踪影，連他丈人丈母也没影兒。

그의 아내가 종적이 묘연할 뿐만 아니라 그의 장인 장모 역시 자취를 감췄다.

Not only his wife, but his father-in-law and his mother-in-law also have disappeared, and he is unable to find them.

不特愚姊有了着落，連妹妹都有着落了。

누나뿐만 아니라 여동생도 시집가게 되었다.

Having a husband for myself alone is not enough, but you also, beloved sister, shall be married.

不獨親友殷勤，連府县也十分熱鬧。

친척과 친구가 정성을 다할 뿐만 아니라, 관리조차도 매우 즐겁게 대했다.

Not only were relatives and friends often and familiar with him, but the magistrates also honored him with their company.

連衣服首飾都不見了。

옷과 장신구조차도 보이지 않았다.

She found neither her raiment nor her head-dress.

連你也没正經。

너조차도 점잖지 못하다.

You also are unprincipled.

4.2.21 불변화사 '更'과 '都'

'更'은 '더욱, 훨씬, 한층'(more, much more, again, further)을 나타낸다.

> 再得仁兄一行更妙。
>
> 인형께서 다시 동행해 주신다면 더욱 좋아질 것입니다.
>
> If you will again bear me company on my journey, it will be still more agreeable.

> 只怕還是吾兄不曾見得柳生，若見柳生不更做此言。
>
> 다만 귀형께서 류생을 아직 보지 못하였고, 만약 류생을 만났다면 그 같은 말을 더 이상 할 수 없을까 두려울 따름입니다.
>
> The reason is I think, that you have not seen *Liu sang*, for if you had seen him, you could no longer talk in this manner.

'都'는 '포괄성'(universality)의 표지이며,[160] 그것의 용법은 다음과 같다.

> 這都不在話下。
>
> 이 모든 것은 더 말할 필요가 없다.
>
> I omit all these for the present, and will speak of them in the sequel.

> 這都不要管他。
>
> 이 모든 것으로 그를 참견할 필요가 있다.
>
> Let him alone, trouble not yourself about all these things.

> 這都是假話。
>
> 이 모든 것이 거짓말이다.
>
> All his is false talk.

---

160 **역주** 이 말은 '都'가 '모두'라는 의미를 표시한다는 것이다.

說的都是夢話。

말한 것 모두가 잠꼬대 같은 소리다.

Your story is all a dream.

兩件都少不得。

두 가지 모두 없어서는 안 된다.

Both of these are necessary for us.

件件都還認得。

모든 일을 안다.

He recognised the whole, every item.

你的心事不消說得，都在我腹中。

너의 고민을 말할 필요는 없다. 모두 내 마음속에 있으니.

It is unnecessary for you to speak, for I know all your mind.

我都看在眼裡。

이 모든 것을 직접 보았다.

I have all these in my eye.

我們都比不上。

우리 모두 상대가 안 된다.

None of us can be compared with him.

叫道且不要鬥都聽我說…二人都住了手。

모두 그만 싸우고 내 말을 들어 보라고 소리 질렀다. … 두 사람 모두 멈추었다.

Exclaiming with a loud voice, he said, desist from your contest and listen each of you to me, then the two men both ceased.

這胆都大起來道。

대담하게 말하기 시작했다.

Becoming thus very bold, he said.

我和你都驚得勾了。

나와 너 모두 충분히 놀랐다.
We are both sufficiently alarmed.

把我的事都且放過一邊。

나의 일 모두를 한편에 놓아두다.
He has neglected all my affairs!

不是人中的都是天中的。

사람이 선택한 것이 아니라 모두 하늘이 정한 것이다.
They were all chosen not by men, but by heaven.

這樁事都是他的詭計。

이 일 모두가 그의 계략이다.
This whole affair has been ruined by his ill management.

都是你口裡食的。

모두 네가 먹었다.
You have devoured them all.

遍身都是重傷。

온몸이 중상이다.
The whole body was severely wounded.

4.2.22 불변화사 '方', '放', '妨'

1. '方'은 '막, 방금, 비로소'(then)를 표시한다.

我方放心。

나는 비로소 마음이 놓였다.
I shall then be relieved.

令愛得配此人方不負胸中才[161]學。

따님께서 이 사람과 결혼을 해야만 비로소 마음속의 재학을 저버리지 않을 것입니다.

Should your daughter marry this man, then she will not be ashamed of his talents or learning.

'纔'가 자주 '方' 뒤에 더해진다.

要帶三分鬼道方纔行得事去。

기괴한 술법을 지녀야만 비로소 일을 실행할 수 있다.

Without infernal aid it could never be accomplished.

你方纔死了怎麼也活轉來?

너는 방금 죽었는데, 어떻게 다시 살아났느냐?

You were dead just now; how is it that you have come to life again?

畢竟是怎麼樣方纔中得你的意?

결국은 어떻게 해야 네가 만족할 것이냐?

In what way then can he meet your wishes.

2. '放'은 '놓아주다, 풀어 주다'(to release, to dismiss)를 의미한다.

放心。

안심하다

To dismiss care, to relieve the mind.

死也不放。

설령 죽더라도 놓아주지 않겠다.

Though he should die he would not let him go; or even in death he would not release him.

이러한 용법의 예는 수없이 많다.

---

161 역주 원문에서 '才'로 표기되었다.

3. '妨'은 '방해, 장애'(an obstacle)를 나타낸다.

死也不放。

죽더라도 놓아두지 않겠다.[162]

Should I die, never mind that; never fear, though it cost me my life.

不放事。

일에 방해되지 않다.

There is nothing to fear; do not be alarmed.

不放得。

방해되지 않다.

There is nothing to fear, nothing prevents.

若果然成就便遲幾日何放?

만약 완성된다면 며칠 늦추는 것이 어떠하겠느냐?

If it is only done, what matter if it be delayed a few days?

便等他去走走也無妨礙有我兩個同行。

그가 가더라도 우리 둘이 동행하는 데 지장이 없을 것이다.

Since we both proceed in this same course, I shall meet with no obstacle which will not equally oppose him in his flight.

4.2.23 불변화사 '般', '半'

1. '般'은 '종류, 방법'(manner)을 나타낸다.

百般 또는 諸般

가지각색으로

In every manner

---

162 [역주] '死也不放'은 두 번 반복되었지만, 영문은 다르게 해석되었다.

各樣

각양각색으로

Of every sort

般般

가지가지의

The same

2. '般'은 비교에도 사용된다.

愛惜他如性命一般。

그를 생명과 같이 아낀다.

They are as careful of him as of their own lives.

就如珍珠一般。

마치 진주와 같다.

As of costly pearls.

立在河口就如石人一般。

하구에 석상과 같이 서 있다.

He stands at the mouth of the river like a marble statue.

兩人如魚得水如鳥得林一般。

두 사람은 물속의 물고기와 숲속의 새처럼 같이 있다.

They are together, like fishes in the water or like birds in the forest.

面貌與你一般一樣。

생김새가 너와 똑같다.

His countenance is precisely like yours.

你去得幾日意像去了幾年一般。

너는 며칠 동안 갔었는데 마치 몇 년 동안 떠난 것처럼 생각됐다.

You have been absent a few days, and it has seemed to me like so many years.

分明是地獄受罪一般。

분명히 지옥에서 벌을 받는 것 같았다.

I seem like one suffering in the infernal regions.

3. '般'은 '這'와 '恁'과도 결합한다.

這般勾當

이러한 수작

such wickedness

這般黃白之物如何不動心?

이러한 금은에 어찌 동요되지 않겠는가?

How can you behold these precious metals without emotion?

這般模樣

이러한 형세

in this manner

不要恁般愁苦。

이처럼 고뇌하지 말아라.

Do not thus vex yourself.

我不是恁般小樣的人。

나는 이처럼 옹졸한 사람이 아니다.

My mind is not so contracted.

爲何來的恁早?

어째서 이렇게 빨리 왔느냐?

Why do you come so early?

이 말은 '恁般早'라고 말하는 것보다 더 낫다.

'半'(반; half, a moiety)의 예는 다음과 같다.

4. '半'은 반복된다.

> 半人半鬼。
>
> 반은 사람이고 반은 귀신이다(용모가 추하다).
>
> Half dead with fright.
>
> 半高半低。
>
> 반은 높고, 반은 낮다(높지도 낮지도 않다).
>
> Half pure, half alloyed.
>
> 半信半不信。
>
> 반은 믿고 반은 믿지 않는다.
>
> He is half persuaded, half doubtful.
>
> 半推半不推。
>
> 반은 따르고 반은 따르지 않는다.
>
> He is half willing, half opposed.

5. '半'은 또한 아래와 같이 여러 가지 다른 용법을 가진다.

> 半步也走動不得。
>
> 반보도 움직일 수 없었다.
>
> He cannot move a step.
>
> 聽了這半日。
>
> 반나절 동안 들었다.
>
> I have heard you half the day, i.e. this half day I have waited for you.
>
> 講這半日說話。
>
> 반나절 동안 말했다.
>
> They are talking half the day.
>
> 何曾有半句是眞的?
>
> 언제 일언반구라도 진실이었던 적이 있었나?

파트 2. 구어와 구어체

He has not yet spoken a word of truth.

怎比得他一半?

그의 반이라도 비할 수 있겠는가?

It will not compare with that by one half.

半個不留。

반 개도 남기지 않는다.

Not a soul was spared.

半晌

잠깐 동안, 한참 동안

for a moment

半醉。

반만 샘났다.

Half intoxicated.

4.2.24 불변화사 '再'와 '纔'

비록 다음의 예에서 '再'와 '纔'가 정확하게 교체 가능한 것은 아니지만, 이들 사이의 차이는 아주 미묘할 따름이다.

再三

재삼, 여러 번

repeatedly

方纔

방금, 막

then

等他進來見過仁兄小弟再與他說。

그가 들어와서 인형을 볼 때까지 기다렸다가 제가 그에게 말을 해 보겠습니다.

Wait till he has called and seen you, then I will speak to him.

彼此同年又是相知再没得說。

서로 동갑인 데다 또 서로 잘 아니 다시 말할 필요는 없다.

They were of the same age, were intimately acquainted with each other, and never had a word of altercation.

再無他人，定是他了。

다른 사람이 아니라 바로 그이다.

It is not another, it is himself.

畢竟是你，去生事纔惹出禍來。

말썽을 일으키고 화를 일으키는 것은 결국 너다.

You are yourself, after all, the cause of this misfortune.

不必誇口，做過纔是。

허풍을 떨 필요는 없으며 이미 떨었다면 그것으로 됐다.

Do not boast, the event will show.

還要遲幾日纔得到手。

아직 며칠을 늦춰야만 비로소 얻게 된다.

We must still wait some days for it to come to hand.

纔騙得他上鈎。

꼬임에 넘어가도록 그를 막 속였다.

Then you may induce him to bite the hook.

這纔是箇長久之計。

이것이 바로 장기적인 계획이다.

This then is a lasting expedient.

4.2.25 불변화사 '耐', '奈'

  '耐煩'과 '奈何'는 거의 같은 의미로 사용되는데, 예를 들면 다음과
같다.

> 好生不耐煩也。
> 상당히 성가시다.
> This trouble certainly cannot be endured.

> 心上弄得不耐煩。
> 마음이 견디지 못하게 되었다.
> My heart is vexed beyond endurance.

> 出於無可奈何。
> 어찌할 도리가 없게 되었다.
> Surpassing all endurance.

> 無可奈何了。
> 어찌할 도리가 없다.
> It can be no longer endured.

> 誰人奈何得他?
> 누가 그를 어찌하겠는가?
> Who can endure him?

> 奈何他不得。
> 그를 어찌할 수 없다.
> He cannot be endured.

> 要奈何他。
> 그를 어떻게 해야만 한다.
> We must bear with him.

> 奈何天。

하늘에 맡기다.
To submit to fate.

没奈何。
어쩔 수 없다.
There is no alternative.

奈何奈何?
어쩌겠는가? 어쩌겠는가?
What must be done?

'乃'(certainly, forsooth)는 구어보다는 서면어에서 좀 더 빈번하게 발생한다.

4.3 수사修辭

우리는 이제 단어의 몇몇 수사와 반복, 대조(antithesis) 또는 대조(opposition), 그리고 의문을 논할 것이다. 마지막으로 속담의 목록을 제시할 것이다.

4.3.1 반복

중국어에서 명료성 또는 고상함을 위해 문자를 반복하는 것보다 일반적인 것은 없다. 따라서 그것이 발생하는 여러 가지 양식을 보임으로써 우리는 설명을 위한 풍부한 범위를 제공할 것이다. 그러한 예로 언어를 쉽게 습득할 수 있지만, 너무 많은 예를 제시할 수는 없다.

1. 같은 문자가 두 번 또는 세 번 반복됨으로써 문장에 더 큰 호소력을 부과한다.

默默[163]不語。

입을 다문 채 말하지 않았다.

He kept a profound silence.

輕輕的說。

조용히 말했다.

To speak very softly.

遠遠醮見。

멀리 바라보다.

To behold from afar.

呵呵 또는 哈哈大笑。

하하거리며 크게 웃다.

Boisterous laughter.

多多致意

충분한 호의

The utmost desire

齁齁的睡着。

드르렁드르렁 코를 골며 자다.

He snores in his sleep.

呼呼的睡了。

코를 골며 자다.

The same.

---

163 역주 원문에서는 '點點'으로 나오는데, 발음 부분(Meh meh)과 해석으로 볼 때 이는 '默默'의 오타로 보인다.

一句句都聽得了。

한 문장 한 문장 모두 들었다.

I heard each sentence distinctly.

散散心。

바람을 쐬다.

To relax the mind.

香風拂拂。

향기로운 바람이 솔솔 불다.

The fragrance was diffused in every direction.

黑洞洞的。

깜깜하다.

In deep darkness.

朗朗誦經。

낭랑하게 경문을 읽다.

To recite the classics with a clear loud voice.

一步步摸上山來。

한 걸음씩 짚으면서 산을 올라가다.

Step by step, feeling his way, he ascends the mountain.

連連點頭道是是是。

계속 머리를 끄덕이면서 '그래, 그래'라고 말한다.

Nodding repeatedly he said yes, yes, yes.

2. 두 개의 동음이의 또는 유사한 문자가 반복되는 것은 이러한 구문의 가장 일반적인 방식이다.

平平安安。

평안하다.

In perfect quiet.

顚顚倒倒。
뒤섞여서 어수선하다.
Upside down, in a state of confusion.

吃得醉醉飽飽。
배불리 먹고 취할 정도로 마셨다.
Having eaten and drunk to satiety.

冷冷落落。
쓸쓸하다.
To lead a solitary and cheerless life.

啼啼哭哭。
엉엉 울다.
Weeping bitterly.

從從容容。
침착하고 조용하다.
Greatly and deliberately.

停停當當。
적절하고 타당하다.
Fixed in a proper manner.

冷冷淸淸。
스산하다.
Cool and tranquil.

搖搖擺擺。
흔들흔들하다.
A proud swaggering gait.

歡歡喜喜。

매우 기쁘다.

Exulting with great joy.

慌慌張張。

당황하다.

Agitated and distracted.

絮絮叨叨。

장황하다.

To talk immoderately.

唧唧噥噥說了許多閒話。

작은 소리로 많은 잡담을 하였다.

In their incessant tattle they have spoken a great many idle words.

委委曲曲。

구불구불하다.

In a devious and crooked course.

話得朗朗烈烈。

또랑또랑하게 말하다.

To speak in a loud, imposing strain.

恭恭敬敬。

공손하다.

With much esteem and respect.

齊齊整整。

질서정연하다.

Arranged with the utmost precision.

燒得乾乾淨淨。

완전히 불타 버렸다.

The fire devoured every thing.

心心念念只想着他。
한결같이 그만을 염두에 두다.
He continued to think of him only.

心心念念的放他不下。
오로지 그만을 포기할 수 없다.
He thinks of him incessantly.

不覺嗚嗚咽咽哭起來。
어느새 오열하기 시작했다.
He suddenly burst into tears.

昏昏昧昧。
완전히 현혹되다.
He is completely bewildered.

吞吞吐吐假假眞眞使人疑疑惑惑。
이리저리 둘러대고 참과 거짓이 섞여 있어 다른 사람을 의심하게 만든다.
He conceals and makes known, he mingles truth and falsehood, and
leaves all in doubt and uncertainty.

挨挨擠擠。
북적대다.
In a dense crowd.

停停妥妥。
타당하다.
All in safe.

朝朝暮暮
아침부터 저녁까지, 하루 종일
early and late

嘻嘻哈哈

히죽히죽

laughing and tittering

身上淋淋漓漓都是血跡。

온몸이 피투성이다.

His body was all over reeking with blood.

扯扯拽拽。

힘껏 잡아당기다.

To carry off by force.

鶻鶻突突[164]

얼떨떨하게, 흐리멍텅하게

irregularly, carelessly

踉踉蹌蹌。

비틀거리다.

Reeling and tottering.

明明白白。

명명백백하다.

Perfectly plain and intelligible.

思思想想。

심사숙고하다.

Immersed in deep thought.

飮得沉沉酣酣。

거하게 마시다.

He made himself dead drunk.

---

164 역주 '鶻突'은 '얼떨떨하다', '흐리멍덩하다'라는 의미이다.

寫得端端正正。

똑바르게 쓰다.

The writing was remarkably elegant and correct.

3. 같은 문자가 두 개의 반대, 유의어 또는 비슷한 문자와 결합한다.

不知不覺

부지불식간에

He neither knows nor considers.

不明不白。

어리둥절하다.

Obscure and unintelligible.

不了不當的事

깔끔하게 끝맺지 못한 일

an affair as yet unsettled

不大不小。

크지도 작지도 않다.

Neither large nor small.

不三不四。

이도 저도 아니다.

One alone.

願生願死。

기꺼이 죽거나 살 수 있다.

Willing either to die or to live.

要死要活

죽기 살기로

He is neither anxious to live nor afraid to die.

氣生氣死。[165]

격노하다.

To be desperately vexed.

可恨可惱。

매우 가증스럽고 짜증난다.

Exceedingly hateful.

似奇似巧。

기이하면서도 솜씨 있다.

He seems to be a wonderful genius.

初春之氣做寒做暖。[166]

초봄 날씨는 갑자기 추웠다가 따뜻해진다.

In the opening of spring the weather is alternately cold and warm.

半開半掩。[167]

반만 공개하고 반은 숨긴다.

Some divulges and some he keeps secret.

半含半吐。

우물쭈물하다.

Some he withholds and some he proclaims.

半雨半雪。

반은 비이고 반은 눈이다.

Half rain and half snow.

半人半鬼

---

165 역주 4.1.9 '氣' 단락에서 이미 언급된 바 있다.

166 역주 원문에서는 '做寒做暖'으로 나왔지만, 이는 '乍寒乍暖'의 오기로 보여진다.

167 역주 "只見七八間矮小房子, 兩扇籬笆門, 半開半掩"《儒林外史·9》의 예가 있다.

아주 추한 사람

half man and half ghost

半猜半疑。

반은 추측하고 반은 의심한다.

He is half confident, half doubtful.

半病半好。

아픈 것도 괜찮은 것도 아니다.

Neither sick and nor well.

弄神弄鬼。

흉계를 꾸미다.

He acts like the very devil.

弄嘴弄舌。

함부로 입을 놀리다.

He is full of talk.

弄來弄去。[168]

왔다 갔다 하다. 일을 다양한 방식으로 진행한다.

To be coming and going: to be eager for wealth.

自言自語。

혼잣말을 하다.

He talks entirely to himself.

輕言輕語。

조용하고 부드럽게 말하다.

To speak with moderation.

---

168 역주 "這些異路功名, 弄來弄去, 始終有限, 有操守的, 到底要從科甲出身"《儒林外史 · 49》가
있다.

胡言胡語。

허튼소리를 하다.

To talk foolishly.

罵大罵小。

마구 혼내다.

To curse all indiscriminately.

大酒大肉

진수성찬

a great banquet

大盛大碗

성대한 술자리

large bowls and platters: to eat largely

自輕自賤。

스스로 자신을 멸시하고 천대하다.

To make himself frivolous and contemptible.

喬模喬樣

가식적인 태도

with a proud and haughty bearing

怪模怪樣

괴상망측한 모습

in an awkward and foolish manner

日近日親。

나날이 친해지다.

They daily became more intimate.

離門離戶。[169]

가정을 차리다.

To for sake his own house.

暗氣暗惱。
화를 누르다.
To suppress anger.

心肯意肯。
진심으로 동의하다.
Ha gave full assent.

說來說去。
장황하게 지껄여대다.
In the midst of talk.

用心用意。
심혈을 기울이다.
To strive earnestly.

走來走去。
왔다 갔다 한다.
To run to and fro.

如醉如痴。[170]
정신이 혼미하여 집중을 못하다.
Like a drunkard or a so.

插嘴插舌。
말참견을 하다.
To interrupt in speaking.

---

169 역주 '離門離户'는 바로 '自立門户'의 뜻으로 예로는 "把老房子並與他, 自己搬出來住, 和他 離門離户了"가 있다.

170 역주 "牡丹亭畔人寂寞; 惱芳心似醉如痴"《石榴花》의 예가 있다.

眼上眼下。

사방을 보다.

Looking out on every side.

取東取西。

여기저기에서 취하다.

To receive from every quarter.

吃辛吃苦。

매우 고생하다.

To be greatly afflicted.

幾句不乾不淨的話

부적절한 몇 마디의 말

Some improper language

不伶不俐[171]的勾當

더러운 짓

unmanly and indecent conduct

不認得他面長面短。[172]

그의 얼굴을 알지 못하다.

I cannot discerns this true character.

黑天黑地。

사방이 어둡다.

Total darkness.

---

171 [역주] '不伶不俐'의 예로는 "濟川看看他們, 再看看自己, 覺着背後拖了一條辮子, 像豬尾巴似的, 身上穿的那不伶不俐的長衫, 正合著古人一句話, 叫做《自慚形穢》!"《文明小史 · 25》가 있다.

172 [역주] 원문에서는 '面長面矩'으로 나오나 이는 '面長面短'의 오기로 보인다. 이에 관한 예로는 "連這小娘子面長面短, 老身還不認得, 如何應承得此事?"《古今小說 · 蔣興哥重會珍珠衫》가 있다.

謝天謝地。

천지신명께 감사하다.

To express unbounded thanks.

小心小胆。

담이 작다. 겁이 많다.

Without courage or spirit.

自思自想。

혼자서 진지하게 생각하다.

Thinking seriously to himself.

有憑有據。

분명한 근거가 있다.

This is fully authenticated.

將信將疑。

반신반의하다.

It is not yet decided.

沒原沒故。

이유가 없다.

Without origin or cause.

沒踪沒影。

자취도 없다.

Not a vestige or a shadow.

沒頭沒腦。

느닷없다. 난데없다.

Without head of brains.

夢啼夢笑無非夢。

슬픈 꿈이든 즐거운 꿈이든 모두 단지 꿈일 따름이다.

Sad or pleasant a dream is but dream.

4. 우리가 여기에서 두 개의 같거나 비슷한 또는 반대의 문자가 다른 것과 연결되어 발생하는 것을 볼 수 있다. 그리고 추가적으로 우리는 단어가 아닌 반복을 자주 볼 수 있는데, 이는 의미상 한 글자가 다른 글자에 대한 어떤 관계를 보여 주면서 중국어에 고유한 아름다움을 부여한다.

好潔好清。
맑고 깨끗한 것을 좋아하다.
To delight in cleanliness.

'好'를 '愛'로 바꾸는 것은 좋은 용법을 망치는 것이다. 이와 같은 방식으로 다음의 구는 그들의 현재 형식에서 바뀌어서는 안 된다.

同甘共苦。
동고동락하다.
To experience both prosperity and adversity.

尊賓敬客。
손님을 정중하게 대접하다.
To receive guests with attention and respect.

情投意合。[173]
서로 의기투합하다.
May you cordially assent.

心滿意足。

---

[173] 역주 원문에서는 '淸投意合'으로 나오는데, 이는 '情投意合'의 오기로 보인다.

매우 만족해하다.

Abundantly satisfied.

歡天喜地。

매우 기뻐하다.

To be overjoyed.

誓天盟地。

굳게 맹세하다.

To swear by heaven and earth.

傷風敗俗。

풍속을 해치다.

To subvert established usages.

詩朋酒友

같은 술 마시며 시를 짓는 친한 친구

Boon companions

狂朋怪友[174]

제멋대로이고 괴상한 친구

Awkward and foolish friends

報讐雪怨。

복수하고 치욕을 설욕하다.

To revenge an insult.

大呼小叫。

떠들썩하다.

To shout with a loud voice.

---

174 [역주] 예로는 "見你每朝逐日, 伴着那火狂朋怪友, 飮酒作樂。也作'怪友狂朋'"《兒女团圓·楔子》이 있다.

大驚小怪。

몹시 놀라서 좀 괴이하다고 여기다.

To raise a general commotion.

伶牙俐齒。

말솜씨가 좋다.

Having a ready command of words.

咬牙切齒。

격분하여 이를 갈다.

To gnash the teeth in rage.

花容月貌。 또는 花容玉貌。

용모가 아름답고 수려하다.

Exceedingly handsome.

如花之容似月之貌

꽃다운 얼굴과 달 같은 자태

beautiful as a flower and fair as the moon

如花似玉

아름다운 자태

as a flower and fair as the moon

花多實小。

꽃은 많지만, 과일은 적다.

Many blossoms but little fruit.

糊思亂想。

이런저런 생각을 하다.

To think without order or connections.

朝思暮想。

아침저녁으로 그리워하다. 사무치게 그리워하다.

To study early and late.

左思右想。
이리저리 생각하다.
To ponder seriously.

思前想後。
앞뒤를 생각하다.
To judge of the future by the past.

回思轉念。
생각을 바꾸다.
To reconsider, to change the mind.

糊行亂走。
무작정 걷다.
To proceed without order or case.

招災惹禍。
화를 자초하다.
To be the author of one's own misfortune.

尋死覓活。
죽느니 사느니 하며 소란을 피우다.
To be regardless of life.

忽饑耐渴。
배고픔과 목마름을 참다.
To endure hunger and thirst.

年邁力衰。
연로하여 기력이 쇠하다.
Superannuated.

指猪罵狗。[175]

에둘러서 사람을 혼내다.

To point at the swine and curse the dog.

指東說西。

동쪽을 가리키며 서쪽을 말하다. 무관한 이야기만 하다.

To say one thing and intend another.

東張西望。

여기저기 두리번거리다.

To look in all directions.

張頭望腦。

엿보기 위해 두리번거리다.

To raise the head to obtain a view.

張頭探腦。

엿보기 위해 두리번거리다.

The same as the preceding.

長呼短嘆。 또는 短嘆長吁。

거듭 탄식하다.

To sigh.

說長道短。 또는 說白道黑。

남의 흉을 보다.

To speak unfavorably of a neighbor.

心高志大。

포부가 크고 뜻이 높다.

To have generous and lofty views.

---

175 [역주] 이에 관한 예로 "來旺兒昨日不知那裡吃的稀醉了, 在前邊大呿小喝, 指猪罵狗, 罵了一日"《金瓶梅 · 25》이 있다.

鑽心刺骨。

가슴에 사무치고 뼛속까지 파고들다.

It pierce to the quick, penetrates the bones.

人面獸心

인면수심

a man's hand, but the heart of a beast

粧妖做怪。[176]

요괴로 분장하여 사람을 속이다. 고의로 일을 꾸미다.

To assume a strange spectral aspect.

粧摸做樣。

고의로 허세를 부리다.

To practice affectation.

埋名隱跡。

이름을 숨기고 종적을 감추다.

To disappear entirely, to abscond.

溷跡埋名。

이름을 숨기고 종적을 감추다.

The same sense.

藏踪避跡。

종적을 감추다.

The same.

藏頭露尾。

머리를 숨기고 꼬리만 내밀다. 태도가 애매모호하다.

---

176 [역주] 이에 관한 예로는 "只應送來這些詩, 不是陳腐, 就是抄襲, 若要新奇, 便裝妖作怪, 無一首看得上眼"《西湖佳話・白堤政跡》이 있다.

To conceal the head and expose the tail.

忍氣吞聲。

울분을 삼키다.

To suppress resentment and swallow rage.

如饑似渴。

배고프고 목마른 것과 같다.

Like the suffering of hunger or thirst.

如夢似醉。

모호하고 분명치 않은 상태와 같다.

As in a dream or a fit of intoxication.

如狼似虎。

매우 잔인하고 흉악하다.

Like a wolf or a tiger.

如膠似漆。

아교풀같이 딱 붙어서 떨어지지 않다.

As if glued or sealed.

看山玩水尋花問柳。

경치를 감상하다.

He loves the country, he seeks flowers and groves, he delights in mountains and stream.

山青水緣鳥語花香。

산을 푸르고 물은 맑으며, 새가 지저귀고 꽃은 향기롭다. 아름다운 경치를 나타냄.

Verdant mountains, limpid streams, singing birds and fragrant flowers.

山鳴谷響。

메아리 소리가 맑고 크다.

The mountain sing, the vales return the sound.

美味奇珍, 山珍海錯
산해진미
sumptuous and choice viands

麤¹⁷⁷茶淡飯。
음식은 담백하고 생활은 검소하다.
A meagre support.

喜富怕窮。
부를 탐하고 가난을 두려워하다.
To covet riches and fear poverty.

野鬼山魈
들 귀신과 산속 외발 귀신, 가장 비참한 상태를 형용함.
In a most wretched and forlorn condition.

空拳白手
빈손으로
empty handed

隨波逐浪。
시류를 따르다.
To go with the current.

改邪歸正。
개과천선하다.
To reform the life.

眉來眼去。
눈짓을 보내다. 추파를 던지다.
To catch a frequent glimpse.

---

177 [역주] 여기에서 '麤'는 '麤'자의 이체자이다.

眉花眼笑。

싱글벙글하다.

With a cheerful and smiling countenance.

疾首蹙額。

몹시 언짢아 이맛살을 찌푸리다.

An aching head and a wrinkled brow.

懷才抱學。

재주와 학식이 있다.

To be devoted to intellectual pursuits.

清天白日

백주 대낮

In open day: In the most public manner

調嘴弄舌。 또는 調脣弄舌。

뒤에서 험담하며 말썽을 일으키다.

To tune the lips and play the tongue; to prate.

糊言亂語。

함부로 지껄이다.

To jabber, to talk nonsense.

多嘴多舌。

쓸데없는 말을 하다.

Full of talk.

油嘴狗舌。[178]

말만 번지르르하다.

Lips smooth as oil with the tongue of a dog; an arrant flatterer.

---

178 역주 이는 '油嘴滑舌'이라고도 한다.

嘴尖舌快。

신랄하고 매몰차게 말하다.

Lips pointed, tongue brisk: A pernicious tattler.

翻脣弄舌。[179]

혀를 놀려 분란을 일으키다.

To let fly the lips and play the tongue; to reproach.

巧言花語

겉만 번지르르한 그럴싸한 말

cunning words and flowery speech; a fair but false account

苦口良言。

좋은 말로 간곡하게 충고하다.

Bitter but wholesome counsel.

合口費舌。

입이 닳도록 언쟁하다.

To waste words in controversy.

釘嘴鐵舌。

억지로 우기다.

A mouth of iron.

和人打牙犯嘴。

다른 사람과 격렬한 논쟁을 벌이다.

To hold harsh controversy.

你商我量。

서로 의논하다.

---

[179] 역주 이에 관한 예로 "又要好相處, 沒些說是說非, 翻脣弄舌, 這就好了"《金瓶梅 · 56》가 있다.

Let us seek mutual advice.

你貪我愛。

(부부나 연인이) 서로 아끼며 사랑하다.

Our attachment is mutual.

你東我西。[180]

하나는 동쪽에 있고 다른 하나는 서쪽에 있다. 서로 관련이 없다.

We are on opposite sides.

你問我答。

서로 묻고 대답하다.

One answers to the other.

和你併箇你死我活。

너와 결사적으로 겨루다.

Live or die I shall not yield to you in this confliction.

白日黑夜

밤낮으로

Day and night

湖歌野詞

저속한 노래

Rude uncultivated songs

裡虛外實。

속은 비고 겉만 그럴듯하다.

Specious, a mere show.

---

180 [역주] 이에 관한 예로는 "你們把失掉的本錢一齊還我, 你東我西, 彼此不管"《文明小史 · 44》
이 있다.

外合裡應。

안과 밖이 서로 협력한다.

The inward and the exterior agree.

朝打暮罵。[181]

아침에 때리고 저녁에 혼낸다.

In the morning flog, and curse at night.

同牀共枕。

(부부처럼) 밀접한 관계.

Most intimately associated.

明推暗就。

거절하는 척하면서 받는다.

To permit privately what is publicly refused.

姓甚名誰?

성명이 무엇이냐?

What is his name?

上姓高名? 또는 高名雅號?

성함이 어찌 되시나요?

Please give me your name.

饑食渴飮。

배고프면 먹고 목마르면 마신다.

Hungry he eats, and thirsty he drinks.

推聾粧啞。[182]

---

181 역주 이에 관한 예로는 "如今幸而賣到這個地方, 吃穿和主子一樣, 又不朝打暮罵"《紅樓夢·19》가 있다.

182 역주 이는《水滸傳·49》에서 인용한 것이다.

듣지도 묻지도 않다. 아무것도 모른 척하다.

He feigns himself deaf and dumb.

手忙脚亂。

갈팡질팡하다.

His hands shook and his legs trembled.

交杯換盞。 또는 傳杯弄盞。

서로 술을 권하며 마시다.

To exchange cups, to drink together.

騙口張舌。[183]

말다툼하여 분란을 일으키다.

A practical liar.

東倒西歪。

이리저리 나뒹굴다.

In total ruin.

拿刀弄杖。

무력을 쓰다.

To grasp the knife and shake the cudgel.

呼奴使婢。

종을 부리다.

To be master of the house.

瞞神謊鬼。[184]

---

183 역주 이에 관한 예로 "娘不打與你這奴才幾下，教他騙口張舌，葬送主子，就是一般!"《金瓶梅·83》이 있다.

184 역주 이 예문은 "你旣要這奴才淫婦，兩個瞞神謊鬼弄刺子兒"《金瓶梅·22》에서 발췌한 것이다.

귀신을 속이다. 사람들의 귀와 눈을 피하다.

To deceive spirits.

朝歡暮樂。[185]

하루 종일 즐겁게 지내다.

To have perpetual delight.

起早睡遲。

일찍 일어나고 늦게 잔다.

To rise early and retire late.

門當户對。

두 집안이 엇비슷하다.

Of equal rank.

面惡眼凶[186]

흉악한 얼굴

a fell countenance

躱難逃災。 또는 逃災避難。

재난을 피하다.

To avoid evils and difficulties.

眼疾手快。

눈썰미가 민첩하고 동작이 신속하다.

Quick to perceive and active to perform.

疑心惑志。[187]

의심하다.

185　역주　이에 관한 예문으로 "哎! 只可惜當日天子寵愛了貴妃, 朝歡暮樂, 致使漁陽兵起"《長生殿·38》가 있다.

186　역주　이 예문은 "一個個身長力壯, 都是面惡眼凶, 頭裡紅巾"《水滸傳·33》에서 인용한 것이다.

To be suspicious and doubtful.

驚天動地。

경천동지하다(하늘이 놀라게 하고 땅을 뒤흔든다).

To astonish heaven and earth.

夫唱婦隨

남편이 주장하고, 아내가 이에 따름. 부창부수

the husband leads and the wife follows

茂林修竹

무성한 숲에 높게 뻗은 대나무

a luxuriant and elegant growth of bamboo

呼兄喚弟, 覓子尋爺。[188]

서로 형을 외치고 동생을 부르며 아들과 아비를 찾았다.

The elder brother calls to the younger, the younger to the elder, the father seeks the son, the sons the father.

嚇得魂飛胆落。 또는 驚得魂飛魄散。

혼비백산할 정도로 놀라다.

He was affrighted out of his wits.

苦得昏天黑地。

눈앞이 깜깜해질 정도로 괴롭다.

Grief so deep as to obscure the heavens and clothe the earth in blackness: an expression used in great meaning.

三回兩次 또는 三回五次 또는 兩番三次

누차

---

187 역주 Premare(1847:143)에 이 문구는 '疑心感志'로 나와 있는데, 여기에서 '感'자는 의미상 그리고 발음 부분에서 [hweh]으로 표기되어 있으므로 마땅히 '惑'자로 수정되어야만 한다.

188 역주 이 예문은《水滸傳 · 52》에서 발췌한 것이다.

파트 2. 구어와 구어체

in repeated instances

一日三茶六飯
정성스러운 접대, 매우 융숭한 대접
a continual feast

숫자 '三'과 '六'은 자주 다르게 사용된다.

三朋四友
여러 친구
a circle of friends, a few friends

三言兩句
몇 마디의 말
a few sentences

推三阻四。
갖가지 핑계를 대며 거절하다.
Throw various obstacles in the way.

七嘴八舌。
수다스럽다.
Constant prattle.

七死八活。
죽음에 임박하다.
But just alive.

四隣八舍
가까운 이웃
a neighborhood

七手八脚。
너나 할 것 없이 달라붙어서 하다.

Hand and foot: with all the night.

七本八利
원금과 이자
capital and profit

弄得七顚八倒。
뒤죽박죽 만들다.
Reduced to extremities.

千歡萬喜。
매우 기쁘다.
In ecstasies of delight.

千辛萬苦
천신만고
the most bitter grief

千恩百謝。 또는 千恩萬謝。
여러 번 감사하다고 말하다.
A thousand thanks.

千方百計。
온갖 방법을 다 써 보다.
In every possible mode: a thousand ways, a hundred means.

千磨百難。
많은 고초를 겪다.
Tried in all sorts of hardship.

十病九痛。[189]

---

189 [역주] 이는 "便是老身十病九痛, 怕有些山高水低, 頭先要制辦些送終衣服"《水滸傳·23》에서

온몸이 아프다.
He is always ailing.

百寶千金

매우 귀중한

invaluable

百依百隨。

말하는 대로 따르다.

he assented to all that was proposed.

百伶百俐。

매우 총명하고 영리하다.

Remarkably shrewd and clever.

千求萬求。

간절히 요구하다.

To demand instantly.

千算萬算。

이것저것 생각해 내다.

To seek by every means.

千肯萬肯。

조금도 반대하지 않는다.

He has not the least objection.

    장담컨대 제시된 예는 중국어 숙어를 잘 알고 싶은 바람만큼 많이 출현하지는 않는다. 따라서 이것들을 모두 기억하기보다는 발화의 여러 가지 양식에 대한 지식을 습득해야 하며 동시에 발음과 성조를 정

도 볼 수 있다.

확하게 구분할 필요가 있다.

5. 많은 예에서 구는 표현력을 강화하거나 듣기 좋게 하려고 반복된다.

妙絶妙絶。
절묘하기 그지없다.
Admirable! admirable!

大奇大奇。
신기하고 신기하다!
Wonderful! wonderful!

難得難得。
얻기 어렵도다!
Fortunate! fortunate!

重勞重勞。[190]
노고가 가중되고 또 가중되도다.
Great, great, indeed are my obligations.

多感多感。
고맙고 또 고맙다!
Thank you! thank you!

勾了勾了。
충분하고 충분하다!
Enough! enough!

休怪休怪。 또는 莫怪莫怪。
당연하다! 당연하다![191]

---

190 역주 이에 관한 예는 "毀之重勞, 且不敢間"《左傳·襄公15》이 있다.

191 역주 이 말은 또한 '언짢게 생각하지 말아라' 또는 '탓하지 말아라'로 볼 수도 있다.

No wonder! no wonder!

可傷可傷。
슬프고 슬프도다!
Dreadful! dreadful!

如此如此這般這般。
이러이러하다.
Just so, just so.

阿呀可惜可惜。
아 애석하도다!
O terrible! terrible!

牢記牢記。
명심하고 명심해라!
Hold fast! remember!

放屁放屁。
말도 안 되는 헛소리를 하는군.
O fie! fie!

是呀是呀。
그렇지! 그렇지!
Certainly! certainly!

苦呀苦呀。
힘들고 힘들도다!
Oh dreadful! dreadful!

正是他，正是他。
바로 그야!
It is he, it is he!

是了，是了，不消說得。

그래, 그래, 말할 필요가 없다.

Enough, enough, no further need of talk.

同他去遊玩遊玩。

그와 함께 돌아다니며 감상하자.

To go with him on excursion of pleasure.

6. 같은 단어가 '的'이 첨가되면서 반복되어 일종의 분사적인 종료 (participial termination)를 형성한다.

坐的坐, 走的走。

어떤 이는 앉아 있고, 어떤 이는 걸어간다.

Some were sitting and others walking.

一路送的送, 迎的迎。

도중에 보낼 사람은 보내고 맞이할 사람은 맞이한다.

He was throned the whole way with persons coming out to meet and do him honor.

吹的吹, 彈的彈, 唱的唱, 舞的舞。

어떤 이는 피리를 불고, 어떤 이는 악기를 타고, 어떤 이는 노래를 하고, 어떤 이는 춤을 춘다.

Some played upon the pipe, some upon the harp, some raised the song, and others danced.

中的[192]中了, 選的選了。

어떤 이는 시험에 합격하고, 어떤 이는 선발된다.

Some were obtaining the middle place, some were being elected.

打鼓的打鼓, 打鑼的打鑼。

---

192 [역주] 여기에서 '中的'은 '考取'의 의미로 볼 수 있으며, 이에 관한 예로는 "這王大老爺, 就是 前科新中的"《儒林外史·2》이 있다.

> 어떤 이는 북을 치고 어떤 이는 징을 친다.
> Some beat the drum, and some the gong.

4.3.2 대조

이 단락에서 대조(antithesis)는 광의의 의미로 다루어질 것이다. 그것은 엄격하며 적절하게 표시된 대조일 수도 있으며, 또는 단순한 대응 또는 연결일 수도 있다. 비록 대조가 일상 대화나 책에서 빈번하게 발생하지만, 이 수사 표현에 관한 좀 더 적절한 명칭을 발견하는 것은 불가능하며, 또한 언어 또는 사고에서 대조가 출현하지 않은 예를 발견할 수 있는지에 관해서도 의문이 든다. 이는 중국어의 특징이라고 확실히 말할 수 있다. 하나의 문자는 의미에 완전성을 부여할 수 있다. 그러나 미문美文을 원활하게 끝맺기 위해서는 재-과정(recourse)은 반복되거나 대조가 되어야만 한다.

이는 이전 단락과 아래 네 번째 단락에서 인용된 예에 의해 보인 바 있는데, 예를 들면 다음과 같다.

> 有才的未必有貌, 有貌的未必有才。
> 재능이 있는 자가 외모도 뛰어난 것은 아니며, 외모가 뛰어난 자가 반드시 재능이 있는 것은 아니다.
> There may be intelligence without beauty, as there is beauty without intelligence.

> 貌稱其才, 才副其貌。
> 외모는 그 재주를 가늠하고, 재주는 그 외모에 부합된다.
> He is alike distinguished for the excellence of his intellect and the beauty of his person.

貌比潘安, 才同子建。

외모는 반안潘安에 비견되며, 재주는 자건[조식曹植]과 동등하다.

We beautiful as *pwangan* as talented as *tszken*.

衣不遮身, 食不充口。

옷은 몸을 가리지 못하며 음식은 허기를 채우지 못한다.

He has neither raiment to cover his body.

何處不覓, 甚處不尋。

어디에서도 찾지 못한다.

Where in the world have i not inquired.

不知是賣, 不知是送。

팔지 선물로 보낼지 잘 모르겠다.

I know not whether you would sell, or bestow it upon me.

冷一句, 熱一句。

때로는 쌀쌀하다가도 때로는 친절한 말을 하다. 비꼬는 말을 하다.

He speaks now coldly, now with warmth.

認眞不得, 認假不得。

진지하게 여겨서도 안 되고, 가짜로 여겨서도 안 된다.

True or false we cannot tell.

不是你尋我, 便是我訪你。

네가 나를 찾지 않는다면, 내가 너를 방문하겠다.

If you do not inquire for me, then I am inquiring for you.

不要你推我我推你。

나에게 책임을 미루지 말아라, 내가 너에게 책임을 추궁하겠다.

Do not charge me with it, I shall only retort the charge.

要開口又開不得, 要閉口又閉不得。

말을 하려니 또 말할 수 없으며, 또 입을 다물려니 또 입을 다물 수도 없다.

I can neither open my mouth nor hold my peace.

要泣無淚, 要言無語。

울고 싶은데 눈물이 나오지 않고, 말하고 싶은데 할 말이 없다.

He wants tears to express his grief, and language to express his thoughts.

欲言恩恩深難言, 欲言情又無情可言。

은혜를 말하고 싶은데 은혜가 깊어 말하기 힘들며, 감정을 말하고 싶은데 또 말할 만한 감정이 없다.

His benevolence and his affection no language can describe.

他爲我死, 我必爲他亡。

그는 나를 위해 죽을 수 있으므로, 나도 반드시 그를 위해 죽겠다.

I must sacrifice my life to him who died for me.

有你則生, 無你則死。

네가 있으면 살고, 네가 없으면 죽는다.

With you I live, without you I die.

或我喝彼和或我和彼唱。

혹은 내가 그와 술을 마시거나 그와 노래를 부른다.

My song, accords with his and his with; we agree perfectly.

無家可投無路可奔。

그는 쉴 집도 없으며, 도망칠 길도 없다.

He has no house for protection, no road for escape.

上天無路, 入地無門。

하늘로 올라갈 길도 없고, 땅으로 들어갈 문도 없다.

Heaven has no access, earth no entrance; he has no chance of escape.

不覺可喜, 不覺可厭。

즐거운 것도 싫어하는 것도 알지 못하다.

He finds nothing to excite either pleasure or disgust.

你是今日的我，我是前日的你。

당신은 오늘날의 나이고, 나는 전날의 당신이다.

You are as I am, for I am as you were.

當面應承，背後做作。

대면해서는 승낙하면서 배후로는 수작을 꾸민다.

In public indeed he makes liberal promises, but in private he throws all into confusion.

三魂飄飄，七魄渺渺。

넋이 나갈 정도로 너무 놀라고 두렵다.

He is frightened to death.

茶不思，飯不想，睡似醒，醒似睡。

차를 마시기도 밥을 먹고 싶지도 않지만, 잠을 자도 깬 것 같고 깨어 있어도 자는 것 같다.

He neither eats nor drinks, and sleeping or waking he is still the same.

人不知，鬼不覺

쥐도 새도 모르게

Neither men nor spirits can tell

腹中饑餒，手内空虛。

배는 굶주리고 손은 텅 비었다.

With hungry stomach and empty hands.

裡邊剛勇，外面慈和。

안으로는 용맹하고, 밖으로는 자애롭다.

Within rigid and severe, abroad complaisant and obliging.

天寒坐橋，天暖乘馬。

날이 추울 때는 가마를 타고, 따뜻할 때는 말을 탄다.

When it is cold he goes in the sedan, when warm he mounts the horse.

受人之托必當終人之事。

남의 부탁을 받을 때는 반드시 그 일을 끝마쳐야만 한다.

He who accepts a trust should see that if is faithfully executed.

在他手裡肯吃酒便我遞酒你不。

그의 손에 술 마시는 것을 승낙했지만 나에게 술을 건네는 것을 허용하지는 않았다.

You are willing to take wine at his hands, but you will not suffer me to pass it.

情願火裡火去水裡水去。

물속 또는 불 속이라도 기꺼이 들어가겠습니다.

Should it please you, I would plunge into the fire or into the water.

歡從頷起喜向腮生。

기쁨은 얼굴에서 일어나고 즐거움은 뺨에서 생겨난다.

Joy and delight are the expression of his countenance.

你活是他家人, 死是他家鬼。

너는 살아서는 그의 가족이 될 것이며, 죽어서는 그의 애물이 될 것이다.

In life you will be his companion, in death his guardian spirit.

欲進不能, 欲退不舍。

나아가고 싶지만 그럴 수 없고, 돌아가기에는 아쉽다.

Advance he cannot, and he is unwilling to return.

我與他往日無寃今日無仇。

나는 그와 이전에는 억울함이 없고, 오늘은 원한도 없다.

I have never given him just occasion to be angry.

明睡到夜, 夜睡到明。

낮부터 밤까지 자고, 밤부터 다시 날이 밝을 때까지 잔다.

He sleeps from morning to night and from night till morning.

只顧其前，不顧其後。

오로지 과거만 생각하고, 그 후를 고려하지 않는다.

He only regards the past, he regards not the future.

你一言，我一句。

저마다 한마디씩 말하다.

You a word, and I a sentence; we have always some thing to talk about.

你一鐘，我一盞

너 한 잔, 나 한 잔

you a bowl, and I a goblet: we are a match at the draught

說我長，說我短。

나의 장점과 단점을 말하다.

He speaks of me very indifferently.

孑孑孤孤於世上，享享獨立於人前。

홀로 외롭게 세상에 있으며, 사람들과 동떨어져 있다.

All alone in his world, isolated among men.

一半兒辭，一半兒肯。

반은 거절하고, 반은 동의한다.

He is half inclined, half indisposed; he is in a state of suspense.

要長也隨的他，要短也隨的他。

긴 것이 필요하든 짧은 게 필요하든, 그에게 맡겨라.

Let him have it just as he prefers.

여기에서 '的'은 '得'과 같다.

4.3.3 의문

의문(interrogation)을 표시하기 위하여 여러 다른 문자가 사용되는데, 그들의 용법은 다음과 같다.

1. '不'은 같은 문자에 의해 선행되거나 뒤에 온다.[193]

去不去?

갈래? 안 갈래?

Has he gone?

來不來?

올래? 안 올래?

Will he come?

肯不肯?

할래? 안 할래?

Is he willing? will he?

依允不依允?

찬성하니? 찬성 안 하니?

Do you assent?

그러나 이러한 배열이 항상 의문을 나타내는 것은 아니다.

動不動

걸핏하면, 툭하면, 자주, 종종

impromptu, off hand, at once, as may be

看我打你耳刮子不打。

내가 네 뺨을 때리는지 안 때리는지 보자.

Now see whether you do not get a flogging.

---

193 역주 이 말은 'V不V' 형식으로 쓰인다는 것으로 즉 일종의 정반 의문문으로 쓰인다는 말
이다.

2. '也'는 부정 불변화사와 함께 의문을 나타낸다.

父親吃飯也未?

아버지가 아직 밥을 다 안 드셨니?

Has father yet taken his food?

可有這事也無?

정말 이와 같은 일이 있었느냐?

Is this indeed a fact?

了了也未?

분명히 이해했느냐?

Is it yet decided?

'也'는 또한 생략되기도 한다.

吃[194]晚飯了未?

저녁밥을 다 먹었느냐?

Have you dined yet?

그러나 이러한 형식은 드문 편이라고 할 수 있다.

不知你肯去也不。

네가 갈지 안 갈지 모르겠다.

I know not whether you wish to go.

'不知'로 인해 의문 의미가 사라졌다.

3. '莫非' 또는 '莫不'은 문두에서 나타나며, '麼'는 문미에 놓인다.

莫非就是此人麼?

설마 이 사람이 아니란 말인가?

---

194 [역주] 원문에서 '吃'로 나온다.

Is not this then the man?

> **莫非昨夜做了甚麼好夢麼?**
> 혹시 어젯밤에 꾼 것이 좋은 꿈이 아니란 말인가?
> Was it not a good dream you had last night?

'麼'는 문미에서 생략될 수 있다.

> **莫非是他見了鬼?**
> 혹시 그가 귀신을 본 게 아닐까?
> Had he not indeed seen ghosts?
>
> **莫非來打秋風?**[195]
> 설마 돈을 갈취한 것이 아닐까?
> Has he not some interest in the matter?
>
> **莫不是偸花的?**
> 혹시 꽃을 훔친 자가 아닐까?
> Is it not with those who pilfer flowers?

다음 예는 유념할 필요가 있다.

> **你且猜一猜。莫不是…不是。莫不是…也不是。莫不是…一發不是。**
> 네가 한번 추측해 봐. 혹시 아닐까? … 아니다. 혹시 아닐까? … 역시 아니다. 혹시 아닐까? … 확실히 아니다.
> Do then just guess. Is it? It is not. Is it? Again, it is not. Is it? Yet indeed, it is not.

4. 문자 '何'는 자체적으로 의문을 나타낸다.

---

195 역주 이에 관한 예로 "張世兄屢次來打秋風, 甚是可厭"《儒林外史·4》이 있다.

有何妨礙?

어떠한 방해가 있는가?

What is there to prevent?

有何不可?

왜 안되는가?

What forbids?

何等的好?

어떠한 것이 좋은가?

What can be preferable?

此時不走, 更待何時?

이때 가지 않는다면 얼마나 또 기다려야 하는가?

When will you find a better chance of escape than the present?

5. '多少'는 '얼마'(how many)를 나타낸다.

渾身是鐵打得多少釘耳?

전신에 얼마나 많은 못을 박을 수 있는가?

Were my body all of iron how many nails would it make?

有多少人?

얼마나 많은 사람이 있는가?

How many men are theirs?

多少是好?

얼마나 좋습니까?

How much better were it?

6. '怎'자는 좀 더 자세히 설명할 필요가 있다.

1) '怎'은 '麽'와 결합한다.

怎麽使得?

어떻게 할까요?

How shall we proceed?

肚裡的東西怎麼看得出?

뱃속의 것을 어떻게 알 수 있습니까?

How can that be rendered visible which exists only in the mind?

怎麼清天白日說起夢話來?

어떻게 백주 대낮에 잠꼬대 같은 소리를 하는가?

How in the light of day can you begin to relate your dreams to us?

依你的主意該怎麼樣?

너의 견해에 따르면 어떻게 해야 하느냐?

How in your opinion, ought we to act?

2) '怎'은 자주 '的'과 결합한다.

怕他怎的?

왜 그를 두려워해야 하는가?

Why should i fear him?

怕怎麼的?

왜 두려워해야 하는가?

Why should we fear?

閒話說他怎的?

왜 그의 험담을 하는가?

Why make him the subject of your idle talk?

怎地(또는 的)教我舍得你?

왜 내가 너를 기꺼이 포기해야 하는 건가?

Why urge me to let you go?

平白又罵他怎的?

까닭 없이 왜 그를 또 질책하는가?
Why reproach him?

다음 예를 유념할 필요가 있다.

你問他怎的? 不怎的, 我問聲兒。你問必有緣故。[196]
너는 왜 그에게 물어보느냐? 그냥 물어보는 거야. 네가 묻는 데에는 필시 무슨
이유가 있어.
Why do you ask him? No matter: I desire but a word; Still you must have
some reason for it.

慌的恁没命的一般往外走怎的?
왜 그렇게 기를 쓰고 허둥대며 밖으로 달려가느냐?
Why seek to escape in such haste as if frightened out of your wits?

여기에서 첫 번째 '的'은 '得'을 나타낸다.

3) '怎'은 '生'과 결합한다.

怎生打扮?
어떻게 치장할까?
In what trim would he appear?

不知畢竟怎生結果。
결국 어떠한 결과가 생겨날지는 모르겠다.
How it will finally eventuate i cannot tell.

여기에서 '不知'로 인해 의문 의미는 사라진다.

4) '怎'은 '奈'와 결합한다.

---

196 역주 이 예문은 《金瓶梅·64》의 "金蓮道:你問怎的? 西門慶道:不怎的, 我問聲兒。金蓮道:
你問必有緣故"를 인용한 것으로 보인다.

> **却怎奈何?**
>
> 그러면 어떻게 해야 할까?
>
> How then shall we proceed?
>
> **怎奈無踪影?**
>
> 왜 자취를 감추었을까?
>
> Why has he thus absconded?

5) '怎'은 또한 '敢'과 결합한다.

> **怎敢不低頭?**
>
> 어찌 감히 굴복하지 않는가?
>
> How could i refuse assent?
>
> **我有一句話可是敢說麼?**
>
> 제가 감히 한마디 해도 되겠습니까?
>
> May i be allowed to speak a word?

6) '那'는 분명히 같은 의미로 사용된다.

> **可不好那?**
>
> 어찌 좋지 않겠습니까?
>
> Will it not thus answer?
>
> **我可以箇甚麼那?**
>
> 나를 어떻게 생각하느냐?
>
> What then do you think of me!

사람들은 '波' 또한 같은 의미로 사용한다.

> **則這般罷波?**
>
> 이렇게 하면 될까요?
>
> Shall it then be thus?

7) '麼'자 자체가 의문을 나타낸다.

> 想是又有別樣功課[197]麼?
>
> 다른 공부가 또 있을 수도 있지 않겠습니까?
>
> It may be there are exercises of a different character, are there not?

8) '甚'의 용법은 다음의 예에서 알 수 있듯이 '怎'과 매우 비슷하다.

> 害甚麼羞?
>
> 왜 그리 부끄러워하는가?
>
> Why so very modest?
>
> 你害的是甚麼病?
>
> 너는 무슨 병에 걸렸느냐?
>
> What is the nature of your disorder?
>
> 爲甚麼洞房裡面走出個鬼來?
>
> 왜 신방에서 그런 귀신이 나왔느냐?
>
> Why such a monster from the nuptial couch?
>
> 呀爲甚麼原故氣得這等利害?
>
> 어떤 원인으로 이렇게 화가 났느냐?
>
> Why are you thus transported with rage!
>
> 只要他醫得病好, 管甚麼難吃?
>
> 그가 병을 잘 치료하기만 한다면 맛이 없는 것이 무슨 문제인가?
>
> We seek only to effect a cure of the disorder: What matter if the antidote be unpleasant?

'甚'은 자주 의문이 아닌 문장에 사용된다.

---

197 [역주] "你近來作些甚麼功課?"《紅樓夢·81》에서 알 수 있듯이 '功課'는 '공부, 실력'의 의미로 쓰인다.

파트 2. 구어와 구어체

你有甚麽?[198]

너는 무엇을 가졌느냐?

What have you in hand?

我沒甚麽。

나는 아무것도 없다.

I have nothing, thus we have.

也不差甚麽。

어떤 것도 나쁘지 않다.

There is no mistake.

我又沒曾說甚麽。

나는 또 말할 것이 없다.

I have not yet said anything.

'甚麽' 앞에 자주 '做'가 온다.

上面是一所空樓去做甚麽?

위는 빈 건물인데 왜 올라가느냐?

The story above is entirely empty, why go up?

管這閒事做甚麽?

이렇게 하찮은 일에 관여해서 무엇을 하려는가?

Why regard these unimportant matters?

你問他做甚麽?

그에게 뭐하러 물어보느냐?

Wherefore do you ask him?

---

198 역주 이 문장은 형식상은 의문문이지만, 실제로는 "너는 아무것도 가진 게 없다"라는 반문의 의미로도 볼 수 있다.

> 這樣人理他做甚麼?
> 그러한 사람을 뭐하러 상대하니?
> Why do you have regard to such a person?

'的'은 '怎'과 같은 방식으로 '甚'과 결합한다.

> 干你甚的事?
> 너의 어떤 일에 관여하느냐?
> How does this concern you?

> 不敢道他甚的。
> 감히 그에게 아무것도 말하지 못하다.
> I dare not say a word to him.

이 구에서 '甚'은 의문이 아니다.

'甚'은 때때로 단독으로 사용된다.

> 有甚大事?
> 어떤 큰일이 있느냐?
> What is the great affair?

> 有甚臉嘴出去見人?
> 무슨 면목으로 사람들을 볼 수 있을까?
> With what face can i now look upon the world?

9) '什'은 분명히 '甚'과 같다.[199]

> 故什麼?
> 어떤 원인인가?
> For what purpose?

---

[199] 역주 Premare(1847:152~153)에서 번호 6), 7), 9)가 빠져 있어 추가하였다.

說什麼古人?

옛사람을 왜 말하는가?

Why speak of the ancients?

把甚麼過活?

무엇으로 살아가겠느냐?

Pray, how do you get a living?

有什麼破綻落在你眼裡?

무슨 허점이 너의 눈에 들어왔느냐?

What fault have you discovered in him.

我說什麼?

내가 무엇을 말했느냐?

What then do I say?

그러나 '什'은 모든 경우에 의문을 나타내는 것은 아니다.

請進裡面來用些什麼茶飯。

안으로 들어와서 차와 밥을 좀 드세요.

Pray come in and take a little rice and tea.

正不知什麼病症。

어떤 질병인지 정확하게 모르겠다.

I cannot determine preciously the nature of the disease.

不曾成什麼大事。

어떤 큰일이 된 적은 없다.

It is of no material consequence.

10) '安'자 역시 의문에 사용된다.

小弟安敢自專?

제가 어찌 마음대로 할 수 있겠습니까?

How could i dare to pursue my own course?

安肯造次錯用?

어떻게 경솔하게 잘못 사용할 수 있는가?

Would he demean himself so foolishly?

11) 불변화사 '豈'는 비록 그것이 높은 수준의 작법에서 발생하지만, 또한 일상 대화에서도 자주 사용된다.

豈敢?

어찌 감히?

How presume?

豈有此理?

어찌 이럴 수 있단 말인가?

How can this be?

豈不惧了大事?

어떻게 이렇게 큰일을 그르칠 수 있단 말인가?

How could it fail to ruin this mighty project?

豈不是天從人願?

어찌 하늘이 그 사람의 소원을 들어주는 것이 아니겠는가?

How can it be denied that heaven gives man his wish?

豈不羞死?

어찌 대단히 부끄럽지 않겠는가?

How could he fail to die with remorse?

豈不爲美? 또는 豈不美哉?

어찌 훌륭하지 않겠는가?

What could be more fair?

12) '那'자는 일반적인 용법으로 다음의 예에서 알 수 있듯이 다른 것들과 여러 방식으로 결합한다.[200]

① '那'는 '個'와 발생한다.

是那個的手筆?
누구의 필적인가?
Whose handwriting is this?

那個還肯多嘴?
누가 여전히 쓸데없는 말을 하는가?
Who still wishes to jabber?

這句話是那個教你說的?
이 말은 누가 너에게 가르쳐 주었니?
Who taught you to use this language?

看你没飯在鍋裡的時節那個好朋友把一斗五升來資助你?
너의 솥에 쌀이 없을 때, 어느 좋은 친구가 약간의 음식(한 말 다섯 되)으로 너를 돕겠는가?
But when there is no rice in your pot, what tenderhearted friend will offer you a bit of food?

那一個理你?
누가 너를 상대하겠는가?
What person regards you?

我且問你那一個是忠臣那一個是奸臣?
나는 누가 충신이고 누가 간신인지를 너에게 묻겠다.
I ask, who then is the trusty, who the faithless servant?

---

200 역주 원문에서 '那'로 나와 있지만, 이는 오늘날의 '哪'에 해당한다.

② '那'는 '裡'와 결합한다.

> ### 那裡肯受，抵死推辭。
> 어떻게 받아들이는 것을 동의할 수 있겠는가? 차라리 거절하고 죽겠다.
> How could he consent to receive it? He would rather die than not repel it
> from him.
>
> ### 說那裡話?
> 무슨 말을 하는 건가?
> How did you say?

'那裡'는 예의 바른 발화 형식이며, '不敢'과 같은 의미이다.

> ### 那裡去?
> 어디로 가느냐?
> Where are you going?
>
> ### 那裡尋得出這個人來?
> 어디에서 이 사람을 찾겠는가?
> Where did you discover this person?
>
> ### 那裡是出家的道理?
> 출가의 도리는 어디에 있는가?
> Ought a priest thus to demean himself?
>
> ### 見他走到面前魂靈都嚇去了那裡還講得話來。
> 그가 면전에 간 것을 보고 너무 놀라 무슨 말을 해야 할지 모르겠다.
> Seeing him approach he was frightened out of his wits; how could he utter
> a word?
>
> ### 那裡是這個窮相?
> 어떻게 이렇게 째째해질 수 있느냐?
> How could he appear in such miserable plight?
>
> ### 那裡能勾²⁰¹見面?

어떻게 그를 만날 수 있겠는가?

How could he look him in the face?

那裡比得他上?

어떻게 그와 견줄 수 있겠는가?

How preferable to him?

若不見詩那裡辨得出?

만약 시를 보지 않았다면 어떻게 구분할 수 있겠는가?

How can i discriminate not having seen the odes!

左右那裡?

주변 사람은 어디에 있는가?

Attendants where are you?

你們那裡知道?

너희들은 어디에서 알게 되었는가?

How could you know it?

'裡'는 때때로 생략된다.

你拿那去?

너는 어디로 가져가느냐?

Where are you going with it?

那有不和不睦之理?

화목하지 않은 이치가 어디에 있겠는가?

How is it they can never be agreed?

那有去遊玩的道理?

---

201 역주 여기에서 '能勾'는 '可能', '可以'의 의미로, 예로는 "若劉備能勾回荊州, 成王霸之业, 一
劍揮石爲兩段"《三國演義 · 54》이 있다.

유람하면서 즐길 수 있는 방법이 어디에 있단 말인가?
Where can we have a pleasant ramble?

③ '那'는 '曉'와 결합한다.

那曉得他外邊的事?
그가 밖에서 무엇을 하는지 어떻게 알 수 있겠는가?
How can we know what he is doing abroad?

④ '那'는 '見'과 결합한다.

那見枯樹上生出花來?
고목에서 꽃이 피는 것을 어디에서 보았는가?
Who ever saw a dead tree in blossoms?

13) '誰':

不罵你罵誰?
너를 혼내지 않으면 누구를 혼내야 되니?
Who is more to be execrated than yourself?

那知是誰?
누구인지 어찌 아리오?
Who knows who it is? or What profit in my knowing who it is?

誰想?
누가 생각했겠는가?
Who would have thought?

이러한 표현은 자주 사용된다.

14) '難道'는 원래 '말하기 어렵다'(difficult to say)를 나타내지만, 실제로는 의문을 표시한다.

> ## 難道就罷了?
> 설마 그만둔다는 말인가?
> Is this then all?

추가적인 예는 앞 단락의 '道' 부분에서 찾을 수 있다. '不成'은 자주 문미에 추가된다.

> ## 難道罷了不成?
> 설마 그만둔다는 말은 아니겠지?
> Will it thus terminate?

'難道'는 때때로 생략된다.

> ## 我莫非說謊不成?
> 설마 내가 허튼소리를 한 건 아니겠지?
> Do i then speak falsely?

4.3.4 속담

중국어의 속담은 표현의 강도와 품격을 조금도 더하지는 않는다. 의심할 여지 없이 이 책에서 포함된 것보다도 훨씬 많은 속담이 존재한다. 제시된 예에서 표현 방식뿐만 아니라 의미에 관해서도 주의를 기울일 필요가 있다.

> 1. 一盲引衆盲, 相將入火坑。
>   맹인이 맹인을 이끈다면 머지않아 불구덩이에 빠질 것이다.
>   If the blind lead the blind they will both go into pit.
>
> 2. 禍從口出, 病從口入。[202]
>   화는 입에서 나오며, 병은 입으로 들어온다.

Misfortunes proceed from the mouth, and by the mouth diseases enter.

3. 好鐵不打釘, 好人不當兵。

좋은 쇠는 못으로 박히지 않으며, 좋은 사람은 병사가 되지 않는다.

Good iron is not used to nails, nor are soldiers made of good men.

4. 順風不起浪。

순풍은 파도를 일으키지 않는다.

A fair wind raises no storm.

5. 隨風到舵, 順水推船。

바람과 물을 따라 항해한다.

To sail with wind and tide.

6. 是順風吹火, 下水行船。

바람을 따라 불이 붙고, 물을 따라 배가 떠내려간다.

To fan the flame in a fair wind, and to impel the boat with the current.

7. 一念萬年

한결같은 마음

one mind, ten thousand years; always of one mind

8. 一擧兩得。 또는 一擧兩便。

일거양득.

To kill two birds with one stone.

9. 一念之差, 終身之悔。

생각 하나의 잘못으로 평생 후회한다.

The error of a thought, the regret of a whole life.

10. 小不忍亂大謀。[203]

---

202 역주 《太平御覽·人事》에 "病從口入, 禍從口出"이라는 문장이 나온다.

203 역주 이 말은 "小不忍則亂大謀"라고도 말한다.

파트 2. 구어와 구어체

작은 일을 위해 큰일을 그르치지 말아라.

A little impatience subverts great undertakings.

11. 谿壑易塡, 人心難滿。

계곡은 채우기 쉬워도, 사람 마음은 채우기 어렵다.

Vast chasms can be filled, the heart of man is never satisfied.

12. 醫得病, 醫不得命。

병은 치료할 수 있지만, 운명은 치료할 수 없다.

Diseases may be healed, but fate cannot be remedied.

13. 醫得身, 醫不得心。

몸은 치료할 수 있지만, 마음은 치료할 수 없다.

The body may be healed, but the mind is incurable.

14. 人心惟虛故靈, 山谷惟虛故應。

사람의 마음은 영혼을 공허하게 하고, 산골짜기는 그 소리를 공허하게 한다.

The open mind reflects, the hollow dell resounds.

15. 樹倒猢猻散。

나무가 넘어지면 원숭이가 사방으로 흩어진다. 우두머리가 쓰러지면 따르던 자들도 뿔뿔이 흩어진다.

When the tree falls the monkeys flee.

16. 樹倒無陰。

나무가 쓰러지면 그림자도 사라진다.

When the tree falls the shade disappear.

17. 虎鹿不同遊。

호랑이와 사슴은 같이 돌아다니지 않는다.

The tiger does not walk with the hind.

18. 逐鹿者不顧兔。

사슴을 쫓는 사람은 토끼는 고려하지 않는다.

He who pursues the stag disdains to notice the hare.

19. 大蟲不吃伏肉。

호랑이는 버려진 고기는 먹지 않는다.

The tiger does not molest a lying carcass.

20. 當取不取, 過後莫悔。[204]

마땅히 취해야 할 때 취하지 않고 나중에 후회하지 말아라.

He who neglects a good opportunity must not afterwards complains.

21. 當斷不斷, 反受其亂。[205]

끊어야 할 때 끊지 않는다면 오히려 더 혼란스러워진다.

Trouble neglected becomes still more troublesome.

22. 林中不賣薪, 湖上不鬻魚。

숲에서는 땔감을 팔지 않으며, 호수에서는 물고기를 팔지 않는다.

Wood is not sold in the forest nor fish at the pool.

23. 管山的燒柴, 管河的吃水。

산을 관리하는 자는 나무를 때고, 강을 관리하는 자는 물을 마신다.

The keeper of the forest burns up the wood, the keeper of the stream drinks up the water.

24. 視日者眩, 聽雷者聾。[206]

태양을 본 자는 눈이 멀고, 천둥을 듣는 자는 귀가 멀게 된다.

He who looks at the sun is dazzled, he who hears the thunder is made deaf.

25. 欲滅迹而走雪中。[207]

흔적을 없애고 눈 위를 걷고자 한다.

He desires to hide his tracks and walks upon the snow.

---

204 역주 이 말은《水滸傳 · 14》에서 발췌한 것으로 보인다.

205 역주 이 말은《史記 · 齊悼惠王世家》에서 발췌한 것으로 보인다.

206 역주 이 말은《淮南子 · 說山訓》에서 발췌한 것으로 보인다.

207 역주 이 역시《淮南子 · 說山訓》에서 발췌한 것으로 보인다.

파트 2. 구어와 구어체

26. 壞臭而求芳。

역함을 품으면서도 향기로움을 구한다.

His desire to become agreeable renders him disgusting.

27. 騎驢覓驢。[208]

자기 옆에 두고도 이리저리 찾는다.

He seeks the ass, and lo he sits upon him.

28. 上不緊則下慢。[209]

윗사람이 엄하지 않으면, 아랫사람은 나태해진다.

When the master is not rigid the servant is remiss.

29. 眼睛跳, 悔氣道。

눈을 깜빡거리면, 불행한 일이 닥칠 것이다.

When the eyes quiver it is a bad sign.

30. 一人造反九族遭誅。

한 사람이 모반을 하면 구족이 멸해진다.

For the crime of one the whole family suffers.

31. 莫說他人, 先輪了自己。

다른 사람을 말할 것도 없이 자신을 먼저 탓해라.

Speak not of others, but first convict yourself.

32. 草不去根, 終當復生。[210]

풀은 뿌리를 제거하지 않는다면, 결국 되살아난다.

If the roof remains the grass will grow.

---

208 역주 이 말은 《景德傳燈錄 · 志公和尚大乘贊》의 "不解即心即佛, 眞似騎驢覓驢"에서 발췌한 것으로 보인다.

209 역주 이 말은 《水滸傳 · 17》에서 발췌한 것으로 보인다.

210 역주 이 문장은 《資治通鑑 · 208》에서 발췌한 것으로 보인다. 원문은 "去草不去根, 終當復生"으로 Premare(1847:158)에는 앞의 '去'가 빠져 있다.

33. 欲求生快活, 須下死工夫。

즐겁게 생활하고 싶다면, 반드시 엄청난 공을 들여야만 한다.

Great pleasure are purchased only with great pains.

34. 剪草除根, 萌芽不發。

풀뿌리를 제거한다면 싹이 나지 않는다.

If the root is killed the shoots will not revive.

35. 吃飯防噎, 行路防跌。

밥을 먹을 때에는 목에 걸리지 않도록 하고, 길을 걸을 때는 넘어지지 않도록
하세요.

Do not choke yourself in eating nor let your foot slip in walking.

36. 路在口裡, 一問就知。

언변이 좋은 사람은 물으면 바로 안다.

A man who has a tongue may go to rome.

37. 火上添油。

불에 기름을 붓는다.

To add fuel to the flame.

38. 離家一裡, 不如屋裡。

집을 떠나 1리보다는 집 안에 있는 편이 낫다.

Better be at home than three furlongs off.

39. 差毫釐, 謬千裡。

티끌 하나의 차이가 천 리의 차이다.

A slight deviation leads to a great error.

40. 凡人不可貌相, 海水不可斗量。[211]

사람은 겉모습으로 판단해서는 안 되며, 바닷물은 말로 잴 수 없다.

A man is not always known by his looks, nor is the sea measured with a
bushel.

---

211 역주 이 문장은 《西遊記·62》에서 발췌한 것으로 보인다.

41. 玉不琢不成器, 人磨不成道。[212]

옥은 다듬지 않으면 그릇이 안 되고, 사람도 단련해야만 도를 이룰 수 있다.

A gem is not polished without rubbing, nor is man perfected without trials.

42. 兵臨告急必須死敵。[213]

적이 쳐들어오면 반드시 쓰러뜨려야 합니다.

Extreme peril requires extreme effort.

43. 附耳之言聞於千裡。

귓속말은 천 리 밖에서도 들린다.

A word spoken in the ear is heard a thousand miles off.

44. 不大其棟不能任重。

작은 마룻대는 무게를 지탱할 수 없다.

A small beam will not bear a great weight.

45. 象牙不出鼠口。

상아는 쥐의 입에서 나오지 않는다.

Ivory does not come from a rat's mouth.

46. 我不淫人妻, 人不淫我妻。

내가 다른 사람의 아내에 현혹되지 않는다면, 다른 사람도 나의 아내를 유혹
하지 않을 것이다.

If i keep with my own wife she will not be debauched by others.

47. 君子不念舊惡。

군자는 지난날의 잘못을 따지지는 않는다.

The wise forgets past injuries.

48. 人生一世, 草生一春。

---

212 역주 이 속담은 "玉不琢不成器, 人不學不知道"《禮記·學記》와 유사하다.

213 역주 이 문장은《水滸傳·34》에서 발췌한 것이다.

사람은 한 세대를 살고, 풀은 봄 한 철을 산다.
Man lives one age, the flowers one spring.

49. 寧可無了有, 不可有了無。[214]

차라리 가난한 다음에 부유한 것이 낫지, 부유한 다음에 가난해서는 안 된다.
Better not be than be nothing.

50. 鷄子與石子鬪。

닭이 돌과 싸우다.
The egg fights with the rock.

51. 指鹿爲馬。[215]

사슴을 가리켜 말이라고 한다. 지록위마.
To point at the stag and mean the horse.

52. 以羊易牛。[216]

양으로 소와 바꾸다. 작은 것으로 큰 것을 대신하다.
To exchange a sheep for an ex.

53. 當人不當物。

사람이 되어야지 물건이 되어서는 안 된다.
A man is better than a pledge.

54. 好人相逢, 惡人相離。

좋은 사람은 서로 만나게 되고, 악인은 서로 멀어지게 된다.
The good seek each other, the bad mutually repel.

55. 單絲不成線。

실 하나가 줄을 만들지는 않는다.
One thread does not make a rope; a swallow does not make a summer.

---

214 역주 여기에서 '無'는 '가난'을 의미하며, '有'는 '부귀'를 의미하다.
215 역주 이 문장은 《史記·秦始皇本紀》에서 발췌한 것이다.
216 역주 이 문장은 《孟子·梁惠王》에서 발췌한 것이다.

56. 望梅止渴, 畵餠克錢。

매실을 바라보며 갈증을 달래고, 그림의 떡으로 굶주린 배를 채우다.

To feed upon the pictures of one's own fancy.

57. 家醜不可外揚。

집안의 불미스러운 일은 밖으로 새어 나가서는 안 된다.

Domestic forbles must not be exposed.

58. 中臣視死無難色, 烈婦臨危有笑容。

충신은 난처한 표정 없이 죽음을 대하고, 열녀는 웃는 얼굴로 위험을 맞이한다.

A faithful subject dies without fear, and a virtuous woman meets danger with delight.

59. 夫妻面前莫說眞, 朋友面前莫說假。

부부 간에 진실을 말할 필요가 없으며, 친구 간에 거짓을 말하지 말아라.

Between husband and wife there must be all affection, between friends all fidelity.

60. 一家女兒吃不得兩家飯。

한집안의 여자가 두 집의 밥을 먹을 수는 없다.

A woman in one house cannot eat the rice in two; a wise woman does not marry the second time.

61. 驗其前便知其後。

과거를 고려한다면 미래를 알 수 있다.

Consider the past, and you will know the future.

62. 鋼刀雖快不斬無罪。

비록 칼이 날카롭지만 무고한 사람을 베지 않는다.

Though the sword be sharp it will not wound the innocent.

63. 十個婦人九個妒。

열 명의 부인 중 아홉 명이 질투한다.

Nine woman in ten are jealous.

64. 萬惡淫爲首, 百行孝爲先。

각종 죄악에서 음탕함을 첫손으로 꼽고, 각종 행위에서 효를 최고로 친다.

Sensual indulgence is the greatest evil, final obedience is the highest good.

65. 善人得福爲之賞, 惡人得福爲之殃。

복을 지님은 착한 사람에게는 상이 되며, 나쁜 사람에게는 재앙이 된다.

Prosperity is a blessing to the good, but to the evil it is a curse.

66. 善人聽說心中刺, 惡人聽說耳邊風。[217]

착한 사람이 듣기에는 마음속의 가시이며, 악한 사람이 듣기에는 마이동풍이다.

Instruction pervade the heart of the wise, but cannot penetrate the ears of a fool.

67. 害得性命, 玷不得淸名。

목숨을 빼앗을 수 있어도, 청렴한 명성은 더럽힐 수 없다.

A man may be deprived of life but a good name cannot be taken from him.

68. 樂極悲生。[218]

즐거움이 극에 달하면 슬픔이 생겨난다.

The extreme of joy is the beginning of sorrow.

69. 難得者兄弟, 易得者田地。[219]

형제는 얻기 힘들며, 논밭은 얻기 쉽다.

As estate is easily acquired, but a brother is with difficulty found.

70. 人老無能, 神老無靈。

사람이 늙으면 무능해지고, 신이 늙으면 영험이 없어진다.

Age deprives a man of his strength and a god of its virtue.

---

217 [역주] 이 문장은 《喩世明言·1》에서 발췌한 것으로 보인다.

218 [역주] 이 문장은 《淮南子·道應訓》의 "夫物盛而衰, 樂極則悲"와 비슷하다.

219 [역주] 이 문장은 《喩世明言·69》에서 발췌한 것으로 보인다.

71. 別人的屁臭, 自家的屁香。

다른 사람의 방귀는 역겹고, 자신의 방귀는 향기롭다.

Every man sees the faults of others but cannot discern his own.

72. 口是風, 筆是踪。

말은 없어지지만, 글은 증거로 남는다.

Words spoken are as wind, the tracing of the pencil remains.

73. 人見目前, 天見久遠。[220]

사람은 당장을 보지만, 하늘은 멀리 본다.

Man sees only what is before him, but heaven beholds all things.

74. 閒時不燒香, 急來抱佛脚。

한가할 때는 불공 한 번 드리지 않다가, 다급해지자 부처 다리를 붙잡는다.

Neglect to burn incense at the proper time, and you will shortly embrace the feet of buddha.

75. 娶妻娶德, 娶妾娶色。

장가를 갈 때는 덕이 있는 아내를 얻으며, 첩을 얻을 때는 외모를 본다.

Virtue is sought in a wife, in a concubine beauty.

76. 耳聞是虛, 眼見是實。

귀로 들리는 것은 공허하고, 눈으로 보는 것은 실하다.

Mere sound is empty, what is seen is solid: what is heard is doubtful, what is seen is certain.

77. 人靠天工, 船靠舵工。

사람은 하늘의 조화에 의지하고, 배는 키잡이에 의존한다.

Heaven directs the ways of men as a pilot directs a ship.

78. 籬牢犬不入。

울타리가 튼튼하면 개가 못 들어온다. 조심하면 실수가 없다.

---

220 역주 이 문장은 《喩世明言 · 31》에서 발췌한 것으로 보인다.

If the fence is secure the dogs will not enter.

79. 表壯不如裡壯。

겉모습이 보기 좋음은 내면의 견실함보다 못하다.

Better strong within than strong without.

80. 有錢使得鬼動, 無錢喚不得人來。

돈으로 영혼을 움직일 수 있지만, 돈이 없으면 사람을 불러낼 수 없다.

With money one can raise a spirit, without it he cannot command a man.

81. 德妙文無色。

덕·묘·문은 색이 없다.

Virtue requires no coloring.

82. 堂中無俊僕必是好人家。

안채에 잘생긴 하인이 없다면 필시 훌륭한 가정이다.

It is an honest man's house that has no handsome servant.

83. 人無剛强, 安身不長。

굳세지 않은 자는 오랫동안 발붙일 수 없다.

He who is not robust cannot long endure.

84. 人無剛骨, 安身不牢。[221]

굳센 의지가 없다면, 어려움을 극복할 수 없다.

The same as the preceding.

85. 遠親不如近鄰。

먼 친척보다 가까운 이웃이 낫다.

A near friend is better than a distant preceding.

86. 好事不出門, 惡事傳千裡。[222]

---

221 [역주] 이 예문은《水滸傳·24》에서 발췌한 것이다.

222 [역주] 이 예문은《水滸傳·24》에서 발췌한 것이다.

좋은 일은 쉽게 드러나지 않고 나쁜 일은 이내 천 리 밖까지 퍼진다.

Good works remain at home, the evil travel far abroad.

87. 幼嫁從親, 再嫁由身。[223]

처음 결혼할 때에는 부모가 결정하고, 재혼할 때에는 스스로 결정한다.

The virgin marries to suit her parents, the widow suits herself.

88. 痴人畏婦, 賢女畏夫。

어리석은 남편은 아내를 두려워하며, 현명한 여자는 남편을 공경한다.

The foolish husband fears his wife, the wise woman fears her husband.

89. 船多不礙港, 車多不礙路。[224]

수가 많더라도 서로 방해하지 않는다.

The sea is not worn by ships, nor is a road-impaired by travel.

90. 天有不測風雨, 人有旦夕禍福。

하늘에는 예측할 수 없는 풍운이 일어나며, 인생의 화복은 헤아릴 수 없다. 시국이 변화무상하여 길흉화복을 예측할 수 없다.

Men's fortunes are as variable as the weather.

91. 易得來, 易得去。

쉽게 오는 것은 쉽게 간다.

What is easily acquired is easily lost.

92. 若要不知, 除非莫爲。[225]

만약 다른 사람이 모르기를 바란다면, 오직 행하지 않는 것밖에 없다.

Never engage in what you would fear to have known.

93. 人害人不死, 天害人纔害死了。[226]

---

223 역주 이 예문은 《金瓶梅·5》에서 발췌한 것이다.

224 역주 이 예문은 《金瓶梅·7》에서 발췌한 것이다.

225 역주 이 예문은 《喻世明言·21》에서 발췌한 것이다.

226 역주 이 예문은 《金瓶梅·12》에서 발췌한 것이다.

사람은 죽이려 해도 죽일 수 없고, 하늘이 죽이려 해야만 비로소 죽일 수 있다
잖아요.
The injustice of man may be endured, but the wrath of heaven destroys.

94. 泥佛勸土佛。[227]

겨 묻은 개가 똥 묻은 개를 나무란다.

How black you are; said the pot to the kettle.

95. 順情說好話，幹直惹人嫌。[228]

정리를 따라 말을 해야지 입바른 소리를 하면 사람들의 미움을 산다.

Obsequiousness makes friends, truth excites hatred.

96. 有兒靠兒，無兒靠壻。[229]

아들이 있으면 아들에게 의지하고, 아들이 없다면 사위한테 의지한다.

He who has no son must depend upon a son-in-law.

97. 上樑不正，下樑歪。

마룻대가 바르지 않으면 아래 들보가 비뚤어진다. 윗물이 맑아야 아랫물이
맑다.

If the upper beam is not straight the lower will be crooked.

98. 做一日和尙，撞一日鐘。[230]

그럭저럭 살아 나가다. 일을 처리하다.

One day priest, the next a bell-ringer.

99. 一客不煩二主。

한 손님이 두 주인에게 신세지지 않는다. 한 사람이면 충분하다.

A single guest does not require two lodgings.

---

227 역주 이 예문은《金瓶梅·13》에서 발췌한 것이다.

228 역주 이 예문은《金瓶梅·20》에서 발췌한 것이다.

229 역주 이 예문은《金瓶梅·20》에서 발췌한 것이다.

230 역주 이 예문은《文明小史·44》에서 발췌한 것으로, "我們做一天和尙, 撞一天鐘"이다.

100. 一馬一鞍[231]

말 한 필에 안장 하나, 일부일처

one ass, one saddle

101. 男僧寺對着女僧寺, 沒事也有事。[232]

남자 중들의 절이 여자 중들의 절을 마주하고 있으면 없는 것 같아도 일이 있다.

The priest lives near the priestess, the idle are ever busy.

102. 眞的假不得, 假的眞不得。

진짜는 가짜일 수 없으며 가짜는 진짜일 수 없다.

A thing cannot be at the same time both true and false.

103. 時來誰不來, 時不來誰來。

모든 것에는 때가 있다.

A time for everything.

104. 紅顔薄命。

미인박명.

Beauty is an evil fate.

105. 知人面, 不知心。

얼굴은 알지만, 그 마음은 모른다. 열 길 물속은 알아도 한 길 사람 속은 모른다.

A man's face is known, but his heart cannot be told.

106. 人多舌頭多。[233]

사람이 많아 의견이 분분하다.

Many men have many tongues.

107. 不着家人, 弄不得家鬼。[234]

---

231 [역주] 이 예문은 "一馬一鞍, 一女不嫁二夫"라고도 말한다.

232 [역주] 이 예문은 《金瓶梅 · 39》에서 발췌한 것이다.

233 [역주] 이 예문은 《金瓶梅 · 44》에서 발췌한 것이다.

집안사람이 아니면, 집안 귀신이 될 수 없다.

The domestic must detect the evil sprit.

108. 人便如此, 天理未然未然。[235]

사람들이 이래저래 하려 하지만, 하늘이 그렇게 내버려 두지 않는다.

Man contrives, but heaven decrees.

109. 大人不責小人。

대인은 소인을 탓하지 않는다.

A wise man will not reprove a fool.

110. 奴才不可逞, 小孩兒不宜哄。[236]

하인을 너무 풀어놓아서는 안 되고, 아이도 너무 귀여워해서는 안 된다.

To indulge a servant is not safe, and to deceive a child is not proper.

111. 君子一言, 快馬一鞭。

군자는 한번 말하면 꼭 실행하고, 좋은 말은 한 대 때리면 달리기 시작한다.

A word to the wise is sufficient.

112. 從來的好事必竟多磨。

좋은 일은 이루어지기 힘들다. 좋은 일은 이루어지기 전에 많은 어려움을 겪는다.

Great effects require great efforts.

113. 不但色能迷人, 才也能迷人。

미모가 사람을 홀릴 뿐만 아니라, 재능 역시 사람을 홀릴 수 있다.

Not only beauty, but talents may infatuate a person.

114. 大屈必有大伸。[237]

---

234 [역주] 이 예문은《金甁梅 · 90》에서 발췌한 것이다.

235 [역주] 이 예문은《金甁梅 · 47》에서 발췌한 것이다.

236 [역주] 이 예문은《金甁梅 · 58》에서 발췌한 것이다.

237 [역주] 이 예문은《鳳求凰》에서 발췌한 것이다.

큰 굴욕을 견뎌야만 큰 포부를 펼칠 수 있다.

Great humility secures great honor.

115. 飛不高, 跌不傷。

날더라도 높지 않고, 넘어지더라도 다치지 않는다.

That which soars not high is not hurt by a fault.

116. 對牛而彈琴

쇠귀에 경 읽기

Teach an ass to play upon the lyre

117. 鼓在內打, 聲不見外響。

북을 안에서 때리면 소리는 밖에서 들리지 않는다.

When the drum is beat within, the sound is not heard abroad.

118. 瓜熟自落。[238]

과일이 익으면 스스로 떨어진다. 조건이 성숙되면 일은 자연스럽게 이루어진다.

When fruit is ripe it will fall of itself.

119. 無端獲福, 禍必隨之。

정당하게 재물을 얻지 못한다면 반드시 재앙이 따라온다.

When wealth is not rightly obtained, misfortune is sure to follow.

120. 朝兄弟, 暮仇敵。

아침에는 형제였다가 저녁에는 원수가 된다.

In the morning friends, at evening foes.

121. 朝三暮四。[239]

조삼모사, 변덕스러워 갈피를 잡을 수가 없다.

Three at morning four at evening; inconstant, changeable.

---

238 〔역주〕 이 예문과 비슷한 숙어로 '瓜熟蒂落'이 있다.
239 〔역주〕 이 문장은 《列子 · 黃帝》에서 발췌한 것이다.

122. 作舍道旁, 三年不成.[240]

길가에 집을 짓는 것은 (오가는 사람이 한마디씩 하여) 3년 안에 끝나지 않는다. 어떤 일에 여러 사람의 의견이 서로 달라서 얼른 결정하지 못한다.

He who builds by the roadside will not finish in three years.

123. 鷸蚌相持, 漁人得利.[241]

도요새와 조개가 서로 싸우면 어부가 이익을 얻게 된다.

While the two contend a third secures the gain.

124. 濁其源而求流之清.

(군주는 강의 수원 같고, 신하는 강의 지류 같은데) 어찌 수원이 혼탁하면서, 지류로 하여금 맑고 투명하기를 바라는가?

To corrupt the fountain and expect a pure stream.

125. 苦日難熬, 歡時易過.

괴로운 날은 견디기 힘들지만, 즐거운 시절은 쉽게 지나간다.

A day of sorrow is longer than a month of joy.

126. 天下無不散的筵席.

세상에 파하지 않는 술자리는 없다. 세상에 영원한 것은 없다.

The whole world presents no continual feast; no earthly pleasure is permanent.

127. 有緣千裡來相會, 无緣對面不相逢.

인연이 있으면 천 리 밖에 있어도 만날 수 있지만, 인연이 없으면 지척에 있더라도 못 만난다.

No distance can separate what heaven unites, or unite what heaven separates.

128. 廟廊之材非一木之枝.

조정의 목재가 한 그루 나무의 가지로 만든 것은 아니다. 대업을 이룰 때는

---

240 역주 이 문장은 《後漢書 · 曹褒傳》에서 발췌한 것이다.

241 역주 성어로 '鷸蚌之爭'이라고도 한다.

여러 사람의 힘이 필요하다.

The temple is not all of one tree.

129. 囚之夢赦, 渴之夢漿。

죄수는 사면을 꿈꾸고, 갈증은 물을 꿈꾼다.

The prisoner dreams of freedom, the thirsty of springs of water.

130. 福不雙至, 禍不單行。

복은 쌍으로 이르지 않으며, 화도 홀로 오지 않는다.

Blessing come not in paris, calamities occur not single.

131. 夜裸者憎明燭之來。[242]

밤에 발가벗은 자는 밝은 초의 빛을 두려워한다.

It is only the naked who fear the light.

132. 豹死留皮, 人死留名。

호랑이는 죽어서 가죽을 남기고 사람은 죽어서 이름을 남긴다.

The tiger leaves his skin, a man his name.

133. 人生一世, 草生一秋。[243]

사람은 한 세대를 살고 풀은 한 가을을 산다. 사람의 인생은 짧으므로 허송세월을 해서는 안 된다.

Man lives an age, the flowers an autumn.

134. 人無千日之好, 花無百日之紅。

사람은 천 일을 좋을 수 없고, 꽃은 백날을 붉게 피어 있을 수 없다. 만사에 성쇠가 있다.

The flower is not in bloom a hundred days, nor man in his prime a thousand.

135. 知恩不報, 非爲人也。[244]

---

242 역주 이 예문은 《抱朴子 · 擢才》에서 발췌한 것이다.

243 역주 이 예문은 《水滸傳 · 15》에서 발췌한 것이다.

은혜를 알고도 보답하지 않는 자는 사람이 아니다.

He who is not grateful is unworthy of being called a man.

136. 風不來樹不動。

바람이 불지 않으면 나무가 흔들리지 않는다. 아니 땐 굴뚝에 연기 나랴.

The trees are not shaken when there is no wind.

137. 酒不醉人，人自醉。

술이 사람을 취하게 하는 것이 아니라, 사람 스스로가 취하는 것이다. 주위 환경이 사람의 심정을 취하게 만든다.

It is not wine that makes a drunkard, the man intoxicates himself.

138. 打草驚蛇。

막대기로 풀을 헤쳐 뱀을 놀라게 하다. 계획이나 책략 따위를 누설하여 상대 방으로 하여금 경계하게끔 하다.

He who shakes the bush rouses the serpent.

139. 送君千裡，終有一別。

님을 천 리까지 배웅해도 결국에는 이별하기 마련이다.

If the escort proceed a thousand miles a separation must at length occur.

140. 冤讐可解，不可結。[245]

원수는 풀어야지 맺어서는 안 된다.

A strife may be properly ended but not properly begun.

141. 經目之事猶恐未眞，背後之言豈能全信。[246]

친히 본 일도 오히려 진실이 아닌데, 남들이 뒤에서 하는 말을 어떻게 모두 믿을 수 있겠는가?

If what we see is doubtful, how can we believe what is spoken behind the back.

---

244 **역주** 이 말은 "知恩不報, 畜生不如"라고도 말한다.

245 **역주** 이 예문은 《水滸傳·33》에서 발췌한 것이다.

246 **역주** 이 예문은 《水滸傳·26》에서 발췌한 것이다.

142. 一言旣出, 馴馬難追。

말이 입 밖으로 나가면 사두마차로도 쫓아갈 수가 없다. 한번 내뱉은 말은 되돌릴 수가 없다.

Words fly irrevocable.

143. 不見所欲, 使心不亂。

탐욕을 일으키는 것을 보지 않으면, 사람의 마음은 혼란스럽지 않게 된다.

Look not at what you love and your mind will be at rest.

144. 以李代桃。

자두로써 복숭아를 대신하다.

To pay plums for peaches.

145. 出外做客不要露白。

집 밖으로 나갈 때는 과시해서는 안 된다.

Do not show your cash when you go to the market.

146. 三杯和萬事。

석 잔의 술이 모든 번민으로부터 벗어나게 한다.

All matters are adjusted with the cup.

147. 嬌鳥被籠。

아름다운 새는 우리에 갇힌다.

The beautiful bird is confined in a cage.

148. 恭敬不如從命。

염치불구하고 따르겠습니다.

Obedience is better than respect.

149. 眞金不怕火。[247]

진짜 금은 불을 두려워하지 않는다.

---

247 [역주] 이 말은 "眞金不怕火煉"에서 '煉'이 생략된 것으로 보인다. 의미는 "진짜 금은 제련을 두려워하지 않는다", "정직한 사람은 시련을 두려워하지 않는다"이다.

True gold does not fear the fire.

150. 熱油苦菜, 各隨人愛。

모든 사람은 제각기 좋아하는 바를 갖는다.

Every man to his taste.

151. 酒能成事, 酒能敗事。[248]

술로 일이 이루어질 수도 있지만, 술로 일을 망칠 수 있다.

Wine discovers the sentiments of the heart.

152. 酒發心腹之言。

술이 마음속에 담아 두었던 말을 말하게 한다.

Wine discovers the sentiments of the heart.

153. 火到猪頭爛, 錢到公事辦。[249]

불이 닿으니 돼지머리가 익고, 돈이 있으니 공적인 일도 절로 풀린다.

Fire roasts the dog's head and quarrels are adjusted with money.

154. 賭錢場上無父子。[250]

도박장에서는 아비와 자식도 없다.

In the game are no father and son.

155. 當行厭當行。[251]

장사하는 사람은 똑같이 장사하는 사람을 싫어한다.

Potter envies potter.

156. 墙有風, 壁有耳。

비밀은 쉽게 누설된다.

Dead walls can hear.

---

248 [역주] 이 예문은《水滸傳 · 3》에서 발췌한 것이다.

249 [역주] 이 예문은《金瓶梅 · 47》에서 발췌한 것이다.

250 [역주] 이 예문은《水滸傳 · 38》에서 발췌한 것이다.

251 [역주] 이 예문은《金瓶梅 · 3》에서 발췌한 것이다.

파트 2. 구어와 구어체

157. 情人眼內出西施。

연인의 눈에는 다 서시[미인]로 보인다. 눈에 콩깍지가 쓰이다.

Love is blind.

158. 嫫母有所美, 西施有所醜。

모모는 (외모는 추하지만) 그녀만의 아름다움이 있으며, 서시는 (외모는 아름답지만) 추함도 있다.

Mumu has her beauties, *sishi* her defects.

159. 上說天堂, 下說蘇杭。

하늘에는 천당이 있고, 땅에는 소주와 항주가 있다.

Above is paradise, below are *su* and *hang*.

160. 明月不常圓, 彩雲容易散。²⁵²

밝은 달이 항상 둥근 것은 아니며, 아름다운 구름은 쉽게 흩어진다.

The full moon does not last, and the bright cloud soon vanishes.

161. 抱薪救火。

장작을 안고 불을 끄다. 화를 없애려다 도리어 더 큰 화를 당하다.

To add fuel to the flame.

162. 人惡, 禮不惡。

비록 그 사람은 악하지만, 예의로써 대해야만 한다.

It is the man who is bad, not the law.

163. 訓子嬰孩, 教婦初來。²⁵³

아이는 어렸을 때 가르쳐야 하고, 며느리는 처음 왔을 때 가르쳐야 한다. 교육은 시기적절하게 이르도록 하는 것이 좋다.

Boys must be taught while children, the wife as soon as she is married.

---

252 역주 이 예문은《金瓶梅·78》에서 발췌한 것이다.

253 역주 이 예문은《顏氏家训·教子》에서 발췌한 것이다.

164. 訟心者祥, 訟人者殃。

마음과 시비를 가리는 자는 상서롭고, 다른 사람과 시비를 가리는 자는 비참하다.

Happy is he who fights with himself, wretched who contends with others.

165. 老睡幼醒與暮相近。[254]

노인은 잠들고 아이는 깨어 있지만 밤은 다가온다. 노인과 아이 모두 죽음으로부터 벗어나지 못한다.

Night comes alike to the young who wake and to the old who sleep; both old and young are exposed to death.

---

254 역주 구어 파트는 여기에서 끝난다.

원저자_ **조제프 앙리 프레마르(1666~1736)**

조제프 앙리 프레마르는 프랑스 출신 예수회 선교사로 1714년 광동에 도착한 이후 줄곧 중국어에 관한 연구를 하였으며, 원 잡극인《조씨고아趙氏孤兒》를 프랑스어로 번역하여 유럽에 널리 알리기도 하였다. 그는 1728년에 *Notitia Linguæ Sinicæ*라는 문법서(필사본)를 집필하였는데, 이는 여러 번의 수정을 거쳐 1831년도에 라틴어로, 1847년도에는 영역본으로 출간되었다. *Notitia Linguæ Sinicæ*는 17세기의 Martini와 Varo의 문법서와 19세기 Morrison, Gützlaff, Edkins, Lobscheid의 문법서 사이에서 가교적인 역할을 수행하여 중국 문법학사에서 중요한 위치에 있다고 볼 수 있다.

편역자_ **제임스 그레인저 브리지먼(1820~1850)**

제임스 그레인저 브리지먼은 미국 선교사로 1847년부터 1848년까지 중국학 전문 학술지인 *The Chinese Repository*의 편집자로 일했다. 특히 프레마르의 문법서인 *Notitia Linguæ Sinicæ*를 영어로 번역하였는데, 오늘날 가장 널리 알려진 *Notitia Linguæ Sinicæ*의 판본이 바로 브리지먼의 판본이다.

역주자_ **조경환**

고려대학교 중문과 졸업 후 동 대학원에서 석·박사학위를 취득하였다. 고려대학교 중국학연구소 연구교수를 역임하였으며, 한국연구재단 박사 후(Post-Doc) 과정을 수료한 후, 한국연구재단 학술연구교수도 역임하였다. 현재 고려대학교에 출강 중으로 연구 분야는 중국어 구문, 상, 인지문법이다.
논문 및 저서로 「중국어의 종결성과 척도성」(2012년 교과부 우수논문 선정), 「Gützlaff의 *Notice On Chinese Grammar*에 관한 소고」(2015년 韓國中語中文學會 우수 논문 선정) 외 다수, 『쿵푸 영화 이야기』(2011), 『중국 언어학 입문』(2012: 공역), 『북경상점』(2013), 『중국어 구문론』(2014), 『중국어의 상: 안과 밖』(2015), 『해와 달: 근대 서양 선교사들의 중국어 문법서에 관한 연구』(2017), 『중국어 문법의 토대』(2018)가 있다.

중국어의 지식 【1】
NOTITIA LINGUÆ SINICÆ